La publication de ce cahier du PEN CLUB FRANÇAIS
a bénéficié du soutien de la SOFIA.

Liberté d'expression
en Europe et en Méditerranée
censures visibles et invisibles

CAHIER DU PEN CLUB # 2

Calliopées

Sommaire

2 • La censure pernicieuse du marché et des médias

Remerciements

Nous tenons à remercier celles et ceux sans l'engagement et le soutien desquels ce projet et, en fin de compte, ce livre n'auraient pu être réalisés. Au sein du PEN CLUB FRANÇAIS, tout d'abord, l'un de nos vice-présidents, Philippe Pujas, qui nous a souvent représenté auprès de la Ligue des Droits de l'homme, de l'Observatoire de la liberté d'expression et des Comités du PEN INTERNATIONAL consacrés à la défense des écrivains persécutés, à la défense de la Paix ou encore à celle de la diversité linguistique et culturelle et de la traduction. Ensuite, Max Alhau, Jeanine Baude, Gérard Bini, Jean-Noël Cordier, Maurice Couquiaud, Nicole Gdalia, Jean-Luc Moreau, Jean-Paul Savignac qui se sont particulièrement impliqués depuis nos premières rencontres euro-méditerranéennes en Arles, fin 2008, dans l'élaboration et la conduite du projet. Une mention particulière revient à Siham Issami qui, dès l'origine, a su renforcer nos liens avec nos amis du PEN MAROCAIN, feu Abdelkébir Khatibi, et Abdelmajid Benjelloun. Nos remerciements s'adressent également à Teric Boucebci, Jean-Luc Despax et Daniel Leuwers qui ont accompagné ce projet dans la préparation des rencontres de Haïfa en liaison avec notre amie Bluma Finkelstein, membre associée du PEN CLUB FRANÇAIS, et qui de l'autre côté de la Méditerranée a déployé une énergie tout à fait considérable sans laquelle ces rencontres n'auraient pu avoir lieu, ni connaître le succès qu'elles ont rencontré. Sur place, Yael Armanet, Yaïr Biran, David Leffler, Jean-Christian Copin, Yona Yahav et quelques autres ont apporté un soutien ou un appui décisif, tandis qu'au sein du Comité pour la Paix du PEN INTERNATIONAL, Edvard Kovač, son président, Teresa Salema, sa vice-présidente, Zeki Ergas, secrétaire général du PEN de suisse romande, Antonio Della Roca, président du PEN de Trieste et, au sein de l'EWC (*European Writers' Council*), Tiziana Colusso, administratrice, contribuaient eux aussi à la réussite de cette rencontre.

À Bled, en Slovénie, nous avons trouvé auprès de nos amis du PEN SLOVÈNE et du Comité pour la Paix du PEN INTERNATIONAL un accueil enthousiaste et un précieux soutien pour les tables rondes consacrées aux censures visibles et invisibles et à la bibliodiversité, auxquelles ont pu participer de nombreux écrivains de différents pays, notamment Jean-Claude Bologne, président de la Société des Gens de Lettres, Tiziana Colusso, administratrice de l'EWC, Costas Valetas, président d'honneur de l'AICL (Association Internationale de la Critique Littéraire) et Daniel Leuwers, son secrétaire général. Une mention pour Claude Debon, présidente de l'AICL, qui nous a éclairé par ses judicieux conseils. Une mention aussi toute particulière pour Jasmina Arambasic, Iphigénia Simonovic et Elza Jereb, chevilles ouvrières de ces rencontres de Bled, ainsi que pour Marjan Strojan, président du PEN SLOVÈNE, Boris K. Novak, vice-président du PEN INTERNATIONAL et Edvard Kovač, président du Comité pour la Paix du PEN INTERNATIONAL, qui pour sa part, comme l'ont fait Jean-Claude Bologne et Tiziana Colusso, est également intervenu à la fin du même mois de mai, à Turku, en Finlande, lors du Congrès *Mare Nostrum* organisé par nos amis finlandais de l'EWC. Remercions en la circonstance tout particulièrement Pirjo Hiidenmaa, sa présidente, Myriam Diocaretz, sa secrétaire générale, Anna Dünnebier sa vice-présidente, ainsi que Tiziana Colusso et Guillem-Jordi Graells ses administrateurs qui non seulement ont vivement soutenu notre projet, en tant que partenaires, mais se sont personnellement impliqués pour en assurer la réussite. Nous avons rencontré le même accueil très favorable dès l'origine et un soutien marqué chez nos amis de la SGDL, en la personne d'Alain Absire, son ancien président, et de Jean Sarzana, pour leur précieuse contribution lors de la formulation du projet, puis de Jean-Claude Bologne, son actuel président, et de Dominique Le Brun, son secrétaire général, qu'ils en soient tous chaleureusement remerciés.

Enfin, nous tenons à remercier tout particulièrement la SOFIA (Société Française des Intérêts des Auteurs de l'Écrit) sans l'aide de laquelle ce beau projet n'aurait pu être mené à bien, que tous ses administrateurs et son président François Coupry, ainsi que son directeur, Christian Roblin, et sa sous-directrice, Florence-Marie Piriou, se fassent nos porte-parole pour faire savoir notre gratitude envers elle.

Nous ne saurions clore ces sincères remerciements sans une mention particulière pour les traducteurs, traductrices et interprètes qui

nous ont apporté leur précieuse collaboration à commencer par Jean-Philippe Raîche pour les nombreuses traductions à partir de l'anglais et la révision avant impression de l'ensemble des textes, Elza Jereb à partir du slovène et de l'italien, Jasmina Arambasic à partir du slovène, Siham Issami à partir de l'arabe, Yaïr Biran et Bluma Finkelstein à partir de l'hébreu, Paul Barthélémy ou Christian Viredaz à partir de l'allemand, Carmen Arenas Nuguera, présidente du PEN CATALAN, à partir du catalan, Iklil Sümer à partir du turc.

Le PEN CLUB FRANÇAIS
15 janvier 2012

Note de l'éditeur

Ce deuxième Cahier du PEN CLUB présente des textes en quatre langues – français, anglais, allemand et turc. Nous avons souhaité montrer à travers cette diversité linguistique, et dans la mesure du possible, l'internationalité des réflexions menées autour de la liberté d'expression et ainsi illustrer au mieux le travail réalisé par le PEN CLUB.

Pour concrétiser cet ouvrage, nous avons bénéficié de nombreuses aides précieuses. Sylvestre Clancier a réalisé au préalable un considérable travail de coordination des auteurs et des traducteurs et nous a apporté son savoir-faire éditorial avec le soutien de Jean-Luc Despax. Jean-Philippe Raîche a assuré la traduction des trois-quarts des textes (anglais-français) et Liliane Blat a contribué à la traduction des textes d'Eva Hauserová, Marina Katnić-Bakaršić et Sydney Lea (anglais-français). Nous leur adressons ici à tous nos plus sincères remerciements.

NOTA BENE : *tous les textes anglais autres que ceux mentionnés ci-dessus ont été traduits par Jean-Philippe Raîche.*

Introduction

À l'heure où nous nous apprêtions à lancer l'impression de cet ouvrage qui, sans prétendre être un livre blanc exhaustif sur la situation de la liberté d'expression dans la grande Europe et ses confins, qu'il s'agisse du Moyen-Orient ou du Maroc, porte d'entrée en Méditerranée, apporte de riches et précieux témoignages, ainsi que des informations et des analyses fécondes concernant les différentes formes d'atteintes à la liberté d'expression, nous recevions au PEN CLUB FRANÇAIS et à l'EWC (*European Writers' Council/* Fédération Européenne des Unions d'écrivains et Sociétés d'auteurs), ainsi qu'aux Comités pour la Paix et pour la défense de la liberté d'expression et des écrivains en prison du PEN INTERNATIONAL, un vibrant appel de nos amis biélorusses, dénonçant les menaces, intimidations et persécutions dont ils sont l'objet, comme tous les intellectuels soucieux de pouvoir s'exprimer librement et de formuler leur aspiration à la démocratie.

Dans le même temps, nous constatons, qu'après les printemps arabes qui ont libéré, en 2011, la parole, les écrits et les espérances de liberté, de démocratie et de tolérance, des nuages concernant ce registre s'amoncèlent, depuis l'automne de cette même année, sur ces mêmes pays, tandis qu'en Turquie se mettent de nouveau en place, après quelques temps d'apparentes améliorations, une pression permanente, des menaces, des intimidations et des arrestations arbitraires pesant sur ceux qui entendent exercer et défendre leur liberté de conscience et les valeurs de laïcité et de démocratie auxquelles ils sont attachés et par conséquent leur liberté d'expression.

Cela souligne d'autant plus l'intérêt et l'importance de la démarche dans laquelle nous nous sommes engagés et nous ne redirons jamais assez notre dette et notre gratitude envers la SOFIA (Société Française des Intérêts des Auteurs de l'Écrit), sans l'aide de laquelle elle n'aurait pu aboutir.

Les textes réunis dans ce premier livre qui, nous l'espérons, sera suivi, dans les prochaines années, d'autres publications sur ce thème de la défense

de la liberté d'expression qui est au cœur de la vocation du PEN CLUB FRANÇAIS et des associations dont il est partenaire, mettent l'accent sur différents aspects de la problématique concernée.

Ils sont le fruit soit de réflexions personnelles d'écrivains de différents pays européens et méditerranéens, soit d'un travail collectif de telle ou telle société d'écrivains. Si certains abordent et traitent explicitement la question de la censure morale, religieuse et politique, comme le texte de Costas Valetas sur la censure en Grèce, d'autres mettent en évidence des modes de censures moins visibles et plus pernicieux, d'autres enfin soulignent et défendent l'impérieuse nécessité de la bibliodiversité et, partant de là, dénoncent les aspects négatifs de la censure des marchés et du silence des médias sur une littérature de qualité, vertueuse et résistante à tous les conformismes, en même temps qu'ils valorisent le rôle des véritables éditeurs et l'importance de la diversité linguistique des publications et donc le rôle crucial des politiques culturelles de soutien à la traduction.

Ils ont été écrits soit pour être prononcés et débattus, lors des conférences internationales que nous avons organisées avec nos partenaires, à Haïfa, en Israël, en décembre 2010, à Bled, en Slovénie, début mai 2011, et à Turku, capitale européenne de la culture, en Finlande, fin mai 2011, soit à la suite du questionnement sur la problématique de la liberté d'expression et des censures visibles et invisibles que nous avons adressé à de nombreuses associations européennes et méditerranéennes d'écrivains [1].

1 Nous renvoyons le lecteur aux annexes de fin d'ouvrage – pages 205-207 – où se trouvent notamment reproduits d'une part la réflexion liminaire au projet, d'autre part le questionnement dont nous faisons ici mention.

Sylvestre Clancier, Président du PEN CLUB FRANÇAIS,
membre du Comité exécutif du PEN INTERNATIONAL
et vice-président de l'EUROPEAN WRITERS' COUNCIL.

LIBERTÉ
D'EXPRESSION

ET
CENSURE

La liberté de conscience
et le dépassement de l'autocensure

LA LIBERTÉ DE CONSCIENCE ET LE DÉPASSEMENT DE L'AUTOCENSURE
SONT LES CONDITIONS PREMIÈRES
DE LA LIBERTÉ D'EXPRESSION. LA LIBERTÉ D'EXPRESSION,
QUANT À ELLE, EST TOUJOURS MENACÉE...

SYLVESTRE CLANCIER
Président du PEN CLUB
FRANÇAIS, Membre du
Comité exécutif du PEN
INTERNATIONAL et Vice-
président de l'*European
Writers' Council.*

Pourquoi, nous écrivains du PEN CLUB, nous interrogeons-nous sur la liberté d'expression, sur les censures visibles et les censures invisibles? Certainement pour faire advenir et défendre le modèle social d'une pleine démocratie qui serait respectueuse des droits de l'homme. La Charte à laquelle nous avons souscrits ne dit-elle pas que la littérature ne connaît pas de frontières et ne souffre aucune limite, aucune restriction, à la liberté?

Or, aujourd'hui même, il y a encore dans le monde des écrivains mis à l'index, injustement persécutés et condamnés, après des simulacres de justice, qui nous montrent par la lucidité et le courage dont témoignent leurs écrits et leurs prises de position en faveur de la liberté d'expression qu'ils sont toujours les meilleurs garants d'une véritable liberté et d'une pleine démocratie.

C'est pourquoi, nous avons abordé cette question de la liberté d'expression, à Haïfa, en décembre 2010, lors de la deuxième rencontre euro-méditerranéenne organisée par le PEN CLUB FRANÇAIS en partenariat avec les écrivains du Comité pour la Paix du PEN INTERNATIONAL.

Nous avons récidivé, si je puis dire, début mai 2011, lors des rencontres organisées à Bled, en Slovénie, par nos amis slovènes du Comité pour la Paix du PEN INTERNATIONAL, en abordant la réflexion sous l'angle

des censures visibles et des censures invisibles et enfin, ce fut le thème de l'une des tables rondes organisées à Turku par nos amis finlandais dans le cadre du *Mare Nostrum* de l'*European Writers' Council*, avec la participation du philosophe et professeur Edvard Kovač, président du Comité pour la Paix du PEN INTERNATIONAL, de Jean-Claude Bologne, président de la Société des Gens de Lettres de France et de Tiziana Colusso, membre du Conseil d'administration de l'EWC. Après mon propos liminaire et une allocution pré-enregistrée de Madame Heidi Hautala, députée de la Finlande au sein du Parlement européen où elle présidait la Commission des Droits de l'Homme, les participants purent mettre en relief la vertu de la liberté d'expression, mais aussi celle de la lucidité et de la liberté de conscience qui, pour un écrivain, est toujours première et fondatrice.

Je voudrais pour ma part mettre en lumière le fait que ces deux libertés entretiennent entre elles des liens consubstantiels, c'est-à-dire que l'une ne va pas durablement sans l'autre et cela dans un rapport de réciprocité.

En effet, que peut valoir la liberté de conscience, si celle-ci doit être contenue en notre for intérieur, conservée dans le secret de notre intimité silencieuse, voire muette? Elle deviendra au fil des jours, des mois et des années d'enfermement, si l'on est emprisonné ou simplement muré dans son silence réprobateur au sein d'une société totalitaire ou policière, une sorte de fruit sec, une plante mal arrosée que l'on regarde avec anxiété et détresse, en espérant pouvoir la libérer en l'exprimant un jour quand d'autres temps meilleurs adviendront, avec le risque de mourir sans avoir connu ce moment de libération et d'expression libre.

Il en va de même de cette liberté de conscience qu'au sein de leurs foyers, dans l'ombre et le secret, avec toujours la peur au ventre d'être trahis et dénoncés, entretenaient entre eux et leurs familles ces malheureux « *conversos* » ou « *marranes* », dans la péninsule ibérique, quand les beaux jours de l'Andalousie, premier exemple de société multi-ethnique et multireligieuse, eurent disparus après la « *reconquista* » d'Isabelle la Catholique.

On le voit, seule la liberté d'expression effective permet durablement à la liberté de conscience de s'exercer et de s'épanouir. Et cette liberté d'expression, si souvent malmenée, voire mutilée, par la censure ou bâillonnée par la terreur ou la répression de régimes fascistes, totalitaires et policiers ne respectant ni le suffrage universel, ni le pluralisme politique, religieux, agnostique ou athée, ce sont précisément ceux et celles à qui elle fera en premier défaut, si elle vient à manquer, qui en sont et en seront

toujours les premiers et les plus ardents défenseurs, c'est-à-dire les écrivains, les poètes, mais aussi les autres défenseurs de la liberté d'expression qui est consubstantielle à leur vocation et à leur profession que sont les journalistes, les éditeurs, les grands reporters, les avocats.

D'où la place centrale qu'occupent cette question et sa problématique au sein de notre organisation du PEN INTERNATIONAL et de notre Comité International pour la Paix et la Liberté d'Expression.

Mais la liberté de conscience et de jugement n'est pas toujours évidente, l'écrivain n'est pas toujours à l'abri d'un certain conformisme de pensée. Il existe, plus qu'on ne le pense, des sujets tabous ou tellement incorrects sur le plan moral et le plan des valeurs dominantes qu'il est souvent tentant de rechercher un certain confort intellectuel en s'accommodant de la pensée dominante du moment.

Rares sont les Louis Guilloux, les Armand Robin, les Jean Genet, les Adamov, les Vian ou les Thieuloy.

Quant à la liberté d'expression, qui lorsqu'elle s'exerce est la meilleure défense de la démocratie, j'ajouterai qu'elle ne peut véritablement être garantie et s'exercer naturellement que dans une société démocratique organisée pleinement selon le principe adogmatique du respect absolu de la liberté de conscience de chaque citoyen.

Or, ce modèle de société, seule, à mon sens, la République française l'a entièrement proposé à ses concitoyens, en faisant voter et en adoptant, en 1905, il y a un peu plus de cent ans, la séparation de l'Église et de l'État, comme principe de l'organisation de la nation. Ainsi, aucune croyance ou religion n'est privilégiée dans la sphère publique, puisque aucune ne doit interférer dans les affaires de la cité et de l'État. Mais toutes les croyances ou religions, ainsi que la libre-pensée, l'agnosticisme, le rationalisme ou l'athéisme sont possibles dans la sphère privée.

C'est précisément parce que ce modèle est peu répandu dans le monde que fleurissent un peu partout les censures pour anathèmes ou blasphèmes dont sont victimes de nombreux écrivains. On a tous présents à l'esprit la terrible *fatwa* qui condamna Salman Rushdie à vivre caché pendant des années avant de pouvoir accepter la présidence du PEN AMÉRICAIN où il fit merveille tant son courage et sa renommée étaient à juste titre admirés par tous ses amis écrivains. On se souvient également des simulacres de procès qu'eut à subir Orhan Pamuk à Istanbul avant de bénéficier d'une relative immunité grâce à son Prix Nobel de Littérature.

On intervient encore chaque année à travers notre Comité des écrivains en prison pour la défense de plusieurs centaines d'écrivains persécutés à travers le monde : le monde arabe, la Russie et la Biélorussie, l'Asie, les Amériques, l'Afrique et même l'Europe ne sont pas exempts d'atteintes parfois très graves à la liberté d'expression. C'est dire à quel point la tâche qui reste à accomplir pour faire advenir sur la planète toute entière un véritable respect des droits de l'homme est immense.

C'est pourquoi, il nous revient à tous, chers amis écrivains, en déjouant en nous la tentation de l'autocensure et la séduction du conservatisme, de dire et d'écrire aujourd'hui notre intime conviction et de manifester ainsi comment liberté de conscience et liberté d'expression sont les meilleures garantes de nos rêves humanistes.

Sylvestre Clancier

La liberté d'expression et le droit à respirer

Dans un régime de liberté, chaque individu est libre et souverain. C'est-à-dire qu'il peut faire un grand nombre de choses selon son choix, sans avoir à en référer à personne et à condition de ne pas transgresser la Loi. Et une de ses premières libertés est celle de penser et de s'exprimer. La liberté d'expression a été une grande exigence de ceux qui ont renversé l'Ancien Régime, royaliste et autoritaire, en Europe occidentale, aux XVIIIᵉ et XIXᵉ siècles. La grande Révolution française a fait de cette liberté un principe fondamental, un des piliers de la démocratie en marche. À peu près comme le droit à respirer l'air ambiant.

Yaïr Biran
Membre associé
du PEN CLUB FRANÇAIS.

Dès 1789, la liberté de penser, ou de conscience, signifiait au premier chef la liberté religieuse – celle de croire ou de ne pas croire, selon les modalités que chacun voudra. Liberté religieuse que les pères fondateurs de la Révolution américaine, ou guerre d'Indépendance des États-Unis, avaient déjà inscrite eux aussi dans le marbre de leur Déclaration d'Indépendance, puis dans leur Constitution.

Je pense qu'il est superflu de faire ici un cours d'histoire. Mais je me sens absolument obligé de renvoyer à l'article 4 de la Déclaration des Droits de l'homme et du citoyen : «La liberté consiste à pouvoir faire tout ce qui ne nuit pas à autrui». Soit dit en passant, cette formule est tout à fait en accord avec le commandement talmudique : «Ne fais pas à autrui ce que tu ne voudrais pas qu'on te fît». Cette idée de non-nuisance au prochain est capitale, elle fonde les limites de tous les grands principes fondamentaux, quels qu'ils soient.

Je m'explique : on connaît la fameuse trilogie révolutionnaire, devenue la devise de la République française : Liberté – Égalité – Fraternité. Cette triade n'a absolument aucune valeur, dès lors que quiconque voudra porter l'une de ses composantes à l'extrême : une liberté totale et sans frein ne peut que détruire l'égalité et la fraternité, elle restaurerait immédiatement le règne du

plus fort et son oppression, sauf à avoir une «guerre de tous contre tous» (Hobbes). De même, l'égalité érigée en commandement suprême cause des ravages incommensurables, comme les régimes qui se disaient communistes en ont administré la preuve, par leur échec retentissant. Quant à la fraternité, voilà un beau principe angélique et touchant, mais très difficile à mettre en pratique, impossible en tout cas à imposer : sans le secours des deux autres, mis en œuvre avec modération et intelligence, il ne vaut rien. En un mot : l'extrémisme est la mère de toutes les catastrophes, de toutes les cruautés. Comme le disait trop bien Camille Desmoulins, au moment de monter à l'échafaud : «Ô Liberté, que de crimes on commet en ton nom!»… Rappelons le régime de la Terreur en 1792-1794, la Terreur rouge du régime soviétique en 1918-1919 et après, et bien d'autres Terreurs qui ont sévi partout dans le Monde.

En revanche, la modération est la mère de toute sagesse, de toute pacification.

Le second aspect de la liberté d'expression que je veux évoquer concerne la portée universelle de celle-ci. Quand elle a cours chez les uns, mais pas chez les autres, il ne peut y avoir qu'un désaccord total, une dissonance majeure entre les uns et les autres. Ceux qui la réclament chez les autres mais ne l'appliquent pas pour eux-mêmes ne sont que des imposteurs. Et l'imposture est une force de destruction, pas de progrès. Dès lors que chez vous ceux qui pensent et s'expriment différemment sont bâillonnés, emprisonnés, battus ou exécutés – vous n'avez aucun droit à exiger cela chez les autres. Il n'y a pas ici de réciprocité, pas de dénominateur commun. En un mot, on a deux parties qui ne partagent pas les mêmes valeurs – et dans ce cas-là, comment un dialogue serait-il possible? A-t-il des chances de porter quelques fruits? Il existe en effet un impératif incontournable : celui de la réciprocité. La Déclaration est explicite là-dessus : «L'exercice des droits naturels de chaque homme n'a de bornes que celles qui assurent aux autres membres de la société la jouissance de ces mêmes droits».

S'agissant des valeurs, elles sont en réalité l'ADN de toutes les sociétés humaines, leur moteur génétique : les mettre en relief permet de comprendre comment elles fonctionnent, quel est leur devenir et leur évolution.

Pour ceux qui l'auraient oublié, la liberté d'expression implique celle de critiquer librement. Critiquer les actes et les dires des autres – mais sur le fond, pas sur la forme; à l'aune des principes et des valeurs fondamentales, sans attaques personnelles. De la discussion jaillit la lumière, affirme le

dicton, il faut seulement qu'elle soit une vraie discussion, quand de chaque côté on parle le même langage et on applique les mêmes règles. «Faites ce que je dis, ne faites pas comme je fais» est une démarche impensable et inacceptable dans ces cas-là.

Tout ceci implique que la liberté d'expression n'est pas un droit illimité ni sans contrôle, on ne peut en user à tort et à travers. Nous en revenons exactement à notre jugement disant que pousser un principe à son extrémité ne peut avoir que des conséquences désastreuses. «La liberté, pas l'anarchie», c'est le nom qu'Alexander Neill a donné à l'un de ses livres sur son école de Summerhill : il voulait traduire exactement dans les faits les grands principes moraux démocratiques réputés universels. Instruire les enfants dans cet esprit, sans contrainte artificielle, oppressive et terrorisante. Dans son école, Janusz Korczak ne faisait d'ailleurs pas autre chose. La contrainte démocratique est celle consentie librement, qui résulte d'un dialogue sur pied d'égalité et dans la réciprocité absolue !

On connaît la formule attribuée à Voltaire : «Je ne suis pas d'accord avec ce que vous dites, mais je me battrai jusqu'à la mort pour que vous ayez le droit de le dire». Elle est sans doute apocryphe, mais elle résume assez bien sa pensée. Cependant, il faut bien comprendre qu'elle non plus ne peut être appliquée aveuglément et sans discernement.

La *taqiyyah* pratiquée dans le monde arabo-musulman est absolument antithétique à la liberté de pensée et d'expression : si en votre for intérieur vous n'acceptez rien de ce que le pouvoir ou les puissants affirment ou vous disent de faire, mais que vous les approuvez ou acquiescez publiquement à leur dire – tout en pensant différemment – vous n'êtes pas réellement un homme libre, vous êtes mentalement en esclavage ! Et vous n'avez certainement pas le droit de critiquer ou attaquer d'autres sociétés ou d'autres régimes où la liberté d'expression est garantie et mise en pratique, ne serait-ce qu'imparfaitement.

Yaïr Biran

Liberté de conscience et liberté d'expression

Françoise Coulmin
Membre du PEN CLUB
FRANÇAIS.

Adoptée par l'assemblée générale des Nations Unies, le 10 décembre 1948, l'expression et la forme juridique la plus exhaustive de ces deux concepts : liberté de conscience et liberté d'expression est celle de la *Déclaration universelle des Droits de l'homme*. Elle affirme en son article 18 que : *Toute personne a droit à la liberté de pensée, de conscience et de religion*. Par l'article 19 que : *Tout individu a droit à la liberté d'opinion et d'expression, ce qui implique le droit de ne pas être inquiété pour ses opinions et celui de chercher, de recevoir et de répandre, sans considérations de frontières, les informations et les idées par quelque moyen d'expression que ce soit*. Ainsi est soulignée la puissance du lien existant entre religion et exigence de liberté de conscience. Il faut donc s'interroger sur le fait de savoir pourquoi de nos jours, on n'est pas encore vraiment passé du principe juridique, solennellement proclamé à la face du monde, à sa mise en œuvre. Pourquoi la liberté d'expression se heurte, toujours et partout sur la planète, à tant d'entraves.

La nécessité d'affirmer la liberté de conscience est née de contraintes subies par les adeptes de religions minoritaires. Ce qui pourrait aussi s'examiner par la trace sanglante des religions dominantes qui, de tout temps, ont estimé que le choix de la religion ne dépendait pas du choix individuel mais de l'apanage du prince. Qu'il s'agisse de l'Empire Romain qui massacra longuement les chrétiens puis au contraire, sous Théodose, qui fit massacrer les adeptes du paganisme en affirmant en 380 que *Tous les peuples doivent se rallier à la foi transmise aux Romains par l'apôtre Pierre…*

Commence donc, ce qui n'était que le début d'une longue série d'entraves, et à la liberté de conscience et à la liberté d'expression, marquées par de multiples massacres : les Croisades, l'Inquisition, les conversions coloniales et guerrières, etc., pour la chrétienté ; la religion musulmane n'étant pas en reste de conversions à la pointe du sabre, jusqu'aux différends sanglants et récurrents entre Chiites, Sunnites et autres obédiences de l'Islam. Le

Judaïsme, lié à des communautés longuement minoritaires et dominées, sinon persécutées, semble avoir pratiqué plus tôt la tolérance. On peut lire à ce propos dans les actes du colloque de Mulhouse et Bâle (1989) l'article de Henri Méchoulan intitulé «La liberté de conscience chez les penseurs juifs d'Amsterdam au XVIIᵉ siècle»[1]. Cependant, trois siècles plus tard, bien que le droit à penser librement soit respecté, la volonté après la seconde guerre mondiale de créer un État à défendre et à consolider va aussi voir se modifier ces pratiques de liberté en exerçant : intolérance, ostracisme, rejet des minorités…

Le passage du principe proclamé à l'acte s'est fait grâce à une suite d'événements forts et symboliques. J'en choisis un parmi beaucoup d'autres. Il s'agit de l'affaire Calas qui constitue, en France, l'un de ces moments forts de l'Histoire où se trouvent réunis tous les éléments qui cristallisent le climat de fanatisme et d'intolérance religieuse et qui lie liberté de conscience et liberté d'expression. Il illustre parfaitement le concept de liberté de penser – mis à mal par ses soubassements religieux – et propose des exemples, audacieux pour l'époque, de liberté d'expression qui restent toujours d'actualité.

Cette affaire est rendue publique par Voltaire, au XVIIIᵉ siècle, auteur célèbre du siècle des Lumières dont les penseurs et les écrivains se sont illustrés par leur engagement contre les oppressions religieuses, contre l'arbitraire et l'obscurantisme. Voltaire est, dans l'affaire Calas, écrivain autant que publiciste – dans le sens où il publie – ce qui équivaut au journaliste de nos jours. Voici donc en bref, l'affaire Calas.

Le 13(-14) octobre 1761 : le jeune Marc-Antoine Calas est trouvé étranglé au rez-de-chaussée de la maison de ses parents, négociants de religion protestante, dans un pays éminemment catholique. Le capitoul[2] mène l'enquête par interrogatoires des personnes écrouées : le père, la mère, le frère aîné et un ami qui était leur invité le soir du drame. Le magistrat est vite influencé par la rumeur attribuant la mort à la fureur du père, Jean Calas, motivée par une prochaine conversion de son fils au catholicisme.

Les accusés soutiennent d'abord la thèse du meurtre, mais perpétué par un inconnu. Puis, sur le conseil de leurs avocats, révèlent avoir trouvé Marc-Antoine pendu. Ils auraient maquillé ce suicide en meurtre et menti aux enquêteurs pour épargner à la famille la honte d'un «crime contre soi-même». La sentence des Capitouls affirme la culpabilité des accusés. Ceux-ci plaident leur innocence et font appel devant le Parlement de Toulouse.

1　*La liberté de conscience - XVIᵉ-XVIIᵉ siècles*, Librairie Droz, Genève, 1991.

2　Les capitouls étaient, depuis le Moyen-Âge, les habitants élus par les différents quartiers de Toulouse pour constituer le conseil municipal de la ville.

Le 9 mars 1762, le Parlement disjoint les cas des accusés et condamne au supplice le seul Jean Calas. Le père Jean Calas meurt roué (c'est-à-dire corps écartelé et fracassé sur la roue), en proclamant son innocence avec, selon le rapport d'un témoin, une fermeté inconcevable. Tous leurs biens sont saisis, les co-accusés sont ou bannis, ou acquittés.

Après une longue et méticuleuse enquête, Voltaire se convainc qu'il y a erreur judiciaire et se lance dans l'action. Les moyens de diffusion qu'il emploie pourraient figurer dans une anthologie sur la mise en œuvre de la liberté d'expression. J'écris pour agir. *Criez! Et que l'on crie!* sont ses recommandations.

Son action, en effet, va consister, sans se déplacer, à mobiliser l'opinion publique en utilisant tous les moyens disponibles alors :
- formation de Comités d'enquêtes : il forme à Genève un « groupe d'adoption » composé de pasteurs, de négociants, de banquiers et d'avocats ; ceux-ci ont pour rôle d'accumuler preuves et renseignements, mais aussi de gérer les fonds de soutien envoyés de toute l'Europe pour les Calas. Les États protestants sont en effet heureux de pallier de leurs deniers une iniquité commise en France contre un de leurs coreligionnaires et les despotes – toutes religions confondues : Frédéric II de Prusse, Catherine II de Russie, Stanislas Lecszinski de Pologne, enverront ainsi leurs appuis et leurs secours ;
- rédaction de libelles et mémoires : il publie de manière anonyme plusieurs libelles. Ses textes – prenant parfois la forme du conte philosophique, parfois celle de gros mémoires – mobilisent toutes les ressources argumentatives ;
- s'y ajoutent multiples démarches, multiples lettres et correspondances, aux ministres, aux personnes d'influence. Il envoie Madame Calas à la Cour du Roi. Il encourage la diffusion d'une estampe représentant les adieux de Calas à sa famille.

Mais abrégeons. Après de nombreux rebondissements judiciaires, quatre ans après le début de l'affaire, Calas est réhabilité à l'unanimité par le tribunal de Versailles : il n'a pas assassiné son fils et il est mort, lui, sous la torture. En conséquence, sa famille est dédommagée par le conseil du Roi.

Cette réhabilitation de Calas est une première dans l'histoire de la justice de l'Ancien Régime du royaume de France. Elle marque en Europe une date dans l'histoire des idées tant du point de vue de la liberté de conscience que de la liberté d'expression. Moment historique où l'activisme et la volonté d'un seul homme – aussi prolixe, aussi actif et aussi maître de sa langue soit-il – ont pu modifier les rapports de force au sein des systèmes médiatiques.

La détermination, la multiplicité et l'ingéniosité de ses initiatives ont fait qu'il a pu contraindre la justice royale à revenir sur un jugement et à l'abroger. Ce qui fait de cette affaire Calas un bel exemple de liberté d'expression.

En ce qui concerne la liberté d'expression, pour la période contemporaine, je vais prendre encore un exemple français, car c'est le pays que je connais le mieux, et qu'il est représentatif de phénomènes mondiaux. Les systèmes de médias actuels subissent plus que jamais les fourches caudines de stratégies capitalistiques et se heurtent de plus en plus à des captations par des pouvoirs politiques. Dans un article du *Monde diplomatique* de novembre 2010, intitulé « Médias et politiques, trêve de complaisance ? », Pierre Rimbert, son rédacteur en chef adjoint, note que, depuis l'été 2004, la plupart des quotidiens nationaux (français) ont changé de main et sont passés entre celles de grands capitalistes :

« *Le Figaro*, racheté par M. Serge Dassault, *Libération*, recapitalisé en 2005 par le banquier d'affaires Édouard de Rothschild, *Les Échos*, cédés en 2007 par Pearson au groupe de luxe LVMH, *France-Soir*, offert en 2009 par l'oligarque russe Sergueï Pougatchev à son fils Alexandre, *Le Monde*, dont les personnels viennent d'abandonner le contrôle à un trio d'hommes d'affaires (composé de MM. Pierre Bergé, Xavier Niel et Matthieu Pigasse). Mis en vente, *Le Parisien-Aujourd'hui en France* (500 000 exemplaires par jour) aiguise l'appétit de M. Dassault. »

Ces prises en main des médias par la ploutocratie mondiale mettent bien sûr en cause la liberté d'expression et de ce fait, influent lourdement sur les libertés d'opinion.

Après avoir noté l'atonie des lecteurs et des partis politiques face à cette consanguinité croissante de la presse, du pouvoir et de l'argent – phénomène que l'on retrouve à son paroxysme dans l'Italie de Monsieur Berlusconi – on ne peut manquer, à la suite de Pierre Rimbert, de spéculer sur trois scénarios du devenir de la presse et par conséquent sur celui de la liberté d'expression :
- soit, pour quelques années encore : maintien du *statu quo*,
- soit, retrait de l'État qui livrerait l'information au bon vouloir de groupes de communication, que se seraient appropriés les puissances d'argent,
- soit enfin un troisième scénario – le meilleur du point de vue de la liberté d'expression – dans lequel le droit à l'information serait tenu pour un bien commun dont la production et la diffusion relèveraient d'un service public, dans un modèle économique dégagé à la fois, et du marché et des pouvoirs publics.

Ce scénario supposerait un financement de la presse par la cotisation et encouragerait la nécessité de créer et de faire vivre des micro-réseaux d'information comme le permettent les nouvelles technologies de l'information, façon Internet. Ceux-ci, à force de couler en petits ruisseaux pourraient s'unir et former les structures significatives d'une information crédible et structurée et donc d'un *droit à l'expression*. Ce qui serait, le cas échéant, l'un des moyens de faire pièce aux propagandes officielles.

Émergeant de l'*Habeas corpus* anglais de 1679, de la Déclaration de l'Indépendance des États-Unis de 1776 et de la Déclaration des Droits de l'homme et du citoyen dans la France de 1789, le concept de *liberté de conscience* était prioritaire à ces époques. Aujourd'hui la vraie problématique relève davantage de la *liberté d'expression*.

En ce début du XXIe siècle, les limites et atteintes aux libertés d'expression sont patentes dès qu'il y a contrainte, et ces contraintes sont multiples. Elles s'appellent : invasion, emprise sur les minorités, occupation, emprisonnement sous toutes ses formes (prisons, asiles, camps, murs), dominations hiérarchiques (des petits chefs dans les entreprises, de l'homme sur la femme, la sœur), etc. Autant d'entraves à la liberté d'expression, qu'un COLLECTIF D'ÉCRIVAINS POUR LA PAIX décidé et efficace a le devoir, non seulement de dénoncer, mais aussi de contrer par ses écrits, ses rencontres, les démarches de chacun.

J'écris, pour agir, disait Voltaire, *Criez ! Écrivez !*

Ainsi, c'est pourquoi moi, ici, écrivain et poète, engagée en France par des lectures dans des Comités *Pour la Palestine*, reconnaissant le droit d'exister aux deux États d'Israël et de Palestine, ignorant depuis la Normandie où je vis qu'allait avoir lieu cette rencontre d'Haïfa, j'ai décidé de répondre *oui* à l'invitation de ses organisateurs afin d'agir, de crier pour la paix avec vous et avec tous ceux qui souhaitent, pour ces pays, une paix équitable et durable.

Françoise Coulmin

Liberté d'expression :
censure visible et invisible

La liberté d'expression est une des libertés fondamentales, c'est pourquoi toute société désire donner au moins l'apparence d'une liberté des médias, de la parole et du discours publics. Même les régimes totalitaires qui limitent cette liberté se justifient en affirmant que cette interdiction nécessaire ne serait que temporaire et permettrait d'éviter des catastrophes concernant l'État ou la nation. Les régimes autoritaires cultivent ainsi l'illusion que la suppression de la liberté d'expression n'est que passagère et font tout leur possible pour que cette limitation de la liberté d'expression devienne socialement acceptable et donc intériorisée.

Edvard Kovač
Président du Comité
pour la Paix du PEN
INTERNATIONAL.

Cependant, les sociétés démocratiques ne sont pas, elles non plus, exemptes de censure de même qu'elles ne sont pas dépourvues d'aspirations totalitaires et d'idéologies. Mais cette censure invisible est plus difficilement reconnue et donc avouée. La censure invisible dans une société démocratique est beaucoup plus intériorisée qu'elle ne l'est dans les régimes autoritaires. En effet, toute société intériorise non seulement les valeurs fondamentales comme, par exemple, le respect de la vie, mais aussi les préjugés et les postulats de l'idéologie dominante. Les idéologies nous affirment que certaines choses vont de soi et qu'elles ne souffrent pas d'examen critique.

Il est donc très important que, dans toute société, les intellectuels et les écrivains repèrent les facteurs idéologiques dominant une civilisation. On voit que ce qui prédomine aujourd'hui dans la société occidentale c'est le soi-disant « génome individuel » qui signifie que tout homme est pleinement réalisé s'il se réalise en tant qu'individu. Le devoir et le droit inaliénable de l'individu est de se mettre en valeur. La protection de l'individu et de

sa propriété constitue la base qui dicte un certain style et un certain type d'expression. Ainsi naît un parler qui de façon invisible devient loi et qui inflige aussi des sanctions si l'on pêche contre le « politiquement correct ».

Ce tour d'horizon se propose de mettre en lumière les valeurs et les opinions qui, dans une société, sont exigées par le « politiquement correct ». La question demeure de savoir comment dépasser les cadres et les schémas de pensée que nous avons intériorisés et qui fonctionnent comme de nouveaux « tabous ». Ou, plus précisément, comment l'intellectuel et l'écrivain trouvent l'expression authentique de la pensée et de la poésie qui exprimerait le miracle de l'être humain ou l'extraordinaire « événement » qu'est l'homme, l'homme avec d'autres hommes et l'homme dans le monde au-delà des normes établies.

Edvard Kovač

Governments must respect the freedom of speech

Les gouvernements doivent respecter la liberté d'expression

HEIDI HAUTALA
President of the Subcommittee on Human Rights of the European Parliament.

Dear colleagues, dear friends,

I am very happy to have been asked to participate to this "Literacy and Culture of Reading" seminar, by the European Writers' Council, the Finnish Writer Association, the Finnish Association of Non-Fiction Writers, the FRENCH PEN and the City of Turku, European Capital of Culture 2011.

In my speech, I wish to address the issue of freedom of speech and link it to the discussion concerning censorship, addressed by the two previous speakers. These two issues are very closely linked. To address the current challenges to the freedom of speech, it is most necessary that the issue of censorship be addressed too.

To be able to discuss the challenges we face today, it is necessary to remember the foundation of the freedom of speech. Article 19 of the Universal Declaration of Human Rights states that everyone has the right to freedom of opinion and expression and that this right includes freedom to hold opinions without interference and to seek, receive and impart information and ideas through any media and regardless of frontiers.

Chers collègues, chers amis,

Je suis très heureuse d'avoir été invitée à participer à cette rencontre sur l'alphabétisation et la culture de la lecture, organisée par le Conseil des associations européennes d'écrivains, l'Association finlandaise des écrivains, l'Association finlandaise des écrivains de non fiction, le PEN FRANÇAIS et la ville de Turku, capitale européenne de la Culture 2011.

Dans mon discours, je tiens à aborder la question de la liberté de parole en revenant sur la discussion des deux orateurs précédents concernant la censure. Ces deux questions sont étroitement liées. Pour appréhender les problèmes que soulève actuellement la liberté d'expression, il est fondamental que la question de la censure soit abordée.

Pour être en mesure de discuter des défis auxquels nous faisons face aujourd'hui, il est nécessaire de rappeler le fondement de la liberté d'expression. L'article 19 de la Déclaration universelle des Droits de l'homme stipule que chacun a le droit à la liberté d'opinion et d'expression, ce qui implique le droit de ne pas être inquiété pour ses opinions et celui de chercher, de recevoir et de répandre, sans considérations de frontières, les informations et les idées par quelque moyen d'expression que ce soit.

HEIDI HAUTALA
Présidente de la Commission des Droits de l'homme du Parlement Européen.

According to Article 19 of the International Covenant on Civil and Political Rights, the right to freedom of expression comprises three different elements: first; the right to hold opinions without interference, second; the right to seek and receive and the right of access to information and third; the right to impart information and ideas, either orally, in writing, in print or through media.

Last week in Mexico, I was able to meet with an NGO called "Article 19" and with them I discussed the very same issues.

We must also be mindful of the fact that the right to freedom expression, like all rights, imposes legal obligations upon governments. Firstly, governments must respect that right and refrain from interfering with the enjoyment of that right. Secondly, governments must take proactive measures to ensure that the people are able to exercise this right. Lastly, a government must prevent and provide redress for any harm caused by other individuals by way of expressing their views and opinions.

Dear friends, the importance of the right to freedom of expression for the development of genuinely democratic systems stems from the fact that this right is closely linked to the rights to freedom of association, assembly, thought, conscience and religion, and right to take part in public affairs and decision making.

As such, the effective enjoyment of this right is an important indicator with respect to the protection of other human

Selon l'article 19 du Pacte international relatif aux droits civils et politiques, le droit à la liberté d'expression comporte trois éléments différents : premièrement, le droit d'avoir des opinions sans être inquiété, deuxièmement, le droit de rechercher, de recevoir et d'avoir accès à l'information et, troisièmement, le droit de répandre des informations et des idées, soit oralement, soit par écrit, sur papier ou par l'intermédiaire des médias.

La semaine dernière au Mexique, j'ai pu rencontrer une ONG appelée «Article 19» et j'ai discuté avec ses membres de ces questions.

Il nous faut garder à l'esprit que le droit à la liberté d'expression, comme tous les droits, impose des obligations légales aux gouvernements. Premièrement, les gouvernements doivent respecter ce droit et s'abstenir de s'ingérer dans la jouissance de ce droit. Deuxièmement, les gouvernements doivent prendre des mesures proactives pour s'assurer que les gens sont capables d'exercer ce droit. Enfin, un gouvernement doit prévenir et offrir réparation pour le préjudice causé par d'autres individus exprimant leurs vues et opinions.

Chers amis, l'importance du droit à la liberté d'expression pour le développement de systèmes véritablement démocratiques tient au fait que ce droit est étroitement lié à la liberté d'association, de réunion, de pensée, de conscience et de religion, et le droit de prendre part aux affaires publiques et à la prise de décision.

En tant que tel, la jouissance effective de ce droit est un indicateur important en ce qui a trait à la protection des autres droits

rights and fundamental freedoms. It is an important tool for combating impunity and corruption, as well.

Indeed, my late colleague, prominent Finnish human rights lawyer Matti Wuori, called the respect for freedom of speech the litmus test of the strength democracy of all the societies. Against this background it is easy to see how grave the challenge of censorship can be to democratic societies.

As has been pointed out by the previous speakers, the challenge of censorship it twofold; we can talk about visible and invisible censorship.

I won't spend much time talking about the visible censorship, since it is the most common and understandable form of redaction of information. What I want to focus on is precisely the other form, the invisible censorship, the more dangerous one. It is often difficult to realize that it has been put into place.

For example, if we look at the way the Israeli-Palestinian conflict has been described by the media, we can see that different language and terms are used by different media outlets.

Whether the issue concerns Israel's surprise attack in Gaza on 27 December 2008 and the three week hostilities, the Goldstone report that followed, or settlements or intifada, the reports across the political lines differ greatly with regard their substantive allegations.

State channels in China have largely ignored the Arab uprising. According to Egyptian state television there were hardly

de l'homme et des libertés fondamentales. Il est également un outil important pour combattre l'impunité et la corruption.

En effet, mon regretté collègue, l'éminent avocat des droits humains finlandais Matti Wuori, estimait que le respect de la liberté d'expression est l'ultime mesure de la santé démocratique de toutes les sociétés. Dans ce contexte, il est facile de saisir la gravité de la menace que fait peser la censure sur les sociétés démocratiques.

Comme cela a été souligné par les orateurs précédents, la menace de la censure est double : on peut parler de censure visible et invisible.

Je ne vais pas passer beaucoup de temps à parler de la censure visible, car elle est la forme la plus commune et compréhensible de la rédaction de l'information. Je souhaite m'attarder sur l'autre forme, la censure invisible, la plus dangereuse. Il est souvent difficile de se rendre compte qu'elle a été mise en place.

Si on examine par exemple la façon dont le conflit israélo-palestinien a été décrit par les médias, on constate que la langue et les termes diffèrent selon les médias.

Qu'il soit question de l'attaque surprise d'Israël à Gaza le 27 Décembre 2008, des trois semaines d'hostilités qui suivirent et du rapport Goldstone qui en fit état, ou des colonies ou encore de l'Intifada, les rapports, en ce qui concerne leurs allégations de fond, varient grandement selon qu'ils émanent d'un camp ou de l'autre.

Les chaînes d'État en Chine ont largement ignoré les révoltes arabes. À en croire la télévision d'État égyptienne, il n'y avait, alors que Moubarak était déjà sur le point de démissionner, presque pas

any demonstrations at a time when Mubarak was already about to resign.

Aljazeera has portrayed the Arab uprising as a secular movement calling for democracy, whereas the Iranian Press TV has branded it as Islamic revolution.

Immigration is portrayed in different countries, even in European Union countries, in very different ways. As the revolutions in Tunisia and Egypt unfolded, I was very frustrated because in most interviews the journalists were interested only about refugees coming into Europe when the focus in my opinion should have been on how the EU can help the demonstrators.

In this context, it is essential to talk also about internet. In the year 2000, there was the idea that nobody could limit or block internet. Nowadays we know that it is indeed possible. Some repressive regimes just gather all the servers in the same place, so that the government can easily shut everything down. Certain words perceived as a threat such as Jasmine – stemming from the Tunisian Jasmine revolution – has been blocked in China. The "Jasmine crackdown" has turned out to be the largest crackdown on dissent in China for over a decade. Iranian authorities have broken into communication networks in order to crackdown on the democracy activists. New technology has enabled many of the revolts to take place; this is exactly why the censorship in the cyber world has spread like a wild fire.

In such a politicized and cynical environment, it is most useful to go back to

de démonstrations. Al Jazeera a dépeint le soulèvement arabe comme un mouvement laïc appelant à la démocratie, alors que la télévision iranienne en faisait une révolution islamique.

Dans les différents pays, et même dans les pays de l'Union européenne, l'immigration est dépeinte de diverses manières. Alors que les révolutions avaient lieu en Tunisie et en Égypte, je trouvais très frustrant que les interviews ne portent que sur les réfugiés entrés en Europe, alors qu'il aurait mieux valu, à mon avis, se concentrer sur la façon dont l'Union européenne pouvait aider les manifestants.

Dans ce contexte, il est indispensable de parler d'Internet. En l'an 2000, on croyait que personne ne pouvait limiter ou bloquer internet. Aujourd'hui nous savons que c'est tout à fait possible. Certains régimes répressifs rassemblent simplement tous les serveurs en un même lieu, de sorte que le gouvernement puisse facilement tout fermer. Certains mots perçus comme une menace, comme « jasmin » – de la révolution tunisienne, révolution du jasmin – ont étés bloqués en Chine. La « répression du Jasmin » a été la plus importante des dix dernières années dans ce pays. Les autorités iraniennes ont fait irruption dans les réseaux de communication, afin de mener une répression contre les militants de la démocratie. Les nouvelles technologies ont permis de nombreuses révoltes, c'est précisément la raison pour laquelle la censure s'est propagée comme un incendie dans le cyber espace.

Dans pareil environnement, à la fois politisé et cynique, il est plus qu'utile de revenir aux fondamentaux de la liberté

the basics of the freedom of speech. Article 19 of the International Covenant on Civil and Political Rights, usefully also foresees that everyone has the right to seek information. This means that people have a right to try to find out the truth of the matters that are reported to them by their authorities and the press. The other most useful component of Article 19 is that the Governments should indeed take all necessary measures to improve access to public information.

This is in fact what I have been working on for many years. At the moment I am preparing a report for the European Parliament on the need for more transparency and openness in the EU.

Effective access to information is another vital precondition for the democratic foundation. Only by being able to exercise this right the people can hold their authorities accountable.

There are certain elements that all policies concerning the access to information must include; narrowly defined limitations to the public access, the presumption of the public nature of documents; reasonable fees and time limits; independent review of refusals to disclose information and penalty for noncompliance.

If mechanisms to promote the right of access to public information are lacking, then the members of society will not be able to participate, and decision-making will not be democratic.

In the spirit of Article 19 of the UN Convention on Civil and Political Rights,

d'expression. L'article 19 du Pacte international relatif aux droits civils et politiques, anticipe justement la nécessité du droit de chacun à rechercher des informations. Cela signifie que les gens ont le droit de connaître la vérité sur ce qui est rapporté par les autorités et la presse. L'autre aspect le plus important de l'article 19 est que les gouvernements doivent prendre toutes les mesures nécessaires pour améliorer l'accès à l'information publique.

C'est sur quoi j'ai travaillé pendant de nombreuses années. En ce moment je prépare un rapport pour le Parlement européen sur la nécessité de parvenir à plus de transparence et d'ouverture au sein de l'Union européenne.

Un véritable accès à l'information est une autre condition essentielle de la démocratie. Ce n'est que lorsqu'il est en mesure d'exercer ce droit que le peuple peut demander des comptes aux autorités.

Il y a certains éléments dont toute politique d'accès à l'information doit tenir compte. Ce sont les limites de l'accès strictement définies, la présomption du caractère public des documents, les frais et les délais raisonnables, l'examen indépendant du refus de communiquer de l'information et les sanctions pour défaut de conformité.

Faute de mécanismes pour promouvoir le droit d'accès à l'information du public, la participation de la société civile sera impossible et la prise de décision ne sera pas démocratique.

Dans l'esprit de l'article 19 de la Convention des Nations Unies relatif aux droits civils et politiques, le Conseil des Droits de l'homme considère dans sa résolution 12/16 que «l'exercice du droit à la liberté

the Human Rights Council in its resolution 12/16, noted that "the freedom of expression is one of the essential foundations of a democratic society, is enabled by a democratic environment, is essential to full and effective participation in a free and democratic society, and is instrumental to the development and strengthening of effective democratic systems".

While the non-democratic systems and non-democratic values are the root of censorship problems, they are also the outcome of systematic manipulation of information. Dear participants, to stop this vicious cycle or corruption, oppression and censorship, the one thing we can do is to stand up for our rights to speak, rights to know and access to information.

I pay tribute to the European Writers' Council, the Finnish Writer Association, the Finnish Association of Non-Fiction Writers, the international PEN and other organizations who stand up for everyone's right to express their views freely and without fear.

d'opinion et d'expression est l'un des fondements essentiels d'une société démocratique, qu'il est facilité par un environnement démocratique qui offre, entre autres, des garanties pour sa protection, qu'il est essentiel pour une participation pleine et effective dans une société libre et démocratique et qu'il contribue à l'instauration de systèmes démocratiques efficaces et au renforcement de ceux qui existent déjà. ».

Alors que les systèmes et les valeurs non démocratiques sont la cause des problèmes de censure, ils sont aussi le résultat d'une manipulation systématique de l'information. Pour briser ce cercle vicieux, la corruption, l'oppression et la censure, la seule chose que nous puissions faire est de nous lever pour défendre notre droit de parler, de savoir et d'avoir accès à l'information.

Je rends hommage au Conseil des associations européennes d'écrivains, à l'Association finlandaise des écrivains, à l'Association finlandaise des écrivains de non fiction, au PEN INTERNATIONAL et aux autres organisations qui se battent pour le droit de chacun à exprimer ses opinions librement et sans crainte.

Heidi Hautala

Une liberté encore discutable :
en regardant depuis la Roumanie

On dit souvent qu'on arrive à apprécier vraiment une chose surtout quand on l'a perdue. Cependant, comment peut-on donner une vraie valeur à une réalité qu'on n'a jamais goûtée ni connue dans notre existence collective ou individuelle ? Et lorsque cette chose, cette situation ou cette possibilité, on nous la donne très vite ou trop brusquement, ou lorsqu'elle survient d'une manière inappropriée ou déformée, peut-on savoir vraiment comment l'apprécier, comment l'utiliser ?

Magda Carneci
Présidente du PEN CLUB
de Roumanie.

Est-ce que la liberté d'expression fut un besoin réel ou un rêve chez les habitants de l'Europe de l'Est communiste ?

Il semble que oui, bien sûr, au moins c'est ce qu'on a écrit et dit sur tous les tons et de toutes les manières possibles. Cependant, un peu plus de vingt ans après les changements dramatiques de régime politique intervenus dans cette partie de l'Europe, en regardant depuis la Roumanie, je me demande si l'on n'entretient pas des illusions sur ce droit essentiel de l'homme et ce grand garant de la démocratie.

Oui, la presse, les mass-médias sont libres, mais après avoir goûté à la liberté de dire/écrire tout et son contraire dans les années quatre-vingt dix, voici que depuis les années 2000, ce quatrième pouvoir dans l'État se voit de plus en plus soumis à la merci des grands trusts capitalistes et à la censure économique (et parfois implicitement politique) qui le privent de sa récente indépendance de parole et la déforment jusqu'à la caricature.

Si on lit les interventions du grand public sur Internet, postées le plus souvent sans signatures sur les sites de discussion des journaux ou sur les blogs, on réalise que cette liberté d'expression – qui se traduit par un simple déversement d'imprécations irresponsables –, est comprise par un grand nombre de gens comme une possibilité à portée de la main, et qui ne coûte rien, de manifester publiquement agressivité et violence, toutes sortes de ressentiments et de phobies, sans avoir à en assumer les conséquences juridiques et morales.

Est-ce que la liberté d'expression fut une exigence forte ou au moins un désir vif, une doléance incontournable des écrivains roumains ? Probablement oui, si notre mémoire est encore vigilante après un peu plus de deux décennies, mais pour combien d'écrivains, et dans quelle mesure et à quelle intensité ?

Pour combien d'entre nous fut-elle si nécessaire, si vitale, au point de nous pousser à agir dans ce coin de l'Europe ? Et, après 1989, sommes-nous devenus tout d'un coup différents, plus attentifs à l'absence d'une réelle, d'une véritable et consistante liberté de pensée et de parole, la nôtre et celle des autres, dans les nouvelles conditions d'existence qui sont les nôtres ?

À part quelques cas épars, avons-nous été vraiment dérangés dans nos profondes habitudes de choisir plutôt le compromis, le silence et l'indifférence devant les nouveaux défis de la société ?

Il est assez étonnant de constater combien les écrivains roumains se montrent à présent peu intéressés (et probablement leurs collègues est-européens) par ce thème, ce questionnement essentiel. Après avoir été assez débattu dans les années quatre-vingt dix, post-communistes et tellement confuses, et après les années 2000, tellement néolibérales et cyniques, ce sujet leur semble déjà dépassé, désuet, voire anachronique dans les nouvelles circonstances sociales, malgré le fait qu'il ne fut jamais suffisamment approfondi, ni avant ni après le fatidique et bienvenu an 1989, sur la scène culturelle locale.

En ce sens, il est assez étonnant d'observer combien les écrivains roumains se montrent peu réactifs et peu préoccupés par le manque actuel de liberté de parole dans d'autres parties du monde, parties non encore libérées de la tyrannie et de l'absurdité politique. Il est assez étonnant de constater également combien les écrivains roumains se montrent peu actifs dans le cadre du PEN INTERNATIONAL, ainsi que dans d'autres réseaux et formes d'associations civiques ou politiques, qu'ils soient locaux ou internationaux.

Contrairement à nos déclarations et souhaits, force est de constater qu'après un peu plus de deux décennies, les relents du passé se manifestent toujours parmi nous. Et que la répression et la censure communistes ont créé des sujets sociaux apathiques et déformés, de petits monstres civiques qui existent toujours parmi nous, avec nous, à côté de nous, et probablement à l'intérieur de nous-mêmes. Contrairement à nos rêves et à nos souhaits, l'évidence nous oblige à reconnaître que les tares communistes ont continué d'exister pendant le post-communisme et même pendant l'actuel capitalisme aberrant, qu'elles persistent dans les institutions publiques et la bureaucratie, dans les narrations collectives et la mentalité nationale, dans les

prestations culturelles de toutes sortes et même dans nos écrits. Et ces tares continuent de se manifester dans notre manque d'appétit à nous montrer solidaires face à l'absence de liberté d'expression dans des pays voisins ou bien plus lointains.

Il me semble que la peur, la lassitude et leur corollaire, l'absence de verticalité morale, les oppressions et interdictions de toutes sortes et leur corollaire, l'absence d'indépendance de la pensée, l'acceptation passive et son corollaire, le collaborationnisme actif, toutes ces formes perverses de comportement générées par le moule totalitaire n'ont pas été entièrement effacées de nos réflexes sociaux bien enracinés, de notre pensée post-captive et toujours aliénée, de notre psychisme encore résigné et servilisé – et continueront encore de disperser leurs toxines, lentement et discrètement, pendant probablement plusieurs générations.

Il me semble qu'en dépit de quelques exceptions notables, les écrivains roumains (et probablement est-européens) ne se sont pas encore suffisamment libérés intérieurement pour s'occuper de thématiques tellement éloignées de leurs soucis quotidiens comme la liberté d'expression pour je ne sais quel écrivain inconnu, dans je ne sais quel pays lointain, improbable. Le subconscient collectif roumain (et est-européen) est encore marqué par des autocensures et des blocages, par des automatismes de comportement et par des interdictions psychiques irréductibles qui ne s'effaceront pas si vite mais continueront de nous obséder, de nous hanter encore longtemps.

Il me semble que l'Europe de l'Est – et je continue à utiliser à bon escient cette formule apparemment incorrecte politiquement au lieu de la formule plus récente d'Europe centrale et orientale, qui me semble effacer un passé récent encore douloureux – cette Europe post-traumatique reste un monde à part, un univers spécifique, composé par des peuples, des individus et des écrivains qui cherchent toujours leur libération intérieure. Et c'est justement cet héritage psycho-mental récent qui pourrait aider à comprendre les réactions des gens appartenant à d'autres régions du monde en train de traverser des expériences politiques traumatiques similaires. Réciproquement, en réfléchissant davantage aux difficultés d'assumer la problématique de la liberté d'expression ailleurs, les écrivains de cette région européenne s'aideront eux-mêmes à s'accepter et à se transcender.

Magda Carneci

Guerre et Paix - Les paradoxes de Radiguet
(ou ce qu'est la vraie liberté d'expression)

DANIEL LEUWERS
Vice-président du PEN CLUB FRANÇAIS et secrétaire général de l'AICL (Association Internationale de la Critique Littéraire).

Le Diable au corps de Raymond Radiguet est un roman singulier. Publié en 1923 par un auteur de vingt ans à peine, voué à disparaître à la fin de la même année, ce roman ressuscite les amours d'un narrateur (qui est un peu l'auteur) avec une jeune fille plus âgée que lui, pendant la première guerre mondiale. Le narrateur a quatorze ans, et la jeune fille est, en fait, une jeune femme de vingt-quatre ans qui est mariée à un soldat parti au front.

Il y a là tous les ingrédients d'une publication à scandale – et qui sera reçue comme telle à l'époque. Radiguet sera attaqué en justice par le mari de son héroïne et ex-maîtresse, ainsi que par les puissantes associations d'anciens combattants. L'intéressant pour nous est de voir en quoi l'accueil défavorable d'une œuvre peut être quelquefois un ingrédient pour exorciser les mentalités et les arracher à une malsaine complaisance dans le malheur. Il y a ainsi des œuvres qui hâtent ce que j'appellerai un «travail du deuil» préventif.

Le roman de Radiguet s'ouvre sur des formules qui semblent vouloir assumer la culpabilité de l'auteur («Je vais encourir bien des reproches»). Mais ce qui suit est bien plus essentiel («qu'y puis-je! Est-ce ma faute si j'eus 12 ans quelques mois avant la déclaration de guerre?»). Avoir moins de quinze ans pendant la Grande Guerre, voilà qui mettait à l'abri du conflit et qui offrait aux jeunes gens précoces un accès facilité aux femmes dont les maris étaient partis au front. L'auteur peut alors parler cyniquement de «quatre ans de grandes vacances»…

Radiguet ne joue pas au coupable. Ce sont les adultes qui, après tout, ont fait la guerre. Lui, enfant, s'est contenté de faire l'amour. Et le roman d'insister obliquement sur ce paradoxe : on se scandalise pour une histoire d'adultère (sans aucune mort d'homme) alors que le vrai scandale réside dans la grande boucherie que fut cette guerre, avec ses millions de morts – et le malheur généralisé au nom d'un supposé héroïsme.

Radiguet écrit son roman au moment où la France se couvre de monuments aux morts et les cimetières des «croix de bois» des victimes. Il y a à l'époque toute une littérature qui vante les héros et martyrs d'une guerre considérée comme juste. Son meilleur représentant est Roland Dorgelès, auteur des *Croix de bois*. Il est l'ennemi juré de Radiguet. Son roman destiné à rallier les bonnes consciences est, en effet, battu en brèche par *Le Diable au*

corps dont le succès de scandale va bien au-delà du scandale d'un adultère. Radiguet est, en fait, en train de montrer que la guerre des sexes est plus passionnante – et même morale – que la guerre entre les hommes, et que les pulsions individuelles s'y expriment plus allègrement et légèrement que dans l'horrible engrenage de destruction mutuelle qu'est la guerre.

Le tour de force génial de Radiguet, c'est qu'il arrive, sous couvert de scandale, à ébranler la bonne conscience qui voudrait sans discontinuer honorer des martyrs. Les martyrs, ce sont, en réalité, les victimes du grand jeu meurtrier auquel se sont adonnés les capitalistes et marchands d'armes friands de chair à canon. Dans le roman de Radiguet, la guerre est supplantée par l'amour – et c'est une façon de clamer : aimez-vous, fût-ce au prix d'un scandale apparent, et ne faites plus la guerre qui est le scandale absolu…

Cinq ans après la fin du conflit, Radiguet entend mettre fin au deuil national et, du moins l'espère-t-il, à tout deuil à venir. Car la littérature a parfois cette fonction paradoxale : sans parler directement d'un événement problématique, elle exprime obliquement son désaccord avec lui.

Il est possible qu'aujourd'hui nous ayons besoin de telles œuvres, qui dépassent les haines latentes et attisées et qui usent des ressources de ce que Louis Aragon a appelé le « mentir-vrai ». Pendant la première guerre mondiale, la littérature fut longtemps confisquée par la propagande nationaliste (Maurice Barrès). Certains romans (*Le Feu* d'Henri Barbusse) tentèrent une dénonciation. De très rares auteurs, tels Romain Rolland, se placèrent « au-dessus de la mêlée ». Un peu plus à l'écart, des jeunes gens – les Dadaïstes – se livrèrent à Zurich à une mise en accusation ludique et féroce.

Les après-guerres sont aussi des moments capitaux pour l'émancipation des mentalités. Au vital « Plus jamais ça » s'adjoint une dénonciation des hypocrisies et des faux-semblants. S'attaquer à la guerre, c'est une attitude engagée, courageuse, politique. Mais la force de la littérature est d'agir en sous-main, de faire réagir durablement les consciences, de les pacifier. Francis Ponge appelle cela : « parler contre les paroles ». René Char, l'homme du maquis qui se tait pendant la seconde guerre mondiale parce qu'il préfère le colt au stylo, publie au sortir de la barbarie nazie *Fureur et Mystère*. Oui, fureur contre le führer, mais aussi interrogation lucide sur le mystère qui veut qu'en tout homme il y ait un Ariel et un Caliban. Sortir du simplisme, calmer le jeu, voir clair. La paix est certainement à ce prix.

Daniel Leuwers

ZEKI ERGAS
Secretary General of
the Swiss Romand PEN.

Freedom of Expression in an Age of Inequality [1]

NOTHING STRAIGHT HAS EVER BEEN
MADE FROM THE CROOKED TIMBER
OF HUMANITY (KANT)

1 *I owe the term
'The Age of Inequality'
to P. Sainath, the Rural
Affairs Editor of
The Hindu (newspaper).
He used it in a conference
on that subject that took
place on September 24,
2010 in New Delhi.*

So suddenly, unexpectedly, revolution broke out in the Arab world. A true revolution ignited by a Tunisian man who turned himself into a human torch by setting his body on fire. Little did he know that his gesture triggered by hopelessness and despair would be the spark would start a massive forest fire that would rapidly spread to the whole Arab world. But the Arab world was not alone to feel the hear generated by this massive fire: the old citadels of intolerance and repression - inter alia, China, Iran, Myanmar, Cuba, North Korea, and so on, – must have felt it too. The response of the West was, as usual, ambivalent and ambiguous: between the wish of helping 'our Arab brothers' and the fear that this massive fire may cross the natural boundaries of the Mediterranean Sea and the Atlantic Ocean, and reach the shores of Western Europe and North America. The truth is that nobody knows what is going to happen, and where the fire will stop. I believe that the revolutionary movement will spread to Western Europe and North America. Why? Because there is a lot that is wrong in the Western world and needs to be fixed. What? The fallacy of democracy in the United States, for example, which is being used as a tool for a shameless oligarchy. As for Western Europe, it is caught between the Charybdis of its selfishness and the Scylla of the risk of in-

Liberté d'expression dans un âge d'inégalité [1]

LE BOIS DONT L'HOMME EST FAIT EST
SI NOUEUX QU'ON NE PEUT Y TAILLER
DE POUTRES BIEN DROITES (KANT)

ZEKI ERGAS
Secrétaire général
du PEN de Suisse romande.

1 Je dois le terme
« L'Âge de l'inégalité »
à P. Sainath, rédacteur
en chef pour les affaires
rurales du journal *The
Hindu*. Il l'a utilisé lors
d'une conférence sur
ce sujet qui s'est tenue
le 24 septembre 2010
à New Delhi.

Soudainement, de manière inattendue, la révolution éclata dans le monde arabe. Une vraie révolution déclenchée par un homme tunisien qui, en s'immolant, se transforma en torche humaine. Il ne savait pas que son geste, déclenché par le désespoir, allait allumer, tel une étincelle, un immense feu de forêt se propageant rapidement à l'ensemble du monde arabe. Mais le monde arabe ne fut pas seul à ressentir la chaleur générée par ce gigantesque incendie : les vieilles citadelles de l'intolérance et de la répression (notamment la Chine, l'Iran, le Myanmar, Cuba, la Corée du Nord, et ainsi de suite) durent la sentir aussi. La réponse de l'Ouest fut, comme d'habitude, ambivalente et ambiguë : entre désir d'aider « nos frères arabes » et crainte que cet énorme incendie traverse les frontières naturelles de la Méditerranée et l'océan Atlantique, et atteigne les rivages de l'Europe occidentale et de l'Amérique du Nord. La vérité est que personne ne sait ce qui adviendra, ni où le feu s'arrêtera. Je crois que le mouvement révolutionnaire se propagera en Europe occidentale et en Amérique du Nord. Pourquoi ? Parce que beaucoup de choses ne vont pas dans le monde occidental et doivent être corrigées. Lesquelles ? Le sophisme de la démocratie aux États-Unis, par exemple, dont use comme d'un outil une oligarchie sans vergogne. Pour ce qui est de l'Europe

vasion by poor and desperate migrants. The fascist and extreme right political parties are on the march.

This paper is primarily concerned by the question of freedom of expression (FE) which is - together with the freedoms of association and of religion, and free and fair elections, etc. – one of the essential conditions of democracy. I believe that credibility and honesty require that we should begin by examining the real situation 'at home' before pointing out at the shortcomings elsewhere. The arrival on the scene of Wikileaks which has completely transformed the 'situation' is very relevant and revealing in that respect. Thus, the questions that I shall try briefly to 'deal with' are: Who owns the mass media, especially television? What are the goals and purposes of the owners of the mass media? What can we say about censorship, and especially, self-censorship in the Western world?

Some philosophical considerations

To begin with, we must recognize that FE is not, cannot be, absolute or perfect, and that there are, and always will be, limitations to its application, that owing primarily to the fact that human beings and, therefore, human societies, are not, and cannot be, perfect. We must, therefore, aim, not to a perfect FE, but to one that helps us to achieve a society that is as good as possible. What does that mean? Here, I believe, Isaiah Berlin's well-known essay, Two Concepts of Liberty, in which he argues convincingly that the impossibility of a human society to be perfect is rela-ted to the

occidentale, elle est prise entre le Charybde de son égoïsme et le Scylla du risque d'invasion des migrants pauvres et désespérés. Les partis politiques fascistes et d'extrême-droite sont en marche.

Cette communication porte principalement sur la question de la liberté d'expression qui est – avec les libertés d'association et de religion, et des élections libres et équitables, etc. – l'une des conditions essentielles de la démocratie. Il me semble que la vraisemblance et l'honnêteté exigent que nous commencions par examiner la situation réelle telle qu'elle se présente chez-nous avant de souligner les lacunes de nos voisins. L'entrée en scène de Wikileaks, qui a complètement transformé la « situation », en dit long à cet égard. Ainsi, je vais tenter d'aborder brièvement les questions suivantes : qui possède les médias, en particulier la télévision ? quels sont les buts et objectifs des propriétaires des médias ? que pouvons-nous dire au sujet de la censure, et surtout, de l'autocensure dans le monde occidental ?

Quelques considérations philosophiques

Il nous faut, avant toute chose, reconnaître que la liberté d'expression n'est pas, ne peut pas être, absolue ou parfaite, qu'elle est et sera toujours limitée, ce qui est essentiellement dû au fait que les êtres humains et par conséquent les sociétés humaines ne sont pas et ne peuvent être parfaits. Par conséquent, nous ne devons pas aspirer à une parfaite liberté d'expression, mais à celle qui nous aidera à construire une société aussi bonne que possible. Qu'est-ce que cela signifie ? Dans son essai Deux concepts de liberté, Isaiah Berlin

impossibility of achieving simultaneously the perfection of its three ultimate values, liberty, equality and justice. That is impossible, Berlin argues very convincingly, because the perfection of the one of them, say, liberty or equality (a theoretical possibility, not a practical one), would necessarily come at the expense of the other two. Therefore, in human societies, Berlin pursues his demonstration, we are forced, or obliged, to seek an optimal combination of these three ultimate values, liberty, equality and justice. And that requires making concessions, or compromises, based on constant dialogue, or negotiations [2].

These optimal combinations mean a constant struggle because they involve a large number of actors or 'players' and the social, economic, cultural and spiritual 'conditions' vary enormously from one society, or country to another. Let us take three extreme examples to cover some of the ideological spectrum. In the United States, for historical reasons – a nation of immigrants, the conquest of the West, etc. – the value of liberty is of paramount importance. In Western Europe, the continent of the French and Russian Revolutions (even if the latter ended as an abysmal failure), liberty also comes first but, so to speak, shares top billing with equality. As for justice, Berlin's third 'ultimate dimension', which is based on the law, it, by its very nature, has a bias that favors the 'haves', as opposed to have-nots, because the former have interests and privileges to protect and to promote, and they use the law to do that. Berlin writes in his essay mentioned above: What does liberty mean to a starving Ethiopian? Nothing else than the

2   In addition to Two Concepts of Liberty, Isaiah Berlin wrote, Historical Inevitability, a sister essay. Much later, he wrote, My Intellectual Path, an article he published in the New York Review of Books on May 14, 1998.

affirme de façon convaincante que l'impossibilité d'une société humaine d'être parfaite est liée à l'impossibilité de réaliser simultanément la perfection de ses trois valeurs ultimes, la liberté, l'égalité et la justice. Berlin soutient de façon très convaincante que si cela est impossible c'est que la perfection de l'une d'entre elles, disons, la liberté ou l'égalité (une possibilité théorique, pas pratique), serait nécessairement atteinte au détriment des deux autres. Par conséquent, dans les sociétés humaines – c'est Berlin qui poursuit sa démonstration – nous sommes forcés ou contraints de rechercher une combinaison optimale de ces trois valeurs ultimes, la liberté, l'égalité et la justice. Et cela exige des concessions, des compromis issus d'un dialogue constant ou de négociations [2].

Ces combinaisons optimales supposent une lutte constante, car elles impliquent un grand nombre d'acteurs ou de « joueurs » et les « conditions » sociales, économiques, culturelles et spirituelles varient énormément d'une société, ou d'un pays, à l'autre. Prenons trois exemples pour couvrir une partie du spectre idéologique. Aux États-Unis, pour des raisons historiques – une nation d'immigrants, la conquête de l'Ouest, etc. –, la valeur de la liberté est d'une importance primordiale. En Europe occidentale, le continent des révolutions française et russe (même si cette dernière s'est soldée par un échec monumental), la liberté vient d'abord, mais en tête de liste, pour ainsi dire, avec l'égalité. Quant à la justice, troisième des dimensions ultimes de Berlin, qui est basée sur la loi, elle a tendance, par sa nature même, à favoriser les nantis, par opposition aux démunis, car les

2   En plus de Deux concepts de liberté, Isaiah Berlin a écrit Historical Inevitability, essai du même genre. Beaucoup plus tard, il a fait paraître un article, « My Intellectual Path », dans le New York Review of Books du 14 mai 1998.

liberty to starve… *We can say, with equal pertinence: What do justice and equality mean for a starving Ethiopian? Admittedly, nothing very much. It seems therefore that before arguing about the existence or non-existence of these three ultimate values in a society, we need to make sure that the problem of extreme poverty is solved. Otherwise, they are meaningless and irrelevant.*

Some Thoughts on the Political Economy of Freedom of Expression

Today, there is a wide consensus that the main life-and-death issues that humanity as a whole must confront are (not necessarily in that order): global warming, nuclear weapons proliferation, extreme poverty[3], the widening gap between the haves and the have-nots, and international terrorism. Global warming can cause the destruction of the livelihood of hundreds of millions of people and result in massive migration; nuclear weapons proliferation could end up in global nuclear war and the end of 'civilization' as we know it; extreme poverty and the widening gap between the haves and the have-nots can result in revolution; and international terrorism can (it has already) cause the loss in the Western world of the three ultimate values, and catastrophic damage, if it can lay its hands on nuclear weapons.

This is the global environment in which FE has to operate. Its direct consequence is, im my view, that FE, to be credible, must aim at building a better world. That means, we need to live more frugal lives and to share more.

3   *In a recent essay, I have described extreme poverty as "genocide by omission", because the rich and developed countries had the means to do away with it, but chose not to do it. See:* Is Extreme Poverty a Form of Genocide by Omission? *in, Ergas, Z.,* In Search of a Better World *(Robinco, Budapest, 2008), pp. 66-72.*

premiers utilisent la loi afin de promouvoir et protéger leurs intérêts et privilèges. Dans son essai, Berlin écrit : « Qu'est-ce que la liberté signifie pour un éthiopien qui meurt de faim? Rien d'autre que la liberté de mourir de faim… ». En ce sens, qu'est-ce que la justice et l'égalité signifient pour un éthiopien qui meurt de faim? Certes, bien peu. Il semble donc qu'il faille résoudre la question de l'extrême pauvreté avant de discuter de l'existence ou de la non-existence de ces trois valeurs ultimes dans une société, sans quoi elles restent sans signification et sans importance.

Quelques réflexions sur l'économie politique de la liberté d'expression

Il est aujourd'hui communément admis que les principaux enjeux de vie et de mort auxquels est confrontée l'humanité sont (pas nécessairement dans cet ordre) : le réchauffement climatique, la prolifération des armes nucléaires, la pauvreté extrême[3], l'écart grandissant entre les nantis et les démunis, et le terrorisme international. Le réchauffement climatique peut provoquer la destruction des moyens de subsistance de centaines de millions de personnes et entraîner des migrations massives, la prolifération des armes nucléaires dégénérer en une guerre nucléaire mondiale, entraînant ainsi la fin de la civilisation telle que nous la connaissons, l'extrême pauvreté et le fossé qui se creuse entre nantis et démunis pourraient mener à la révolution et le terrorisme international peut causer, en Occident (c'est d'ailleurs déjà le cas), la perte des trois valeurs ultimes et, pour peu qu'il entre en possession d'armes nucléaires, des dégâts catastrophiques.

3   Dans un récent essai, j'ai décrit l'extrême pauvreté comme « un génocide par omission », parce que les pays riches et développés avaient les moyens de l'éradiquer, mais ont choisi de ne pas le faire. Voir *Is Extreme Poverty a Form of Genocide by Omission?* (Z. Ergas, *In Search of a Better World* (Robinco, Budapest, 2008), pp. 66-72.

Increasingly, there is a growing recognition that the current paradigm based on the two global dimensions of the market and state is not working. That we need to add to it a third dimension based on the people, or the community. Ultimately, the goal is not accumulating profits and power (the principles of the two global dimensions mentioned above), but living well (a concept adopted, it seems, by Brazil: the Bemvivir) which aims at harmony and inclusion, and not competition and exclusion [4].

As already mentioned in the introduction, the political economy of FE means asking ourselves the following questions: What is FE? Who controls it? And more importantly: What are the means, the instruments, the tools through which that control is realized? FE is the possibility of speaking freely and, more importantly, that of being heard. However, speaking freely to friends and family means relatively little. What really counts is having access to print and electronic media that shape public opinion. But the mass or mainstream media is controlled by a small number of holding companies owned by a few extremely wealthy men who are their main shareholders. These men have an undeniable interest in the perpetuation of the status quo which is largely dominated by large multinational corporations MNCs). That is the reality of our 'neo-liberal' and globalized world. Thus, the media moguls are important stars in the constellation of forces that make the big decisions. The decisive actors or players are the large MNCs and their allies, the governments. Banks that are 'too big to fail' were saved by the injection of hundreds of bil-

4   I was astonished to discover that the term exists also in Mapudungun, the language of the Mapuche, an important indigenous population in Chile. It is called Küme Mogen (in Spanish, Buen Vivir). I believe that we have a lot to learn from the indigenous populations of Latin America – the Aymara in Bolivia, for example, who elected Evo Morales, president of the Republic – in the search of a new paradigm.

Tel est l'environnement dans lequel la liberté d'expression doit s'exercer. Il en résulte, à mon avis, que la liberté d'expression doit, pour être crédible, viser à construire un monde meilleur. Cela signifie que nous devons mener une existence plus frugale et partager plus.

De plus en plus, on s'accorde à dire que le paradigme actuel, fondé sur le marché et l'État, ne fonctionne pas. Et qu'il nous faut y ajouter une troisième dimension, celle du peuple ou de la communauté. À terme, le but n'est pas d'accumuler des profits et du pouvoir (principes du marché et de l'État), mais de bien vivre (un concept adopté, semble-t-il, par le Brésil : le bemvivir), c'est-à-dire de privilégier l'harmonie et l'inclusion, et non la concurrence et l'exclusion [4].

Comme déjà énoncé dans l'introduction, l'évocation de l'économie politique de la liberté d'expression soulève certaines questions : qu'est-ce que la liberté d'expression ? Qui la contrôle ? Et surtout : quels sont les moyens, les instruments, les outils qui permettent ce contrôle ? La liberté d'expression, c'est la possibilité de parler librement et, surtout, d'être entendu. Cependant, parler librement à ses amis et sa famille compte peu. Ce qui compte vraiment est d'avoir accès aux médias imprimés et électroniques qui forgent l'opinion publique. Mais les grands médias sont contrôlés par un petit nombre de holdings détenues par quelques hommes très riches qui sont leurs principaux actionnaires. Ces hommes ont indéniablement intérêt à ce que le statu quo soit maintenu par les grandes multinationales. Telle est la réalité de l'espace néolibéral et mondialisé. Ainsi, dans la constellation des décideurs, les magnats des médias

4   J'ai été étonné de découvrir que le terme existe aussi en mapudungun, la langue des Mapuches, une importante population autochtone du Chili. Il s'agit de Kume Mogen (en espagnol, Vivir Buen) Je crois que nous avons beaucoup à apprendre des populations autochtones d'Amérique latine – l'aymara en Bolivie, par exemple, qui a élu Evo Morales président de la République – dans la recherche d'un nouveau paradigme.

lions of dollars, euros, yens and Swiss francs of tax-payers' money. These powerful players meet annually in the World Economic Forum and, for the Trilateral Commission (whose deliberations are secret), at various other places.

A final word about censorship and self-censorship. Open and direct censorship is rare in the Western world. However, self-censorship is common and an important part of the 'system'. The editors of newspapers, and television and radio stations know where the limits are and are careful not to cross them. Wikileaks is major threat to this 'system'. Thus, the all-out 'war' to 'get' its founder and charismatic leader, Julian Assange. If the American can succeed in having him extradited, the chances that he will be 'destroyed' are great. However, it seems likely that Wikileaks will continue even without Assange, and that is very good news for the Western and the rest of the world. The al-Jazeera television news channel is, increasingly, playing a similar role in the Arab world. Wikileaks and al-Jazeera may be the front-runner of a revolution in the information, and that is a very hopeful development.

The Age of Inequality (AI)
The MDGs Versus Reality

The tenth anniversary the UN campaign of the Millennium Development Goals (MDGs) has been recently celebrated with great pomp and fanfare in New York. More than a hundred heads of state and government were present. The MDG campaign was launched in September 2000, at the be-

sont d'importantes étoiles. Les acteurs, les joueurs décisifs, sont les grandes multinationales et leurs alliés, les gouvernements. Les banques qui étaient « trop grandes pour tomber » ont été sauvées par l'injection de centaines de milliards de dollars, d'euros, de yens et de francs suisses, des fonds avancés par les contribuables. Ces acteurs puissants se réunissent chaque année au Forum économique mondial et lors de la Commission Trilatérale (dont les délibérations sont secrètes) à divers autres endroits.

Un dernier mot sur la censure et l'autocensure. La censure ouverte et directe est rare dans le monde occidental. Cependant, l'autocensure est fréquente. Elle est un élément important du « système ». Les rédacteurs en chef de journaux, de télévision et de radio connaissent les limites et veillent à ne pas les dépasser. Wikileaks est une menace majeure pour ce « système ». De là, la « guerre » visant à « arrêter » son fondateur et chef charismatique, Julian Assange. Si l'Américain parvient à obtenir son extradition, il y a fort à parier qu'il parviendra à le « détruire ». Cependant, il est probable que Wikileaks survive à Assange, et c'est une très bonne nouvelle pour l'Occident et le reste du monde. De plus en plus, la chaîne Al Jazeera joue un rôle similaire dans le monde arabe. Wikileaks et Al Jazeera sont en mesure de constituer l'avant-garde d'une révolution de l'information, et cela représente une évolution encourageante.

L'âge de l'inégalité. Les objectifs du millénaire pour le développement et la réalité

Le dixième anniversaire de la campagne de l'ONU sur les objectifs du millénaire pour le développement a été récemment

ginning of the third millennium, when the powers that be of our world realized that something special, that would strike the imaginations, was needed to show they were concerned about the persistence of extreme poverty in the world. More than a billion people lived with less than a dollar a day (and, another two billions, with less than three dollars a day). So, the MDG campaign was launched to cut poverty in half by the year 2015 by undertaking action in eight areas: extreme poverty (directly), universal education, gender equality, child health, maternal health, AIDS/HIV, environmental protection and global partnership. In the ten years that elapsed since the year 2000, some, but insufficient, progress was realized in some of these areas: universal education, by increasing significantly the number of girls going to school, and AIDS/HIV, and, a bit less, gender equality, child and maternal health. Environmental protection and global partnership (between leaders of the developed and developing worlds) leaves a lot to be desired.

Insofar as extreme poverty is concerned, the results fall far from being satisfactory. The total number of extremely poor people have slightly decreased in the world, dropping from about one billion to some 850 million people. But that was primarily due to the extraordinary economic growth in China and, less so, in India, and to the success of the poverty reduction programs in Brazil. In Africa, the total number of extremely poor people has, if anything, increased. The culprits are: civil wars, unemployment, the persistence of preventable diseases, lack of access to clean water, etc. AND, by far last

célébré en grande pompe à New York. Plus d'une centaine de chefs d'État et de gouvernement étaient présents. La campagne du millénaire a été lancée en septembre 2000, au début du troisième millénaire, lorsque les pouvoirs en place se sont rendu compte qu'il fallait frapper les imaginations et se montrer préoccupé par la persistance de l'extrême pauvreté dans le monde. Plus d'un milliard de personnes vivaient avec moins d'un dollar par jour (et deux autres milliards avec moins de trois dollars par jour). Ainsi, la campagne du millénaire a été lancée pour réduire la pauvreté de moitié d'ici l'an 2015 en entreprenant des actions dans huit domaines : l'éradication de l'extrême pauvreté et de la faim, l'éducation universelle, l'égalité des genres, la santé infantile, la santé maternelle, la lutte contre le Sida/VIH, l'environnement durable et le partenariat mondial. Quoique insuffisants, des progrès ont été enregistrés dans certains domaines au cours des dix dernières années. C'est le cas de l'éducation universelle, le nombre de filles scolarisées ayant considérablement augmenté, de la lutte contre le Sida/VIH et, dans une moindre mesure, de l'égalité des sexes, de la santé maternelle et infantile. La situation de l'environnement durable et du partenariat mondial (entre les dirigeants des pays développés et en voie de développement) laisse beaucoup à désirer.

Pour ce qui est de l'extrême pauvreté et de la faim, les résultats sont loin d'être satisfaisants. Le nombre total de personnes extrêmement pauvres a légèrement diminué

but not least, corruption. Let us face it: corruption is literally killing Africa (as it has been, together with unemployment and poverty 'killing' the Arab world). Its most recent expression is the 'land deals': millions of acres of land that are 'leased' for 99 years to foreign state-owned corporations and business conglomerates – China, South Korea and the Emirates are among the big buyers – that are granted ten-year tax holidays and create little or no employment and whose agricultural production is exclusively exported [5].

5   *See: International Land Deals in Africa. It is the first detailed study of large scale land acquisitions in Africa. www.fao.org/docrep/011*

Some tentative conclusions

The champions of FE in the West will object : All these things that you are mentioning in this paper, and especially in the preceding two sections, are out in the open, and they are being discussed and debated freely. True and not true. But, the point is that: firstly, nothing changes really, as the French say, Plus ça change, plus c'est la même chose; *and, secondly, certain subjects are taboo. Sharing is discussed, but not limits to income and wealth. It is clear that real change, structural change, demands the establishment of limits to income and wealth. How can we talk of ethics and social justice when billionaires and extremely poor people who make less than a dollar day co-exist on the same little planet? I believe that, in a century or two -- if humanity survives that long –, our descendants will judge us very severely. They will not 'understand' how such a situation could exist for such a long time. After all, 2.500 years ago, Aristotle, in his famous* Doctrine of the (Golden) Mean, *taught us that all excesses are harm-*

dans le monde, passant d'environ un milliard à quelque 850 millions de personnes. Mais cela est principalement dû à l'extraordinaire croissance économique en Chine et, pour une moindre part, en Inde, ainsi qu'au succès des programmes de réduction de la pauvreté au Brésil. En Afrique, le nombre total de personnes extrêmement pauvres a plutôt augmenté. Les coupables sont les guerres civiles, le chômage, la persistance des maladies évitables, le manque d'accès à l'eau potable, etc., et surtout la corruption. Soyons réalistes : la corruption tue littéralement l'Afrique (comme elle l'a fait à travers le monde arabe, avec le concours du chômage et de la pauvreté). Les « transactions foncières » en sont l'illustration la plus récente : des millions d'hectares de terres qui sont « loués » pour 99 ans à des sociétés d'État et des conglomérats étrangers – la Chine, la Corée du Sud et les Émirats comptent parmi les acheteurs les plus importants – qui bénéficient d'exonérations fiscales sur dix ans, créent peu ou pas d'emplois, et dont la production agricole est entièrement exportée [5].

Quelques conclusions provisoires

Les défenseurs de la liberté d'expression en Occident rétorqueront : « Toutes ces choses que vous mentionnez, et en particulier dans les deux sections précédentes, sont connues, et font l'objet de discussions, de débats menés en toute liberté. Vrai et faux. Mais en fait, rien ne change vraiment – comme disent les Français, *plus ça change, plus c'est la même chose* – et certains sujets sont par ailleurs tabous. On

5   Voir : *International Land Deals in Africa.* C'est la première étude détaillée portant sur les acquisitions de terres à grande échelle en Afrique. www.fao.org/docrep/011

ful and that virtue is always to be found in moderation, between the two extremes of excess and deficiency, and that applies to wealth income as well.

So, and to conclude, while it is true that FE cannot be absolute or perfect, owing primarily to the fact that human beings and human societies are not, cannot be, perfect, we must aim at having a global society that is as good as possible. That requires concessions and compromises, tolerance and constant dialogue. FE needs to operate within the context of the need to build a better world, a world in which there is more sharing. A world that is more free, more equal and more just than the present one.

discute du partage mais pas de la limitation des revenus et de la richesse. Il est clair que le vrai changement, le changement structurel, exige l'établissement de limites de revenu et de richesse. Comment peut-on parler d'éthique et de justice sociale quand co-existent sur la planète des milliardaires et des personnes extrêmement pauvres qui gagnent moins d'un dollar par jour? Je crois que, dans un ou deux siècles – si l'humanité survit aussi longtemps –, nos descendants nous jugeront très sévèrement. Ils ne comprendront pas qu'une telle situation ait pu exister si longtemps. Après tout, il y a 2500 ans, Aristote, dans sa célèbre doctrine du juste milieu, nous a enseigné que tous les excès sont nuisibles et que la vertu est d'être toujours dans la modération, entre les deux extrêmes que sont l'excès et le manque, et cela s'applique aux revenus du patrimoine.

Ainsi, et pour conclure, s'il est vrai que l'exercice de la liberté d'expression ne peut être absolu ou parfait, principalement en raison du fait que les êtres humains et les sociétés humaines ne sont pas, ne peuvent être parfaits, nous devons chercher à construire une société mondialisée aussi bonne que possible. Cela exige des concessions et des compromis, de la tolérance et un dialogue constant. La liberté d'expression doit s'exercer dans la perspective d'un monde meilleur, un monde dans lequel on partage plus. Un monde plus libre, plus égalitaire et plus juste que le monde actuel.

Zeki Ergas

ENTELA SAFETI-KASI
ALBANIAN PEN CENTER
President.

Freedom and rights under the threat of a democratic state building

SITUATION OF FREEDOM AND HUMAN RIGHTS IN ALBANIA, AND BASIC THREATS CHALLENGING THIS FREEDOM

If the freedom does not exist, the society collapses in anarchy and isolation. This very conditional statement of the rule, as in grammar is the task of every state which has experienced dictatorship. Albania was in a complete isolation for about half a century. Based to this awareness the Albanian state decided to be an open state after 90-s. The collapse of freedom and human rights during the isolation produced a society which was still sick to undertake the very challengeable task of building the democratic state. The collapse of the economy forced the newborn society to go towards the free market and trade.

The collapse of the court which was not independent forced the newborn society to go through the task of building independent courts. The collapse of the freedom of expression made the society to undertake the building of the institution of independent media. The collapse of religion, made the society to turn back to the institutions of religion.

Albania is the example of a country which produced hate and antagonism, an interior war, a very wild one amongst the citizens and its people. The number of victims and political prisoners, the number of people and families send to concentrations campus remains a very bad example of a society which collapsed with the human rights chart.

Liberté et droits sous la menace de la construction de l'État démocratique

LA SITUATION DE LA LIBERTÉ ET DES DROITS DE L'HOMME EN ALBANIE, ET LES MENACES FONDAMENTALES POUR CETTE LIBERTÉ

Si la liberté n'existe pas, la société s'effondre dans l'anarchie et l'isolement. Cet énoncé conditionnel, pour utiliser le langage grammatical, est propre à tout État qui a connu la dictature. L'Albanie a été dans un isolement complet pendant environ un demi-siècle. Après en avoir pris conscience, l'État albanais a décidé d'être un État ouvert à partir des années quatre-vingt dix. L'effondrement de la liberté et des droits de l'homme pendant l'isolement a produit une société trop malade pour relever le défi de la construction d'un État démocratique. L'effondrement de l'économie a contraint la nouvelle société à choisir le marché ouvert et le libre-échange.

L'effondrement d'un système judiciaire qui n'était pas indépendant a poussé la nouvelle société à instituer des tribunaux indépendants. L'effondrement de la liberté d'expression a imposé à la société la création de médias indépendants. L'effondrement de la religion a entraîné la société à se détourner de l'institution religieuse.

L'Albanie est un exemple de pays ayant nourri la haine et l'antagonisme, portant ainsi la guerre, une guerre furieuse, au cœur du peuple.

Le nombre de victimes et de prisonniers politiques, d'individus et de familles

ENTELA SAFETI-KASI
Présidente du PEN CLUB ALBANAIS.

Politicians, writers, journalists, composers, actors, priests, and even peasants and farmers where sent to prison when they tried to challenge the dictatorship. During the dictatorship Albania lost its traditional values and its historical culture. The worst regime of all times acted and governed the country for about half a century.

How is the situation of freedom and human rights in Albania?

As I mentioned before Albania decided to be an open state for the above reasons, but the situation of freedom and rights in Albania is still weak. Albania has still it weakness points.
1. There are still problems with ex-political prisoners, and families of the victims of communism. This social group in Albania is not still integrated in the economic and political life of the country.
2. The ex-land owners. This social group is still not integrated and the land and property confiscated by the low of dictatorship regime, is not compensated nor in money value not in physics area of land.
3. The CANUNE (Kanuni I Lek Dukagjinit) this very old constitution of Albania seems to govern the life of many people and families in some regions in the north of Albania.
4. The freedom of expression in media and press seems to have still problems and sometimes it collapses.
5. The Albanian citizens have still to wait in long queues in the embassies of different countries to receive the visa.
6. The system of welfare still seems to have problems for the integration of social groups who need the aid and the assistance of the state and institutions to guaranty their everyday life standards.

envoyés aux camps de concentration témoigne d'un double effondrement, celui d'une société et celui de son système de droits humains.

Politiciens, écrivains, journalistes, compositeurs, acteurs, prêtres, et même paysans et agriculteurs, ont été envoyés en prison pour avoir tenté de contester la dictature. Sous la dictature, l'Albanie a perdu ses valeurs traditionnelles et sa culture historique. Le pire régime de tous les temps a agi et a gouverné le pays pendant environ un demi-siècle.

Quelle est la situation de la liberté et des droits de l'homme en Albanie aujourd'hui ?

Comme je viens de l'expliquer, l'Albanie a décidé de devenir un État ouvert, mais la situation de la liberté et des droits laisse toujours à désirer. L'Albanie a toujours des points faibles.
1. Il y a encore des problèmes avec les anciens prisonniers politiques et les familles des victimes du communisme. Ce groupe social n'est pas encore intégré dans la vie économique et politique du pays.
2. Les anciens propriétaires terriens. Ce groupe social n'est pas encore intégré. La terre et les biens confisqués par le régime dictatorial n'ont été l'objet d'aucune indemnisation, ni financière, ni foncière.
3. Dans certaines régions du nord de l'Albanie, une très ancienne constitution, le KANUNE (*Kanuni I Lek Dukagjinit*), semble encore régir la vie de nombreuses personnes et familles.
4. La liberté d'expression dans les médias et la presse semble encore limitée, voire parfois nulle.
5. Les citoyens albanais sont encore réduits à attendre dans de longues files

7. And at least but not the last, the weakness of the independent courts, which is the base for the creation of the state of justice for all citizens.

8. Also Albania should perform more to build an open society and a democratic state.

If we take under consideration these weak points, I do think that these are the situation of the freedom threatened by existing of these problems in the every day life of Albanians citizens.

Ex-political prisoners and families of the victims of communism

This social group is not still compensated in any money value to arrive and fulfill the targets of every day life. This social group is not still involved in the economic and politic life of the country. The Albanian state and parliament has still amongst the government and political class people form the old guard of communism and dictatorship regime, with a very bad past, who are unable and can't prescribe a moral compensation for the families of persecuted and executed families. People strongly connected in services with the secret police of Albania during isolation are now deputies of the Albanian parliament and also working in the high administration of the state.

The ex- land owners

This seems to be a real challenge in the economic life of the country. The low of the land reform during the communism took and confiscated the property of many big families and big owners. After the 90-s Albania took another reform for the land based in the low 7501, and this low gave the land in use, not as a property to Albanian peasants in the country. The land owners before 1945, where

devant les ambassades étrangères afin de recevoir un visa.

6. Le système d'aide sociale semble encore avoir des problèmes à intégrer les groupes sociaux qui ont besoin d'aide et d'assistance de l'État et d'institutions pour garantir leur niveau de vie.

7. Et enfin, la faiblesse des tribunaux indépendants, base d'un État de droit pour tous les citoyens.

8. Aussi l'Albanie devrait s'engager avec plus de constance dans la construction d'une société ouverte et d'un État démocratique.

Je pense que ces faiblesses traduisent assez l'état de la liberté en Albanie et des menaces qui pèsent sur elle.

Les anciens prisonniers politiques et les familles des victimes du communisme

Ce groupe social n'a toujours pas été indemnisé financièrement et ne peut assurer sa subsistance quotidienne. Il n'est toujours pas impliqué dans la vie économique et politique du pays. Une classe politique au passé obscur, vieille garde du communisme et du régime dictatorial, reste active au cœur de l'État et du parlement. Elle demeure incapable d'assurer une compensation morale à ceux qui ont été persécutés et aux familles de ceux qui ont été exécutés. Des individus fortement liés aux services secrets de l'ancienne dictature sont aujourd'hui députés ou hauts fonctionnaires.

Les anciens propriétaires terriens

Cela semble être un véritable défi pour la vie économique du pays. La réforme agraire de l'ère communiste a entraîné la confiscation des biens de plusieurs grandes familles et de grands propriétaires terriens. Après les années quatre-vingt dix, une

not refunded any land and were not compensated any land in its physical status or with any money value.

This makes the investitures not to be clear to invest money in the Albanian economy.

But, this s just one sight of the problem. The next sight is a very problematic one. Because of the non justice low of the land this article 7501, many families in the north of Albania, are in hates and in blood with each other. If we take under consideration the sources given by the organizations which take care of this problem the number of people and families in this situations goes to thousands.

This is also one of the most important reasons why KANUN, takes place in the life of people in some regions of the north and also in some suburbs area of Tirana.

The CANUNE

How can we talk about the freedom and human rights if many people and families in some regions of Albania live a self isolation?

It is not hard to say that. It is hard to challenge it! Many men and boys do not go out of their house to work or to complete the tasks of every day life because they are in blood with another family. Many children, mostly boys can not attend the school and who can not have the right of education guaranteed because their families are in blood with another family, and they want to escape the revenge. How can the low of revenge, blood revenge be so strong in the heart of Europe?

The article number 7501 of the land reform produced many victims in Albania, and so many Albanian citizens are not free at all.

autre réforme agraire (la loi 7501) a prêté les terres aux paysans. Les propriétaires terriens d'avant 1945 n'ont reçu aucune indemnité financière ou foncière.

Cette situation n'encourage pas l'investissement dans l'économie albanaise.

Mais ce n'est là qu'un aspect du problème. Un autre aspect est beaucoup plus problématique. La loi 7501 a suscité des conflits sanglants entre les familles du nord du pays. Selon les sources, des milliers d'individus et de familles se trouvent confrontés à ce problème.

C'est l'une des principales raisons pour lesquelles le KANUN a cours dans certaines régions du Nord comme dans certaines banlieues de Tirana.

Le KANUN

Comment parler de liberté et de droits de l'homme alors que, dans certaines régions de l'Albanie, de nombreuses personnes et familles vivent dans l'isolement le plus total ?

Il est plus facile de poser cette question que d'y trouver une réponse. Plusieurs hommes, plusieurs garçons, ne peuvent sortir de chez eux pour travailler ou vaquer aux occupations quotidiennes à cause justement de ces conflits sanglants qui opposent les familles. De la même manière, beaucoup d'enfants, pour la plupart des garçons, ne peuvent aller à l'école car ils craignent, en quittant le domicile familial, de tomber sous la vengeance d'un autre clan. Comment se peut-il qu'au cœur de l'Europe, la loi de la vengeance et du sang puisse ainsi régner ?

La loi 7501 a fait de nombreuses victimes en Albanie. Aussi les citoyens albanais ne sont-ils pas libres.

*The freedom of expression
in media and press*

Albania has still to do more to create the model of independent media and press. Albania is divided in three kinds of media.

1. Not responsible, with an abuse of the freedom of expression and informing the public with "news fabrication" and not within the news.

2. Media in service of the interested groups, politicians and corrupted people who use the media as a tool in their hand to secure and guaranty their economic and political power.

3. Media which suffers from the lacks and strips because it is performing the model of the serious and independent media.

I asked yours attention in these situations because these seems to be the challenges for the Albanian society of today.

Albania of today compared with the Albania of 20 years before has done a great change and also is challenging the situations which to my thinking are a product of a society which had to live in a total isolation and dictatorship. This product is made of the worst experiment that any country in the Easter Europe has had the chance to experience.

This 20 year of political and economical transition have taught to the Albanian society of the XXI century that the freedoms and the rights can only be guaranteed if the state put the standards of a democratic state which means:

1. The sate of justice for all citizens.
2. Independent courts.
3. Independent media,
4. An open civic society.

**La liberté d'expression
dans les médias et la presse**

Il reste beaucoup à faire pour l'indépendance des médias et la presse en Albanie. Le pays compte trois types de médias.

1. Les médias qui ne sont pas responsables abusent de la liberté d'expression et d'information et « fabriquent » les informations.

2. Les médias au service des intérêts de certains groupes, individus, politiciens qui les utilisent pour conforter leur pouvoir.

3. Ceux qui tentent d'instaurer un modèle de médias fiables et indépendants et qui se trouvent confrontés au manque de moyens.

J'ai attiré votre attention sur ces diverses situations car elles illustrent les défis que doit relever la société albanaise d'aujourd'hui. En vingt ans, l'Albanie a fait des progrès et tente de corriger une situation qui n'est, à mon avis, que la conséquence de l'isolement et de la dictature. Cette situation est le fruit d'une des pires expériences qu'un pays d'Europe de l'Est ait jamais connues. Ces vingt années de transition politique et économique ont enseigné à la société albanaise du XXe siècle que les droits et libertés ne peuvent être garantis que si l'État met en place des normes dignes d'un État démocratique, c'est-à-dire :

1. L'État de droit pour tous les citoyens.
2. L'indépendance des tribunaux.
3. L'indépendance des médias.
4. Une société civile ouverte.

Entela SAFETI-KASI

Türkiye'de düşünce özgürlüğü!

Liberté d'expression en Turquie!

Cüneyt Ayral
Gazeteci-Yazar.

Cüneyt Ayral
Journaliste-écrivain.

Birinci Dünya Savaşı sonrasında, 1920 de kurulan TBMM ve 1923'te ilân edilen Türkiye Cumhuriyeti'nin, bugüne gelene kadar ki nüfus yapısına, toplumsal – sosyolojik yapısına ve elbette devlet yapısına baktığımız zaman hayli ilginç oluşumlarla karşılaşıyoruz.

700 yıllık bir imparatorluğun (Osmanlı İmparatorluğu) ardından kurulan cumhuriyetin mimarı Mustafa Kemal, kuruluşundan başlayarak, ister istemez bir tek adam rejimini sürdürmüştü, ama çevresindekilere, her zaman demokratik ve çok partili biz düzenin kurululacağını anlatıyordu.

Onun döneminde planları çizilmiş olan TBMM binası, Millet Meclisi ve Senato binaları olarak çok partili demokratik bir düzen için hazırlanmıştı. Bunu isteyen Mustafa Kemal'in kendisiydi.

İkinci Dünya Savaşı'na girmemeyi başaran, Mustafa Kemal'in en yakın "silah arkadaşı" ve Lozan Barış Anlaşması'nı Türkiye adına imzalayan İsmet İnönü, Cumhurbaşkanlığı döneminde "Milli Şef" olarak anılmayı uygun görebilmişti. Bunun nedeni, belki de o dönemdeki Avrupa ve özellikle Almanya ile olan etkileşimdi. Ama aynı İsmet İnönü, Türkiye'nin çok partili döneme geçmesini sağlayan devlet adamı oldu ve tarihe adını yazdırdı.

Türkiye, Turgut Özal'ın Cumhurbaşkanlığına gelmesine kadar, sürekli olarak "asker kökenli cumhurbaşkanları" ile yönetildi, çünkü Türkiye Cumhuriyeti'ni kuranlar Osmanlı paşaları idiler ve

Si on analyse la structure de la population de la République turque, du point de vue sociologique aussi bien que de la structure de l'État, depuis sa fondation en 1923, après la fin de la première guerre mondiale et de la fondation du Parlement turc (TBMM) en 1920, on constate que des faits intéressants ont eu lieu.

Son bâtisseur Mustafa Kemal l'a fondée sur un empire de 700 ans (L'Empire ottoman) et a adopté, sans avoir d'autre choix, le régime de dictature, mais il promettait sans cesse qu'un système démocratique avec des partis opposants serait établi.

Le projet de construction du bâtiment du TBMM qui était fait à son époque était conçu pour un système démocratique incluant plusieurs partis, le parlement et le sénat. C'était Mustafa Kemal même qui avait demandé cela.

İsmet İnönü, le plus proche «ami de guerre» de Mustafa Kemal, qui avait évité d'entrer dans la deuxième guerre mondiale, et qui avait signé le Traité de Lausanne au nom de la Turquie, n'a pas refusé le titre de «Chef National». C'était peut-être dû aux interactions avec l'Europe et surtout avec l'Allemagne de l'époque. Mais c'était aussi lui qui avait mis le point final au système de parti unique et inscrit son nom dans l'histoire.

La Turquie, jusqu'à la présidence de Turgut Özal, a eu constamment des «présidents soldats», car les fondateurs de la République étaient des généraux et «l'État

Türkiye'nin geleneğinde de "askeri devlet" olmak vardı. Çok partili demokrasiye geçiş bile, askerin bu vesayetini kaldırmaya yetmemiş, statüko hep kendisini korumayı bilmişti.

1960 askeri darbesi yıllarca, topluma "devrim" olarak algılatıldı, o dönemde yapılan zulüm ve işkenceler yıllarca toplumdan gizlenebildi. 1971 askeri muhtırası bu kez daha da acılı bir dönemin oluşmasına neden olmuş, Türkiye'yi sağcı – solcu kamplarına ayırmıştı. 1980 general Kenan Evren ve arkadaşlarının yapmış olduğu ihtilal, Türkiye'nin Cumhuriyet tarihindeki en karanlık ve acılı sayfalarının yaşandığı yılların başlangıcıydı. Bu ihtilal, bir anayasa ile pekiştirildi ve Türkiye bugün halâ o anayasa ile yönetilmeye devam ediyor.

03 Kasım 2002 seçimlerinden, bugün iktidarda olan Adalet ve Kalkınma Partisi (AKP) birinci parti olarak çıktı ve o zaman seçilmesi yasayla yasaklanmış olan Recep Tayyip Erdoğan parlamentoya giremediği için, bugünkü cumhurbaşkanı Abdullah Gül hükümeti kurdu ve Türkiye'de AKP dönemi başlamış oldu. Kısa bir süre sonra, Tayyip Erdoğan için TBMM'inden af çıktı ve yöresel bir seçim ile parlamentoya girmesi sağlandı, hemen ardından da, istifa eden 58 inci Cumhuriyet Hükümeti'nin yerine, R. Tayyip Erdoğan 59'uncu Cumhuriyet Hükümetini kurdu.

O günden bu güne, Türkiye üçüncü genel seçimini yaptı ve AKP son seçimlerde (2011) % 49,83 oy alarak tek başına iktidar oldu.

AKP ikinci kere seçilmiş olduğu 2007 genel seçimlerinde % 46,58 oy almıştı... 2002 seçimlerindeyse % 34,28 ile iktidar olabilmişti. Bu tabloya bakarak, Türkiye'deki

militaire » était une tradition en Turquie. Même la transition vers le système démocratique avec plusieurs partis n'a pas pu écarter ce pouvoir de l'armée. Le *statu quo* a bien su survivre.

Le coup d'État militaire de 1960 a été considéré par le peuple, pendant de longues années, comme une révolution. Les tortures ont été longtemps occultées. Le *memorandum* militaire de 1971 a amené une période encore plus douloureuse en divisant la Turquie en deux camps, gauche et droite. En 1980, le coup d'État militaire mené par le général Kenan Evren et ses amis a marqué le début de la période la plus sombre et la plus cruelle jamais connue par la République. Cette « révolution » a été consolidée ensuite par une constitution : « La constitution de 1982 » qui est encore en vigueur aujourd'hui.

Le parti AKP (Parti pour la justice et le développement), qui est aujourd'hui au pouvoir, y est arrivé le 3 novembre 2002. Comme le président d'AKP, Erdoğan, avait l'interdiction d'entrer au parlement ce jour-là, c'était le Président de la République actuelle Abdullah Gül qui a formé le gouvernement. C'est ainsi que la « période AKP » a débuté en Turquie. Peu de temps après, Erdoğan a été gracié et est devenu Premier ministre suite à une élection régionale. Tout de suite après, A. Gül a démissionné pour laisser sa place à Erdoğan, qui a formé le 59e gouvernement de la République et est devenu le Premier ministre (mars 2003).

Depuis 2002, la Turquie a connu trois élections législatives ; lors de la dernière (2011), l'AKP a obtenu 49,83 % des suffrages et a donc conservé le pouvoir. Il a

"demokratik" seçimlerde %10 barajının olduğunu da unutmadan, yani bir parti oyların toplam %10 unu alamamış ise almış olduğu oyların tümünün çöpe gittiğini de düşünerek, sosyolojik oluşuma dikkati çekmek isterim.

Klâsik, demokratik batı toplumlarında bir partinin üçüncü kez girdiği genel seçimlerde oyların hemen hemen yarısını alarak iktidar olması ne kadar olasıdır?

Bu soruyu sorup, cevabını bulabilirsek eğer, o zaman, bugün Türkiye'de düşünce özgürlüğünün nereye doğru ve neden o doğrultuda gittiğini daha iyi kavrayabileceğiz.

Türkiye, kendisine hedef olarak "Batı Uygarlığını" seçmiş olan bir Orta-Doğu ülkesidir. Toplum Akdeniz toplumlarının temel duygusal özelliklerini gösterir. Kültürel olarak da, çok kültürlü bir yapısı vardır. Yani, farklı dinsel ve etnik gurupların birlikte yaşamakta olduğu, jeopolitik olarak da çok değerli ve kırılgan bir köprüdür Anadolu. Bu nedenle de yakın ve uzak tüm komşularının ilgi odağıdır. Çünkü Türkiye dünya petrollerinin ve doğal gaz rezervlerinin en büyüklerinin olduğu bölgenin sınırında, %98'i Müslümanlardan oluşan, ama lâik ve demokratik olmayı seçmiş bir cumhuriyettir.

Sovyet Sosyalist Cumhuriyetler Birliği' nin dağılmasından sonra, "hür dünya" kendisini yeni bir düşman bulmak zorunda hissetmiştir. Bu duygu "kapitalist dünyanın" tipik gereksinmesinden başka birşey değildir. Hür Dünya'nın yeni düşmanı "İslam"dır!

Anadolu Türk toplumu, Osmanlı geleneğinden gelen ve devletine "Devlet Ana" diyen bir toplumdur. 700 yıllık Osmanlı İmparatorluğu geçmişinde, devletin bas-

formé seul le gouvernement. Quand l'AKP avait été élu pour la deuxième fois en 2007, il avait obtenu 46,58 % des suffrages… alors qu'en 2002, il n'en avait obtenu que 34,28 %. Au regard de cet exemple, j'aimerais attirer l'attention sur un fait sociologique : le barrage selon le système « démocratique » des élections en Turquie est de 10 % et les voix d'un parti qui ne franchit pas le barrage ne sont pas comptabilisées.

À quel point est-il possible, dans un pays européen démocratique, qu'un parti ayant la moitié des voix aux troisièmes élections puisse obtenir le pouvoir ? Si nous arrivons à trouver la réponse à cette question, nous pourrons mieux comprendre vers où va la liberté d'expression en Turquie.

La Turquie est un pays du Moyen-Orient qui a choisi de rejoindre la « civilisation européenne ». Le peuple turc possède les sentiments et les émotions méditerranéens. L'Anatolie est un pont où différents groupes ethniques et/ou religieux vivent ensemble. Sa structure géopolitique est précieuse et fragile. C'est pour cette raison qu'elle est le centre d'intérêt de tous ses voisins, lointains et proches. Parce que la Turquie est située à la frontière des grands producteurs de pétrole et de gaz naturel. Parce que malgré sa population majoritairement musulmane (98 %) c'est un pays qui a voulu être laïc et démocratique.

Après la disparition de l'URSS, « le monde libre » s'est senti obligé de trouver un nouvel ennemi. Ce sentiment n'est qu'un besoin typique du « monde capitaliste ». Le nouvel ennemi du « monde libre » est l'Islam.

Le peuple turc anatolien vient de la culture ottomane, appelle son État « État

kısı altında ve "devleti için" yaşamış olan bu toplum, herşeyi yine devletten bekler hale gelmiştir. Bu sosyal devlet anlayışının dışında "devlete boyun eğmiş" bir toplumun tarifidir. Bu nedenle de demokratik anlamda yönetime katılmaktansa, yönetilmeyi tercih eder. Nitekim 1971 ve 1980 askeri darbelerinde, özellikle sol görüşlü "devrimcileri" ele veren genellikle halk olmuştur.

Avrupa Birliği'ne üye olmak için başvurmuş olan Türkiye, 2000'li yıllarda, yoğun bir demokrasi arzusu ile karşılaşmış ve TBMM'i, AB normlarına ulaşabilmek adına çeşitli yasal düzenlemeler yapmaya başlamıştır. Ancak bunların pek çoğu 1980 darbe anayasası ile biçim değiştirmiş ve uygulama aynen kalakalmıştır. Örneğin asker yargıçların da bulunduğu mahkemeler kaldırılmışsa da, yerine özel yetkili mahkemeler kurulabilmiştir. Bu mahkemelerin demokrasi ile bağdaşır hiç bir yanı yoktur. Bugün yasa hükmünde olan Avrupa İnsan Hakları Mahkemesi kararlarından pek çoğu, Türkiye'de uygulanmamakta, uygulanmayan kararlara da, karara konu olanlar karşı çıkmamaktadırlar, yargının AİHM kararlarına karşı umursamazlığı sürmektedir.

Yukarıda anlatmaya çalıştığım büyük resime baktığımız zaman, düşünce özgürlüğünün de ne durumda olduğunu gayet rahat anlayabiliyoruz.

Başbakan Recep Tayyip Erdoğan, kendisi hakkında eleştiri üreten karikatüristlerin pek çoğunu mahkemeye vermiş ve onlarla önce yasal yollardan savaşmaya çalışmıştır. Ancak, iktidar hızla güçlenmeye başlayınca bu sefer daha sert bir sindirme operasyonu başlatılmıştır. Bu da basın üzerindeki yoğun baskıdır.

Mère ». Il a vécu durant les 700 ans de l'Empire ottoman sous la pression de l'État et « pour son État ». Par conséquent, il est devenu un peuple attendant tout de son État. C'est la définition d'un peuple qui obéit et respecte l'État. Donc, il préfère être dirigé plutot que de participer à la direction dans le sens démocratique. En effet, après les coups d'État militaires de 1971 et de 1980, c'est le peuple qui avait dénoncé les « révolutionnaires » gauchistes.

Candidate à l'entrée dans l'Union européenne, la Turquie, durant les années 2000, a eu une forte demande de démocratie. TBMM a alors commencé à faire des réglementations législatives pour pouvoir atteindre les critères de l'Union européenne. Mais ces dernières ont changé de forme à cause de la Constitution de 1982 et l'application a échoué. Par exemple, les cours où se trouvaient des juges militaires étant interrompues, des tribunaux munis de pouvoirs particuliers les ont remplacées. La plupart des décisions de la Cour européenne des Droits de l'homme, qui ont valeur de loi, ne sont pas appliquées en Turquie. Les personnes concernées ne s'opposent pas. Le pouvoir judiciaire continue à les ignorer.

Cette description que j'ai essayé de faire peut nous guider pour comprendre la situation de la liberté d'expression en Turquie.

Le Premier ministre Recep Tayyip Erdoğan a tenté de lutter contre les caricaturistes qui l'ont critiqué, il a porté plainte contre la plupart des caricaturistes devant les tribunaux. Mais plus son pouvoir devient fort, plus son style change, c'est aujourd'hui la pression intense exercée sur les médias.

Örneğin, aynı zamanda maden sektöründe de iş yapmakta olan patronlardan birisi, gazetesini satmaya mecbur edilmiş ve bir muhalif gazete önce ortadan kaldırılmıştır. Aynı patron, iktidara daha yakın bir gazete çıkartacağını söyleyince, önü açılmış, önceki gazetesi de iktidara çok yakın isimlere devlet bankalarından verilen krediler ile satılmıştır.

Türkiye'nin en büyük gazetesinin patronu, ciddi bir vergi incelemesine alınmış ve ödenemeyecek tutarda bir ceza ile karşı karşıya bırakıldıktan sonra, muhalif yazarlarını işten atması sağlanmış, genel yayın müdürünü de, bu görevinden alması sağlanmıştır. Bugün Türkiye'nin en önde gelen ulusal gazetesi de iktidar yanlısı yayın yapmakta, en azından iktidarı eleştirmemektedir. Büyük bir vergi cezası ile karşıkarşıya kalan patronun cezası ise hafifletilmiştir.

Türkiye'de muhalif gazeteler varlıklarını sürdürmektedir, ancak bu gazetelerde çalışmakta olan pek çok gazeteci, şu ya da bu nedenle hapistedirler.

Hapiste olan gazetecilerin büyük çoğunluğu ise "tutukludur", yani kesinleşmiş bir cezaları yoktur ve mahkemeleri devam etmektedir, ancak mahkemeler bu gazetecilerin tutuksuz yargılanmalarına izin vermemektedir.

Bu gazeteciler arasında 2011 genel seçimlerine girmiş ve milletvekili seçilmiş olanları da vardır. Türkiye'de milletvekillerinin dokunulmazlığı olduğu halde, tutuklu olan bu milletvekili – gazeteciler henüz serbest bırakılmamışlardır, andığım tutukluluk süreleri yıllarla ifade edilmektedir.

"Hür Dünya" nın bir parçası olan Türkiye, Berlin Duvarı yıkılmadan önce, genel

Un important homme d'affaires dans le secteur de la métallurgie, qui est aussi un des patrons des médias, a été forcé de vendre son journal. Un opposant a disparu. De plus, ce journal est vendu à l'un des proches du pouvoir, qui a pu l'acheter grâce aux crédits donnés par les banques de l'État. L'ex-patron du journal a dû publier un nouveau journal, soutenant le gouvernement.

Le patron du plus grand journal de la Turquie, accablé d'impôts par les contrôleurs, a dû renvoyer ses journalistes. Ce journal, qui est le premier journal national du pays, est aujourd'hui un intermédiaire du gouvernement, au moins il ne le critique plus. Les dettes d'impôts du patron ont été réduites suite à cette action.

Des journaux opposants survivent encore mais plusieurs de leurs écrivains sont en prison pour une raison ou une autre.

La plupart de ces journalistes sont « détenus », c'est-à-dire qu'ils ne sont pas condamnés, leurs procès continuent. Par contre les tribunaux ne les autorisent pas à poursuivre les procès en liberté.

Parmi ces journalistes, il y a des députés élus aux élections de 2011. Malgré l'immunité des députés turcs, ces journalistes-députés ne sont toujours pas libérés, le temps qu'ils ont passé en prison se compte en années.

Faisant partie du « monde libre », la Turquie, avant la chute du mur de Berlin, luttait contre l'ennemi commun le « communisme » et de cette manière empêchait la pensée. Celui qui se disait « rouge » pouvait être emprisonné ou même condamné à mort. Depuis que le nouvel ennemi du « monde libre » est devenu « l'islam », la

düşman komünizm ile savaşıyor ve düşünceyi bu yolla engelliyordu. "Kırmızı" diyen hapise atılıyor, idamla yargılanabiliniyordu. Ancak, "hür dünya" nın yeni düşmanı "İslam" olunca, Türkiye'ye savaşacak düşman kalmamıştı. Onun üzerine, ülkedeki etnik gerilim arttırıldı ve yeni düşman olarak "Kürtler" seçildi.

Türkiye, sağcı – solcu çatışmasında yatay bir bolunme yaşarken, Türk – Kürt çatışmasında daha tehlikeli olan dikey bir bölünmeyle karşı karşıya kaldı. Çünkü çok kültürlü, farklı etnik gurupların bir arada yaşamakta olduğu Anadolu'da yalnızca Kürt sorunu değil, etnik kökene dayalı pek çok başka sorun da ortaya çıkabilecekti. Nitekim son yıllarda Alevi – Sünni ayrılığı da iyice kaşınmaya başlandı.

Tüm bu oluşumlar içinde, Türkiye'nin Nobel ödüllü (2006) yazarı Orhan Pamuk, yapmış olduğu konuşmalardan ötürü yargılandı, Hrant Dink, Ermeni kökenli bir gazeteci, sokak ortasında vurulup öldürüldü, "Allahın Kızları" romanının yazarı Nedim Gürsel romanı nedeni ile mahkemeye verildi. Bunlar da yetmedi ve bir gazeteci, henüz yayımlanmamış olan bir romanı yüzünden hapse atıldı, yargılanıyor!

Türkiye'de tutuklanıp, hakkında dava açılan pek çok gazeteci ve yazar hakkında, yapılan açıklamalarda "yazarlık ve gazetecilik dışındaki eylemleri nedeni ile tutuklandı" denilerek uluslararası baskılardan kurtulunmaya çalışılıyor, fakat neden tutuklu oldukları da bir türlü açıklanmıyor. Bu oyun karşılıklı olarak nereye kadar sürecek kimse bunu hesaplayamıyor...

Bugün Türkiye'de ekonominin iyi gidiyor olması, iktidarın rahat hareket etmesinin temel nedenidir. "Neye rağmen iyi bir

Turquie n'a plus d'ennemi. Alors une nouvelle tension ethnique s'est révélée. Maintenant ce sont les « Kurdes » qui sont désignés comme ennemis.

La Turquie, ayant affronté une division horizontale par le conflit droite-gauche, affronte maintenant une division verticale turc-kurde qui est plus dangereuse. Parce que l'Anatolie est le pays berceau de plusieurs groupes ethniques qui vivent ensemble. Cette division verticale pourrait provoquer de nouveaux conflits ethniques, tels que Alévi-Sunnite.

Par ailleurs, le romancier Orhan Pamuk, lauréat du Prix Nobel de littérature 2006, est jugé pour ses discours, Hrant Dink, le journaliste d'origine arménienne, est tué dans la rue, Nedim Gürsel est convoqué au tribunal pour son roman « Les filles d'Allah ». Maintenant, un journaliste est en prison à cause du roman qu'il a écrit mais qui n'a même pas été publié. Le procès continue !

La seule déclaration faite concernant ces journalistes dans les prisons est qu'ils sont détenus pour des activités « hors » journalisme. C'est justement pour éviter les pressions internationales. Mais les délits commis ne sont toujours pas énoncés. Personne ne peut estimer jusqu'où cela ira…

L'économie du pays va bien, c'est la raison principale qui permet au gouvernement de faire ce qu'il veut. « Une bonne économie, malgré quoi » ? La réponse à cette question est également camouflée. Ces jours-ci, la majorité des écrivains et journalistes opposants se posent la question : « Quand est-ce que ce sera mon tour » ? Ceux qui ne veulent pas se poser cette question préfèrent se taire, ou, au

ekonomi?" sorusunun cevabının da gizlenmeye çalışıldığı Türkiye'de, muhalefet eden yazar ve gazetecilerin pek çoğu "sıra ne zaman bana gelecek?" sorusunu sık sık sormaya başladılar, ya da bu soruyu sormak istemeyenler, susmayı ve iktidarla uğraşmaktansa, Türkiye'nin geleceğine sahip çıkmaktansa, başka konularda yazıp çizmeyi tercih ediyorlar. Yani bugün Türkiye'de çok ciddi bir otosansür uygulaması var, çünkü Türkiye'yi günden güne sertleşen bir tek adam yönetimi kuşatmış durumda.

Bu kuşatmadan kurtulabilmek için gereken muhalefet de henüz yeterli gücü gösteremiyor. Türkiye Cumhuriyeti'nin kurucusu olan parti, Cumhuriyet Halk Partisi (CHP) halkın dilini konuşamadığı için ve kendi içinde yenilenemediğinden ötürü, statükocu yapısından kurtulamayıp, çağdaş bir muhalefet yapamıyor.

Kürt hareketinin partisi olan Barış ve Demokrasi Partisi (BDP) ise henüz gerçek bir kimliğe sahip olamıyor, bu partinin PKK uzantısı bir parti mi, yoksa homojen bir Kürt Partisi mi olduğu sürekli sorgulanıyor, çünkü parti olarak seçimlere katılamayıp, bağımsız adaylar olarak seçilenlerin oluşturduğu bu siyasi oluşum içinde de farklı görüşte olanlar var ve PKK'nın gölgesinden ötürü de TBMM indeki diğer partiler tarafından kabul göremiyorlar. İşte bu noktada da Türkiye'deki düşünce özgürlüğünün durumu iyice berraklaşıyor, seçilmiş bir parti TBMM'inde bile rahat değil, çünkü tek adam yönetimi geniş kitleleri harekete geçirebiliyor ve muhalefete muhalefet edebiliyor.

1989-1993 yılları arasında yayımlamış olduğum Kostantıniyye Haberleri Gazetesi, yayımlanmaya başladıktan kısa bir süre

lieu de lutter contre le pouvoir et penser à l'avenir de la Turquie, écrivent sur d'autres sujets ou domaines. Il existe aujourd'hui une censure automatique car la dictature d'un homme qui devient plus agressif de jour en jour a enveloppé la Turquie.

Il n'existe pas de parti d'opposition ayant la force nécessaire pour protéger le pays de cette dictature. Le parti fondateur de la République, CHP (Parti républicain du peuple), ne peut pas parler la langue du peuple, ne peut pas se renouveler, garde sa structure *statu quo* et donc n'arrive pas à maintenir une politique opposante.

BDP (Le parti de la paix et de la démocratie), le parti du mouvement des Kurdes, n'arrive pas à définir son identité. Est-ce un prolongement du PKK (Parti des travailleurs du Kurdistan) ou est-ce bien un parti des Kurdes? On ne peut pas avoir de réponse claire. Leurs candidats participent aux élections en tant qu'indépendants et les élus se regroupent ensuite sous le toit du parti. Parmi eux il y a des membres d'opinions différentes. Ils gardent l'ombre du PKK sur eux. Cela rend impossible leur intégration au TBMM. C'est justement à cela qu'on peut voir plus nettement la situation de la liberté d'expression en Turquie. Un parti élu ne se sent pas à l'aise sous le toit de TBMM. Un seul homme rassemble un large public et s'oppose aux opposants.

Le journal *Kostantıniyye Haberleri Gazetesi*, que j'ai publié entre 1989 et 1993, a été, peu de temps après son ouverture, fermé suite à une incursion de la police armée sur ordre de la justice. La raison en était que son titre comprenait le nom d'Istanbul en grec.

sonra, silahlı polisler tarafından basılmış ve kapatılmıştı.

Kapatılma nedeni, adının KOSTANTİNİYYE olmasıydı, yani Yunanlıların İstanbul için kullandıkları ad! Elbette mesele bu değil, mesele gazetenin muhalefetiydi.

Biz o yıllarda, adımızı hemen değiştirdik ve "Bizim Şehir Haberleri Gazetesi" olarak yayınımıza devam ettik. Ancak ne bir kuruş reklam alabildik ne de abonemiz olabildi. 89-93 yılları arasında aylık yayımladığım bu gazetede çok ciddi para kaybettim. Yani kurulan baskılar sonunda amacına ulaştı. Yüksek mahkeme Kostantıniyye Haberleri adını serbest bıraktı sonunda, ama bir kere kamu oyunda adımız kirletilmiş oldu ve bu işi bırkmak zorunda bırakıldık.

İşte bu deneyimimden ötürü, bugün ulusal basın üzerinde oynan oyunları, kurulan baskıları çok daha rahat görebiliyor ve algılayabiliyorum, endişelenmemin nedeni de zaten bu...

Türkiye'de günden güne gerileyen bir eğitim sistemi söz konusu, %75 i 30 yaşın altında olan genç Türkiye, iyice bireyselleştirilmiş ve/veya dinselleştirilen bir eğitim sistemi ile örülüyor, bunun dışına çıkan öğrenciler ise tutuklanıyor.

Yalnızca sokak gösterilerine katıldıkları için ya da hükümete karşı oldukları için tutuklu bulunan ve tutuklulukları 2 yılı aşan genç öğrencilerin sayısı en az gazeteciler, yazarlar kadar çok ve endişe verici bir durumda.

Gerçek bir muhalefetin olamadığı toplumların yaşamakta olduğu sıkıntıyı bugün Türkiye yaşıyor. Bugün yaşananların acısını önümüzdeki on yıllarda genç nesiller çok çekecekler ve toplumsal ilerlemenin

En réalité la vraie raison n'était pas celle-là : c'était l'opposition du journal.

Nous avions changé tout de suite le nom du journal et continué sous le nom de Le journal des nouvelles de Notre Ville. Mais nous n'avons pu avoir une seule publicité, ni un seul abonné. J'ai perdu beaucoup d'argent pour ce journal. La pression a atteint son but. Le tribunal a libéré finalement le nom mais aux yeux du public le nom était sali. Nous avons dû fermer le journal.

C'est grâce à cette expérience que j'arrive à mieux voir les pressions exercées sur la presse et les jeux qui se jouent. C'est la raison de mes soucis…

La Turquie a un système d'éducation qui recule de jour en jour. 75 % de la population a moins de 30 ans. Cette large population de jeunes Turcs est soit élevée dans un esprit d'individualisme, soit fortement influencée par une éducation religieuse.

Il y a autant d'étudiants détenus dans les prisons, uniquement parce qu'ils ont manifesté dans la rue, que de journalistes ou écrivains. Parmi eux, il y en a qui sont détenus depuis deux ans.

La Turquie connaît aujourd'hui la peine des peuples qui n'ont pas une vraie opposition. Les prochaines générations souffriront, comprendront un jour que le développement d'un peuple ne se fonde pas uniquement sur la hausse du revenu national, mais ce sera trop tard. Malheureusement nous ne pouvons rien faire d'autre que de dire à haute voix que nous sommes contre le fascisme !

Le fait que j'aie écrit cet article en France, aux jours où l'Assemblée nationale française a adopté une loi qui péna-

salt milli gelirdeki artışla hesaplanmadığını anladıkları zaman, çok gecikmiş olacaklar. Ama şu anda yüksek sesle faşizme karşı olduğumuzu söylemekten başka elimizden birşey gelmiyor!

Bu yazıyı, Fransız parlamentosunun "soykırım" yasasını kabul ettiği ve bu konuda görüş bildirmenin, düşünüp söylemenin yasaklandığı günlerde, Fransa'da yazmış olmam da kara mizah gibi! Demek ki faşizm Avrupa'da da kendisine yer bulabilmeye başlıyor!

lise la négation du génocide, est comme une comédie humoristique. Cela veut dire que le fascisme commence à trouver une place en Europe aussi !

Cüneyt Ayral
Grenoble, le 24 décembre 2011
Traduit du turc par Iklil Sümer

The development of Censorship in Slovenia over the last forty years

FRANČEK RUDOLF
SLOVENE PEN CLUB.

We must put ourselves in the censor's shoes. An editor or an artistic director knows very well that an author can only write in the glow of complete freedom. Nonetheless, the editor must ensure that the theatre or publishing house or film production company continues to enjoy the benevolence of the state and the subsidies dependent on it. The responsible person must take particular care to ensure that the author, committed to his or her artistic character, does not get into trouble, such as acquiring a bad reputation or have only a few hundred copies of his or her work printed. We can also always find hard-working officials and conscientious workers who would be horrified if an author was not restricted in some way. These boundaries are never clearly defined. And they should not be, simply because it should be possible under special conditions to move them. Much can be said as long as it is nicely wrapped. When forty years ago I began writing my first and second novels, I had already been writing for five years for newspapers, theatre, television and film. I decided to write prose simply in order to be

Le développement de la censure en Slovénie ces derniers quarante ans

FRANČEK RUDOLF
PEN CLUB SLOVÈNE.

Nous devons nous mettre à la place du censeur. Un éditeur ou un directeur artistique sait très bien que l'auteur ne peut écrire à la lueur d'une liberté complète. Néanmoins, l'éditeur doit s'assurer que le théâtre ou la maison d'édition ou la société de production cinématographique continue de jouir de la bienveillance de l'État et des subventions qui en dépendent. La personne responsable doit prendre un soin particulier à s'assurer que l'auteur, fidèle à sa voie, ne connaîtra pas les déconvenues d'une réputation entachée ou d'un échec éditorial. Il est également toujours possible de trouver de laborieux agents gouvernementaux, de consciencieux fonctionnaires qui se scandaliseraient de savoir qu'un auteur ne s'est pas restreint d'une manière ou d'une autre. Ces limites ne sont jamais clairement définies. Et elles ne devraient pas l'être, tout simplement parce qu'il devrait être possible, dans certaines circonstances, de les déplacer. Tant qu'elles sont joliment mises, beaucoup de choses peuvent être dites. Lorsqu'il y a quarante ans, j'ai commencé à écrire mes deux premiers romans, j'avais déjà écrit pendant cinq ans pour les journaux, le théâtre, la télévision et le cinéma. J'ai opté pour la prose, afin, tout

able to lower the high ethical and moral criteria. Prose offers you a chance to tackle everyday, banal and private events, and finally to crack some jokes. However, editors who would never dream of demanding that I take or leave something out knew very well that their publishing house had certain obligations to the state and the system. The bones of contention at that time were the army, i.e. the Yugoslav National Army, about which, of course, you could write but never ridicule as a system, then the League of Communists, the party that called itself avant-garde and was the only officially recognised party, and finally the history of the two World Wars. Again, of course you could write about the war against the aggressor and occupying forces, about the war as a liberation struggle, but the editor advised you against describing the war as the basis for revolution. Nor was it appropriate if the characters in a novel spoke in favour of an unusual ideology. I understood that the presence of characters who spoke in favour of extreme ideas, be it left-wing or right-wing or both at the same time, could in some of those in responsible positions, such as those working in culture or even politics, create a belief that the revolution had not fully succeeded or that it was not quite on the right track or that there were unforeseen hindrances. If I try to put it more succinctly, with the exception of a few attempts around nineteen hundred and fifty, until nineteen hundred and ninety, writers not only in Slovenia but in the whole of Yugoslavia knew very

simplement, de réduire les critères éthiques et moraux. La prose permet d'aborder les événements quotidiens, banals et privés, et finalement, d'envoyer quelques blagues. Cependant, les éditeurs, qui ne penseraient jamais à exiger que j'ajoute ou retranche quoi que ce soit, savaient très bien que leur maison d'édition avait certaines obligations face à l'État et au système. Les pommes de discorde à l'époque étaient l'armée, c'est-à-dire l'armée nationale yougoslave, sur laquelle, bien sûr, vous pouviez écrire, mais sans jamais la ridiculiser en tant que système, puis la Ligue des Communistes, seul parti reconnu et qui se disait d'avant-garde, et enfin l'histoire des deux guerres mondiales. Encore une fois, bien sûr, vous pouviez écrire sur la guerre contre l'agresseur et l'occupant, ou sur la guerre en tant que lutte de libération, mais l'éditeur vous déconseillait d'en faire la base de la révolution. Il n'était pas convenable que les personnages d'un roman se déclarent en faveur d'une idéologie insolite. Je comprenais que la présence de personnages soutenant des idées extrêmes, qu'elles soient de gauche ou de droite, ou les deux à la fois, puisse instiller dans l'esprit de certains responsables culturels ou politiques l'idée que la révolution n'avait pas pleinement réussi, qu'elle faisait fausse route, ou qu'elle se trouvait face à des obstacles imprévus. Pour le dire succinctement, à l'exception de quelques tentatives remontant aux années cinquante, jusque dans les années quatre-vingt dix, les écrivains, non seulement en Slovénie mais dans l'ensemble de la Yougoslavie, savaient très bien qu'un récit critiquant une armée ou un parti, le fonctionnement d'un système et le cours d'une

well that critical stories about the army or the party, the functioning of the system and the course of the revolution, be it our own or any other in the world, would not lead easily to publication or decent payment, not to mention acclaim. A Belgrade script writer who wrote a television series about a correction home for minors chose an evil caretaker as a villain. He was asked: This is all very well, but what if this caretaker just happens to be a trade union leader or even the secretary of a party cell? Only when it was clear that the caretaker would never achieve either of these two functions, was his series approved. The moment an author, notwithstanding all the freedom, was unable to critically or scornfully portray a series of official persons, the rule of politeness and decency began to apply also to the members of the other Yugoslav nations. A play or a film or a novel could not feature a Serb, Croat, Bosnian, Macedonian, Albanian or even a Roma because you could never be sure that this inhabitant of a brotherly republic was not a respected revolutionary back home, employed in a state-owned company or as an official in one of the ministries in that republic. Following the same logic, even a Slovene recognisable as a Slovene within Yugoslavia could not appear. Thus characters were a problem. You are writing a crime story, you show the main character as a living, complex person, but then it transpires in chapter twenty that he is employed by a reputable newspaper from another republic or is a sportsman and a member of a sports team

révolution – qu'il s'agisse des nôtres ou de tout autre dans le monde – ne mènerait pas facilement à la publication ou à des droits d'auteur décents, et encore moins au succès critique. Un scénariste de Belgrade qui écrivait une série télévisée sur une maison de correction pour mineurs avait choisi de mettre en scène un gardien scélérat. On lui objecta : « C'est très bien, mais que faire si ce gardien se trouve être un dirigeant syndical ou même le secrétaire d'une cellule du parti ? » La série ne fut approuvée que lorsqu'il fut clairement établi que jamais le gardien ne parviendrait à occuper l'une de ces deux fonctions. À partir du moment où n'était plus permis à un auteur, indépendamment de toute liberté, de brosser un tableau critique ou méprisant des personnalités officielles, la règle de politesse et de décence a valu pour les membres des autres nations yougoslaves. Une pièce de théâtre, un film ou un roman ne pouvaient mettre en scène un Serbe, un Croate, un Bosniaque, un Macédonien, un Albanais ou même un Rom, parce que rien ne permettait d'assurer que cet habitant d'une république sœur n'était pas, chez lui, un révolutionnaire respecté, un employé de société d'État, ou un fonctionnaire de l'un des ministères de cette République. Selon la même logique, même un Slovène, identifiable à un Slovène de Yougoslavie, ne pouvait apparaître. Ainsi le choix des personnages causait toujours problème. Vous écrivez un roman policier, vous dépeignez le personnage principal comme un être vivant, une personne complexe, mais alors il appert au chapitre vingt qu'il est employé par un journal de renom d'une autre république ou que c'est un sportif, membre de

from one of the republics. In spite of the fact that in Yugoslav films these problems were overcome in very creative ways, many of these film productions somehow managed to fall into disgrace and were screened much less than they could have been. Many problems could at that time be resolved by writers and directors by moving the time of the story back by twenty or thirty years, to the time of World War Two or the post-War period of collectivisation. Although history was for Yugoslavia always a very delicate area, film makers over and over again resorted to it in order to find a refuge from the dangerous present.

The kind of censorship I have described above has consequences which can be very serious. It is especially difficult because even after decades of changed circumstances these consequences cannot be remedied. At least not very quickly. As dozens of books were published that did not delve into the military system, the league of communists or the revolution, readers were not used to critical comments on politics. Here I have to mention various memoirs written by partisan commanders, revolutionaries and activists in which, however careful they were, they of course revealed flaws in the system –after all there would be no stories if now and again something did not go wrong or even very wrong. And so memoirs began to undermine literature. When finally there began to appear and continue to appear true historic books, they talk about times and events in a place where literature remained very personal,

l'équipe nationale d'une des républiques voisines… En dépit du fait que dans les films yougoslaves ces problèmes aient été surmontés de façon très ingénieuse, plusieurs de ces productions cinématographiques tombèrent en disgrâce et ne furent pas montrées comme elles l'auraient pu. De nombreux problèmes pouvaient être résolus par les scénaristes et réalisateurs en déplaçant le récit de vingt ou trente ans, au moment de la deuxième guerre mondiale ou de la collectivisation d'après-guerre. Bien qu'en Yougoslavie l'histoire ait toujours été un sujet délicat, les cinéastes y eurent très souvent recours afin de se prémunir des dangers du présent.

Les conséquences de ce type de censure peuvent être très graves. Même des décennies après que les circonstances ont changé, on ne peut en réparer les dommages, ou alors que très lentement. Des dizaines de livres avaient été publiés qui n'avaient pas exploré le système militaire, la Ligue des Communistes ou la révolution, les lecteurs n'étaient pas habitués à des commentaires critiques sur la politique. Ici, je dois mentionner divers mémoires écrits par les commandants partisans, des révolutionnaires et des militants qui, malgré toute leur prudence, révélèrent des failles dans le système – après tout il n'y a d'histoires que si de temps en temps les choses tournent mal, voire très mal. C'est ainsi que les mémoires minèrent la littérature. Quand finalement commencèrent à apparaître de manière régulière de vrais livres historiques, c'était pour aborder les époques et des événements depuis un lieu intime, plutôt symbolique, poétique et féerique. Dans les systèmes qui pour une raison quelconque

rather symbolical, poetic and fairy-tale like. In systems which for whatever reason do not allow themselves parliamentary democracy and which for whatever reason do allow themselves a considerable measure of authoritarianism, there emerges literature with considerable gaps in it. These gaps may render such novels incomprehensible to readers from other countries, especially if these countries have different systems. In line with the same logic that stopped you from ridiculing Serbs, Croats, Bosnians, Macedonians, Albanians and others you were also not able to make fun of hippies. Because the hippies travelling through Ljubljana to India were American, Canadian, English, French or German and so on. From what I have said you can already surmise that to write authentically about recreational, synthetic or hard drugs was in no way wise. An author who had described young people from the European countries or the West in general as drug addicts or sexually unreliable, would most certainly be sowing the seed of doubt in the world order. So why should they publish such an author?

Let us now take our leave from the late Sixties and early Seventies and stop in the year nineteen ninety, when changes occurred in Slovenia. It became an independent country and very quickly began altering its political system. Twenty years have since passed and now two hundred novels are published a year. Slovenia is a part of the European Union and constantly adopting EU legislation. Never before has Slove-

dédaignent la démocratie parlementaire et qui pour une raison quelconque ne refusent pas l'autoritarisme émerge une littérature lacunaire. Ces lacunes peuvent rendre les romans incompréhensibles pour les lecteurs d'autres pays, surtout si ces pays ont des systèmes différents. De la même manière qu'il était proscrit de ridiculiser les Serbes, les Croates, les Bosniaques, les Macédoniens, les Albanais et tant d'autres, il était impossible de se moquer des hippies. Parce que les hippies qui, en route pour l'Inde, traversaient Ljubljana étaient américains, canadiens, anglais, français ou allemands et ainsi de suite. Compte tenu de ce que j'ai dit, vous pouvez déjà supposer qu'écrire avec justesse sur les drogues douces, synthétiques ou dures n'était absolument pas raisonnable. Un auteur décrivant les jeunes des pays européens ou de l'Occident en général, comme des toxicomanes ou comme sexuellement peu fiables, aurait sûrement semé le doute dans l'ordre mondial. Pourquoi alors publier un tel auteur ?

Laissons maintenant de côté la fin des années soixante et soixante-dix pour en venir aux années quatre-vingt dix, lorsque survinrent les changements en Slovénie. Celle-ci devint indépendante et entreprit très vite la transformation de son système politique. Vingt ans ont passé depuis et deux cents romans sont désormais publiés chaque année. La Slovénie est une partie de l'Union européenne et se conforme de plus en plus à la législation européenne. Jamais auparavant la Slovénie n'a compté tant d'écrivains. Et l'on y trouve des dizaines d'éditeurs, petits et grands. Vous décro-

nia had so many writers. And there are dozens of publishers, small and large. You pick up the phone and call ten or twenty editors. They all tell you the same – bring your novel (or play, or script, or television serial), we will read it and if you are good we will publish, stage, film etc. it. If you are good, have inspiration and you are the right laid-back person for our laid-back times, you have nothing to fear. I am not saying that a writer today ought to criticise Slovenia's armed forces or indirectly NATO itself or its interventions in Iraq or Afghanistan. But as the army is earmarked three times as much money in the national budget as culture and two-and-a-half times as much as sport, you can not write about politics without writing about the armed forces or NATO or Afghanistan or the Arabs or Americans.

It is even worse when it comes to political parties: there are so many of them, they themselves are not entirely clear whether they are left-wing, right-wing, centrist or even nationalist. You can never know which of these parties will be in a coalition and gain a minister of culture or lead the national radio and television station or acquire directorial positions in publishers and libraries. It should be a writer's duty to discuss in a dramatic manner whether at least this or that party is liberal and democratic, and if it is not democratic, what are the consequences of this for the destiny of the nation and the state. Nowadays a writer has complete freedom to write about politics and political parties, the parlia-

chez le téléphone et appelez dix ou vingt éditeurs. Tous vous disent la même chose : « Apportez votre roman ou pièce, ou scénario, nous lirons et si vous êtes bon, nous publierons, mettrons en scène ou porterons cela à l'écran, etc. ». Si vous êtes bon, inspiré, si vous êtes du type décontracté convenant à notre époque décontractée, vous n'avez rien à craindre. Je ne dis pas qu'un écrivain d'aujourd'hui devrait être tenu de critiquer les forces armées de la Slovénie ou indirectement de l'OTAN ou encore les interventions de celle-ci en Irak ou en Afghanistan. Mais comme le budget national réserve à l'armée trois fois plus d'argent qu'à la culture et deux et demi fois plus qu'au sport, on ne peut écrire sur la politique sans écrire sur les forces armées ou l'OTAN, ou l'Afghanistan ou les Arabes ou les Américains.

C'est encore pire quand il s'agit de partis politiques : ils sont pléthore, et il n'est pas tout à fait clair s'ils sont de gauche, de droite, centristes ou même nationalistes. On ne sait jamais lequel de ces partis se retrouvera au sein d'une coalition et prendra le contrôle du ministère de la culture ou de la radio et de la télévision nationales ou des maisons d'édition et des librairies. N'est-ce pas le devoir d'un écrivain de s'interroger sur tel ou tel parti, de chercher à déterminer s'il est libéral et démocratique, et s'il ne l'est pas, de s'interroger sur les conséquences que cela pourrait avoir sur le destin de la nation et de l'État ? Aujourd'hui, un écrivain est totalement libre d'écrire sur la politique et les partis politiques, le parlement et le gouvernement. Un écrivain peut écrire n'importe quoi, mais qu'en pensera l'éditeur ? Voici

ment and the government. A writer can write anything, but what will the publisher say? Here is what: Couldn't you just write a crime story? If you say you live in a country where it is necessary to write about the thieving by companies and banks and the stashing away of millions in accounts in Liechtenstein or the more remote tax oases, you find out that the publisher would rather not publish riveting stories about the mafia, the smuggling of drugs and weapons, about courts and about politicians who are trying to control irregularities in every possible and impossible way, but some people continue to mysteriously get richer. Forty years after I began writing novels so that I could express myself freely, I am in the same position as before. It is not good to involve Europeans, Americans, Asians or Africans because they are all your country's trading partners and if among them you find a wicked and profligate individual and write about him, it could damage friendly relations with someone. And it certainly will not sound credible and you will have only yourself to blame. Nor should you write about domestic millionaires because every one of them is friendly with a politician or a political party, and what happens if someone recognises him or falsely recognises someone else in this character? It is not wise to mention any branch of the economy, most certainly not construction, railways, power supply. Slovenia is simply too small for a writer to be able to blacken anyone recognisable. Especially in smaller towns. We must also mention that

ce qu'il en dira : « Ne pourriez-vous pas simplement écrire un roman policier ? » Si vous dites que vous vivez dans un pays où il est nécessaire d'écrire sur le vol perpétré par les entreprises et les banques et les millions cachés au Liechtenstein ou dans les paradis fiscaux les plus lointains, vous vous rendrez compte que l'éditeur préférerait ne pas publier de passionnants récits sur la mafia, le trafic de drogues et d'armes, sur ceux qui continuent mystérieusement de s'enrichir alors que les tribunaux et les politiciens tentent par tous les moyens possibles et impossibles de contrôler la délinquance. Quarante ans après avoir choisi le roman afin de m'exprimer librement, j'en suis au même point. Il n'est pas bon d'impliquer les Européens, les Américains, les Asiatiques ou les Africains car tous sont des partenaires commerciaux de votre pays et si parmi eux vous deviez trouver un individu méchant et débauché, si vous deviez écrire sur lui, cela pourrait nuire à certaines relations amicales. Et cela ne passera pas pour crédible et vous n'aurez que vous-même à blâmer. De la même manière, il vaudrait mieux ne pas écrire sur les millionnaires de chez vous, parce que chacun d'eux est ami d'un politicien ou proche d'un parti politique, et qu'adviendrait-il si l'un d'eux devait se reconnaître dans ce personnage ou si quelqu'un devait le reconnaître à tort ? Il n'est pas raisonnable de parler de quelque secteur économique que ce soit et certainement pas de la construction, des chemins de fer, de l'énergie. La Slovénie est tout simplement trop petite pour qu'un écrivain se permette de salir qui que ce soit d'identifiable. Surtout dans les petites villes. Pensez que

Slovenia has two hundred and eleven municipalities and to blacken the smallest of towns means to blacken its mayor and the municipal council. So, dear writer, you just try to tackle in a satirical way two hundred and eleven municipalities and their administrations. Furthermore, what Slovene readers like reading by far the most are novels written by Slovene writers which are set in South America. If a Slovene novel is unlucky enough to be happening here and now, then it is best if it is written for young people and full of pupils and school adventures and classroom love stories.

After forty years society has matured and it has become clear that Slovenia both needs and has censorship, and also that this censorship has been additionally strengthened during this time and that Slovenes as a nation of readers do not need authors whose writing would be led by absolute freedom. What we need even less is literature that would guarantee authors the freedom of writing and expression. In fact, it is not really clear what we need, only what we have, where we find ourselves. Although I may not be very well informed, I would find it very difficult to claim that things are any different elsewhere in Europe. Europe allows itself a large measure of morality and propriety, but is not ready to allow itself films and television serials. So what should a writer do in Europe? Bravely fight both the visible and invisible censorship, that is all.

Translated from slovenian
by Maja Visenjak Limon

la Slovénie compte 211 municipalités et que ternir la réputation de la plus petite ville revient à calomnier son maire et son conseil municipal. Va donc, cher écrivain, t'attaquer d'une manière satirique à 211 municipalités et autant d'administrations ! Du reste, ce que les lecteurs slovènes préfèrent, ce sont les romans slovènes dont l'action se situe en Amérique du Sud. Si par malheur un roman situe son action ici et maintenant, alors il faut qu'il s'adresse à de jeunes lecteurs, qu'il soit truffé d'internes, d'aventures de préau et d'histoires d'amour estudiantines.

Après quarante années la société a mûri et il est devenu clair que la Slovénie connaît autant la censure qu'elle en a besoin. Il est clair que cette censure a été renforcée durant cette période et que les Slovènes, en tant que nation de lecteurs, n'ont pas besoin d'auteurs dont l'écriture serait dictée par une liberté absolue. Ce dont nous avons encore moins besoin, c'est d'une littérature qui garantirait aux auteurs la liberté d'écrire, la liberté d'expression. En fait, ce dont nous avons besoin ne tient pas de l'évidence. N'est évident que ce que nous avons et où nous en sommes. Bien que je ne sois pas très bien informé, il me semble difficile de prétendre que les choses sont très différentes ailleurs en Europe. L'Europe se permet une bonne part de moralité et de bienséance, mais n'est pas prête de se permettre des téléfilms et des séries télévisées. Alors, que doit faire un écrivain en Europe ? Combattre courageusement à la fois la censure visible et invisible, c'est tout.

Frančel Rudolf

Tentative de réponse
à l'enquête sur la censure en Espagne

ANONYME

**1 • CHANGEMENTS DANS LES POSSIBLES INTERVENTIONS
EXTERNES QUI LIMITENT LA LIBERTÉ D'EXPRESSION DES ÉCRIVAINS**

A) LA PÉRIODE ENTRE 1960 ET 1990

Pour les écrivains ayant vécu sous la dictature de Franco, jusqu'à sa mort en 1975, il est évident que la censure, durant la période entre 1960 et 1990, a été de tout acabit. La censure a été atténuée progressivement après 1975, mais pas tout à fait. En fait, pendant les premiers moments du gouvernement espagnol d'Adolfo Suarez, on ne pouvait même pas dire que le régime de Franco était une « dictature ». Il fallait dissimuler et on pouvait seulement dire qu'il avait été « autocratique » ou « autoritaire ». On devrait cacher non seulement les idées, mais aussi certains mots déterminés qui indiquent le degré de censure et de répression vécu pendant plus de quarante années.

Comme on vient de le dire, ceci va durer jusqu'après la mort de Franco : les militaires commandaient (coup d'État du 23 Février 1981), l'Église commandait, les secteurs les plus durs du régime commandaient – ils n'ont pas totalement disparus – les puissants groupes économiques commandaient. En fait, la Constitution (de 1978) n'est simplement pas démocratique, car aujourd'hui – est c'est encore en vigueur – elle stipule toujours que l'armée doit veiller sur l'unité et l'intégrité de l'Espagne, et cela ne se réfère pas à la défense contre d'éventuelles agressions extérieures, mais au soutien de la répression militaire contre les peuples ou les nations (Catalogne, Euskadi) qui ont voulu à un certain moment se prononcer démocratiquement en faveur de leur indépendances et de leur séparation d'avec l'Espagne.

Jusqu'aux années quatre-vingt dix, et même plus tard, la figure du roi – successeur de Franco, nommé directement par lui – a été renforcée et sera poursuivie toute critique que les autorités jugent offensante.

Par conséquent, durant cette première période, la censure était essentiellement politique et morale : ces deux domaines devaient être traités

avec beaucoup de prudence et toujours de façon elliptique, encapsulée. Durant la dictature, l'autocensure était une mesure de précaution obligée ; dans les premières années postérieures, elle était déjà bien formée.

B) *La Période entre 1990 et 2010*

Les restrictions constitutionnelles sont maintenues et, par exemple, le Statut de la Catalogne de 2006 (héritier du précédent statut de 1979) ne pouvait pas dire, en toute légalité et de manière satisfaisante, que la Catalogne est une « nation ». La Cour constitutionnelle espagnole a également imposé des restrictions à la langue catalane, qui tout en étant co-officielle avec l'Espagnol et reconnue comme la « langue propre » de la Catalogne, est toujours victime de discrimination dans la vie quotidienne, à la télévision, dans l'étiquetage des produits, dans le cinéma, dans les tribunaux, dans l'armée…

Le Roi et l'Église peuvent déjà faire objet de critique et de débat ouvert, mais aucune lecture plurinationale ne serait acceptée dans la Constitution espagnole, ce qui signifie : les cultures non castillanes (catalane, basque et galicienne) resteront marginalisées, elles peuvent être remises en question et faire l'objet d'attaque et d'obstruction quand elles veulent se faire défendre par leurs parlements nationaux respectifs.

2. Formellement, les médias espagnols sont libres et peuvent travailler sans entrave, mais en pratique ce n'est pas le cas. Ce n'est pas le cas, car les chaînes de télévision espagnoles, qui diffusent également en Catalogne, ne consacrent aucun espace aux émissions en catalan.

Ce n'est pas le cas, parce que la télévision de la Catalogne (TV3), qui depuis des années a installé des émetteurs au Pays-Valencien – payés par une association de droit privé : l'Action Culturelle du Pays-Valencien – ne peut plus être captée à Valence. La TV3 a cessé d'émettre parce que les émetteurs ont été fermés depuis des mois. Le gouvernement de Valence a infligé des amendes énormes à l'Association Culturelle, qui ont conduit à la fermeture des émetteurs qu'elle avait installés. Le Pays-Valencien et la Catalogne partagent la même langue. Mais maintenant, à Valence, la télévision peut être vue dans beaucoup de langues, sauf la TV3 en Catalan.

En outre, il y a la télévision ou les journaux espagnols – principalement des groupes Intereconomia et Mundo – qui attaquent constamment et de manière explicite la Catalogne, sa langue, ses institutions. Et la Catalogne ne

bénéficie d'aucune protection, ni morale ni légale, de la part des autorités et du gouvernement espagnol.

3. Le secteur de l'édition est un secteur qui vit une crise majeure, un peu partout. Mais en Catalogne aussi. Les éditeurs catalans à l'heure actuelle, travaillent surtout pour leurs intérêts économiques particuliers. Ce serait, si on peut dire, la censure la plus importante, qui empêche de nombreux écrivains, essayistes, poètes, dramaturges, de publier comme ils le souhaitent ou qui les contraint à recourir à de petites éditions, très minoritaires, ce qui signifie aussi très marginales et sans impact.

D'autre part, les groupes d'édition espagnols présents en Catalogne – très puissants en ce moment, car ils se sont unis et sont très peu nombreux – continuent toujours à avoir une attitude belligérante contre la langue et la littérature catalane, de sorte qu'ils ne sont pas (ou presque) prêts à soutenir la promotion de notre langue et de notre culture. En ce sens, les groupes d'édition espagnols sont clairement restrictifs et limitent la diffusion de toute culture qui ne soit pas espagnole.

4. Je ne pense pas que les écrivains catalans s'imposent une autocensure en particulier, parce qu'ils ont déjà assez de censure externe qui leur vient des restrictions commerciales, idéologiques et politiques des pouvoirs factices (éditeurs, diffuseurs, chaînes de télévision, etc.). Probablement les collectifs qui devraient se surveiller le plus sur ce qu'ils disent et écrivent sont constitués par les journalistes, car aujourd'hui il est presque impossible d'être un journaliste indépendant. Chaque journal, chaque groupe d'édition a ses préférences et ses objectifs bien clairs. Et les journalistes qui travaillent pour eux doivent s'adapter. La brutale crise économique a contribué puissamment à créer la peur (perte d'emploi) et la soumission (cherchant l'audience et les applaudissements du maître).

5. Il n'est certainement pas toujours facile d'écrire des biographies de personnages célèbres (publics ou médiatiques). Dans ce cas, les autorités et les organismes publics catalans (les municipalités, les bibliothèques, les archives et le gouvernement catalan) cherchent des documents et des archives de personnalités de premier plan de l'histoire de la Catalogne (écrivains ou non) pour qu'ils passent dans le domaine public, afin de préserver cet héritage et

de permettre la consultation et la communication. Dans de nombreux cas, cela a été et est encore possible par la générosité des familles (Vicens Vives, Miserachs, Rodoreda, Ferrater Mora et bien d'autres).

Nous avons aussi un exemple récent : les enfants du photographe Centelles ou de l'éditeur Carmen Balcells, ont préféré que leurs fonds, originaires de Catalogne, soit gérés par les agences du gouvernement espagnol, en grande partie, parce qu'ils ont pu en tirer plus d'argent. Il semble que lentement apparaît non pas la figure de donation d'un héritage, mais de sa vente au plus offrant.

Je dois aussi mentionner les cas de familles qui gardent jalousement les fonds familiaux pour mieux contrôler leur diffusion et pour empêcher que certaines informations ou certaines données soit connues du grand public. Dans ce cas, l'esprit tribal l'emporte sur l'acceptation des faits historiques tels qu'ils se sont produits.

Janvier 2011

Tentative de réponse
à l'enquête sur la censure en Algérie

ÉCRIVAIN KABYLE
Membre du PEN
CLUB CATALAN.

CONCERNANT LA PREMIÈRE QUESTION : *DE 1960 À 1990*

L'Algérie a connu et continue de connaître la censure sous toutes ses formes et ce jusqu'à aujourd'hui. Commençons donc par l'année 1960.

En 1960, l'Algérie était encore sous le joug colonial et en pleine guerre de libération, la censure coloniale, et des autorités françaises en général, sévissait, évidemment, comme vous devez le savoir, en Algérie comme en France d'ailleurs. À partir de l'Indépendance, en 1962, et pratiquement jusqu'au début des années 1990, un régime s'installe et s'inspire naturellement des méthodes de l'ancien oppresseur pour museler la société algérienne en général et berbère en particulier (guerre civile de 1963), étant donné son illégitimité (un pouvoir issu d'un coup d'État contre le GPRA) inassumée.

Les écrivains contestataires ou pamphlétaires n'avaient pas leur place en Algérie (Kateb Yacine, Mammeri, Marguerite Taos Amrouche…) : ils publiaient pour la plupart à l'étranger, en France notamment, sauf pour les écrivains très proches des thèses du régime qui se voulait leader des peuples en lutte, des pays du tiers-monde et surtout du mythique monde arabe. Le monopole de l'État sur les moyens d'impression et de diffusion est quasi absolu. Tout ce qui se fait de sérieux se faisait généralement à l'étranger et ce jusqu'à maintenant à quelques exceptions près (édition pirate).

DE 1990 À 2010

Après la révolte d'octobre 1988, il y a eu un début d'ouverture, une relative liberté d'expression, une libéralisation partielle du champ médiatique à l'exception des médias lourds (radio et télévision), mais comme le monopole financier et économique est demeuré sous contrôle étroit de l'État la seule presse dite libre (privée) s'est vite retrouvée piégée, car entièrement dépendante des mannes financières étatiques pour survivre. Beaucoup de journaux ont disparu faute de moyens financiers, car éloignés des thèses du régime (il faut savoir que le régime, les institutions et l'État forment un tout ,comme cela se fait dans toute dictature qui se respecte). La censure donc dans ce cas est multiple, je veux dire qu'elle est d'ordre politique et institutionnel,

d'ordre économique et financier, d'ordre religieux et sociétal, d'ordre sécuritaire (aspect omis dans ce questionnaire) : c'est-à-dire que l'information sur les violences et le terrorisme islamiste est un monopole entièrement géré par les services de l'État d'où la manipulation qui en résulte. Et bien sûr la censure est aussi d'ordre linguistique puisque la langue berbère a été totalement niée jusqu'à la révolte kabyle de 2001 dite « Printemps noir » qui a vu sa relative reconnaissance, du bout des lèvres. Sans parler du conflit linguistique entre francisants et arabisants, dont les derniers sont largement sortis vainqueurs en raison de l'appui total et irréfléchi de tout l'État que j'ai cité en haut.

Vous allez me dire : et les écrivains dans tout ça ? Eh bien, les écrivains continuent d'éditer à l'étranger lorsque leurs livres dérangent. Nous avons beaucoup d'exemples. Ils sont interdits d'édition, de diffusion et même censurés lors des foires du livre d'Alger. On peut citer beaucoup d'auteurs dans tous les genres : romans, scandale financier, ou encore témoignages sur les dérives des militaires et autres services… Des écrivains et des journalistes ont fait de la prison, d'autres sont exilés et recherchés par la « justice » du régime algérien.

POUR LA DEUXIÈME QUESTION, je crois que la réponse se lit aussi dans la réponse à la première question. Le rôle des médias est effectivement limitatif et restrictif vu les conditions de travail : il n'y a pratiquement aucun accès à l'information sauf dans un objectif de manipulation. Le traitement de l'information est très souvent subjectif.

POUR LA TROISIÈME QUESTION, je crois que les conditions d'émergence d'éditeurs au sens noble du terme ne sont pas encore réunies. Ce n'est pas par manque de volonté ou de compétences, mais vu la situation d'enfermement et d'embrigadement le chemin est encore long. Récemment la Bibliothèque nationale a refusé de donner des numéros ISBN pour certains livres jugés offensifs ou pamphlétaires à l'égard des autorités du pays et ce en bafouant la législation nationale comme internationale. Dans ce cas l'éditeur est quasi impuissant, il ne lui reste que le net pour déjouer la censure.

QUANT À L'AUTOCENSURE, je dirai que c'est une question délicate et surtout très individuelle et chaque contexte et différent comme est différent aussi le lieu où on écrit, en prison ou en exil, libre ou enfermé. Mais, je ne vois pas la raison d'écrire si on s'autocensure. S'il y a quelque chose à dire, il faut le dire sinon on ferme sa gueule. Autocensure veut dire passer à côté de l'essentiel, à côté des choses et attendre que le lecteur nous déchiffre. Je préfère un livre censuré et interdit de publication mais qui met le doigt sur la plaie, qu'un livre publié, diffusé mais qui regarde de loin la plaie.

La censure en Grèce

COSTAS VALETAS
Président d'honneur de
l'Association Internationale
de la Critique Littéraire
et ancien administrateur
du PEN CLUB GREC.

Considérée comme le pays où est née la démocratie, la Grèce, est-elle actuellement un pays démocratique ?

L'imposition de diverses formes de censure contre la liberté d'expression, culturelle, artistique, etc., prouve un manque de démocratie.

Un cas très grave est la confiscation des *Œuvres complètes* du poète Napoléon Lapathiotis, poète important de la période entre les deux guerres.

L'œuvre parut vers les années 1980. Les Hercules de la morale ont accusé les écrits de Lapathiotis de propager l'homosexualité et la perversion.

L'éditeur du livre ainsi que le responsable de l'édition, poète et fameux traducteur Aris Dictaios, furent aussi accusés d'homosexualité. Le tribunal a décidé l'interdiction du livre de Lapathiotis.

Avant la dictature des colonels, dans les années soixante, le ministre de la Culture du gouvernement Karamanlis, le professeur d'Université d'Athènes, Constantinos Tsatsos [1], a interdit la représentation théâtrale des *Oiseaux* d'Aristophane. Selon les censeurs, l'œuvre d'Aristophane offensait la pudeur publique.

1   Membre de l'Académie, philosophe, écrivain et futur Président de la Démocratie.

Les *Oiseaux* d'Aristophane pouvaient être représentés partout dans le monde, du Bangladesh jusqu'aux Philippines, mais pas dans le pays où naquit la démocratie et où l'œuvre fut écrite, il y a 2 500 ans. Aristophane victime de persécution !

Bien sûr la presse hellénique n'est pas restée inactive. Des journalistes, caricaturistes, satiristes furent occupés avec cet acte incroyable et ce drôle de Ministre. Pendant plusieurs années, à la place de son nom on voyait une caricature de poule. Le dessin était très réussi parce que Tsatsos était très petit de taille avec un long nez juif.

Récemment a eu lieu à Athènes l'inauguration du nouveau musée de l'Acropole. Le réalisateur, Costas-Gavras fut appelé à y participer par un court métrage. Le directeur du musée, professeur d'archéologie, Pantermalis, a censuré le film en tant que propagande contre l'orthodoxie, contre l'Église grecque, parce que pendant quelques secondes passait une scène avec quelques popes qui détruisaient des monuments de l'antiquité.

Pourtant, il est de notoriété publique que l'Église chrétienne est responsable de la destruction des monuments de l'antiquité. Beaucoup d'églises byzantines étaient construites en utilisant du matériel et des sculptures en marbre de l'antiquité. En 2003, fut organisée à Athènes l'exposition internationale de peinture « Outlook ». Des chrétiens fanatiques ont organisé des manifestations contre cette exposition parce qu'une peinture représentait le Christ, la croix et le sperme d'un homme.

Le chef de l'opposition, Miltiadis Evert (Parti de la droite – Nouvelle Démocratie), a menacé alors d'aller lui-même décrocher le tableau. Et le ministre de la Culture, Evangelos Venizelos (Parti Socialiste), a décidé d'enlever le tableau soi-disant offensant, le lendemain même.

Ainsi, cette exposition qui a fait le tour du monde sans problème a trouvé des obstacles en Grèce. Ce pauvre pays a considéré l'œuvre comme blasphématoire. Des cas semblables de censure se répètent souvent dans la vie conservatrice et sous-développée de la Grèce actuelle.

Les musiciens du Théâtre Lyrique d'Athènes n'ont pas accepté de participer à la représentation de l'opéra de Smétana, *Rouslan et Loudmila*, à cause d'un baiser sur la bouche entre les deux hommes, acteurs et chanteurs de l'opéra, sur la scène. La représentation a été interrompue.

L'État, quelquefois l'Église, ont le pouvoir d'intervenir, dans ce pays déchiré entre les extrémistes de la droite et les fanatiques de la religion, pour imposer leurs principes rétrogrades. Quelques-uns réagissent, mais les censeurs persistent dans leurs devoirs purificateurs.

Il y a deux ans, en décembre 2008, un policier a tiré, en plein jour, sur un groupe de jeunes qui se trouvaient devant un café, au centre d'Athènes, et il a tué un jeune élève de quinze ans, Alexandre Grigoropoulos.

Le reporter-photographe, Tsironis, qui se trouvait sur place a photographié la scène au moment exact de l'assassinat. Tsironis travaillait dans le journal de droite progouvernemental (Gouvernement de la droite de K. Karamanlis), *Eleftheros Typos* (Presse Libre).

Tsironis a présenté au directeur du journal la photo pour qu'elle soit publiée dans le journal. Le directeur a dit qu'il réservait sa réponse.

La photo n'a jamais été publiée. Le jeune journaliste a été licencié.

L'assassinat d'Alexandre Grigoropoulos a déclenché de grandes manifestations de la jeunesse révoltée.

Costas Valetas

Freedom of Expression in Hungary

Liberté d'expression en Hongrie

ELIZABETH CSICSERY-RÓNAY
Writers in Exile (PEN AMERICAN BRANCH) and member of the new HUNGARIAN PEN.

ELIZABETH CSICSERY-RÓNAY
Ecrivains en Exil (Centre américain du PEN) et membre du nouveau PEN HONGROIS.

The international hysteria against the new Hungarian media law enacted by Parliamentlast December, whose majority party Fidesz has won a two-thirds majorit, took everyone, including me by surprise. At first I was simply incredulous. Where was the outrage when in October 23, 2006, the former MSZP government (which though ostensibly is socialist was actually a radical, robber-capitalist government who basically sold out the country and lined their own pockets), had the police beat up people, shot people's eyes out with rubber bullets, etc. at the 50th anniversary of 1956? We couldn't get the European Parliament or the rest of the world to care.

Where were they also when the Slovaks passed an outrageous language law severely restricting the Hungarian minority language, and threatening enormous fines?

Népszabadság, one of the main newspapers in Hungary, left its cover blank in protest against the ostensible end to press freedom. This is rich as Népszabadság was the official daily under the Commu-

L'hystérie internationale contre la nouvelle loi sur les médias hongrois, promulguée en décembre dernier par le parlement dont la majorité Fidesz a remporté les deux tiers des sièges, a pris tout le monde, moi y compris, par surprise. Au début, j'étais tout simplement incrédule. Où était l'indignation lorsque, le 23 octobre 2006, l'ancien gouvernement MSZP (qui, bien qu'ostensiblement socialiste était en réalité un gouvernement radical, capitaliste et truffé de voleurs et qui, somme toute , a vendu le pays et s'est rempli les poches), a envoyé la police tabasser les gens, les éborgner à coups de balles en caoutchouc etc. alors qu'on célébrait le 50e anniversaire de 1956 ? Nous avions beau dire, le Parlement européen comme le reste du monde n'en avait cure.

Où étaient-ils quand les Slovaques ont adopté une loi scélérate limitant sévèrement l'usage de la langue de la minorité hongroise, et menaçant d'amendes énormes ?

Népszabadság, l'un des principaux journaux en Hongrie, a laissé sa couverture vierge pour protester contre la fin de la liberté de la presse. Ce qui n'était pas rien, puisque *Népszabadság* avait été, sous le

nist, pro-Soviet system and is the voice of the MSZP still. Though the MSZP and the SZDSZ got a drubbing in the elections, they still have an extremely strong presence in the media, the written press, and TV channels. The other big critic of the media law is the Luxembourg Foreign Minister, Jean Asselborn. Well, what do you know, one of the two biggest commercial TV channels in Hungary, RTL Club, is owned by a Luxembourg company.

Of course, this is not only about the media. The fact is, Orbán has taxed the multinational corporations and banks and has sent the IMF on its way. So far from being the far-right party that it is portrayed, Fidesz is actually rather to the left. I find it incomprehensible that papers, like the Guardian, which is THE English paper I read, is precisely the one that is the most virulent in its attack. I would have thought that if the journalists on the Guardian had an iota of knowledge about Hungary, they would have sided with Fidesz and Orbán and not the completely amoral and destructive MSZP and SZDSZ government of Mr. Gurcsány. In any event, they should have some respect for a party that won an unheard-of 68% in a democratic election. This is a percentage that any party would kill for! They should have some respect for the voice of the people.

As a veteran of the Clinton wars, I know how much the press can get its knickers in a twist. It must be noted, this can produce a backlash when it becomes hysterical and goes overboard.

communisme, le quotidien officiel, prosoviétique et qu'il reste aujourd'hui la voix du MSZP. Bien que le MSZP et le SZDSZ aient obtenu une raclée aux élections, leur influence sur les médias, la presse écrite et les chaînes de télévision reste extrêmement forte. La seule autre critique vigoureuse de la législation sur les médias est venue du ministre luxembourgeois des Affaires étrangères, Jean Asselborn. Comme par hasard, l'une des deux plus grandes chaînes de télévision commerciale en Hongrie, RTL Club, est détenue par une société luxembourgeoise.

Bien sûr, cela ne concerne pas seulement les médias. En fait, Orbán a taxé les multinationales et les banques, et a envoyé paître le FMI. Donc loin d'être le parti d'extrême droite que l'on dit, le Fidesz est en fait plutôt à gauche. Je trouve incompréhensible qu'un journal, comme le Guardian, qui est LE journal anglais que je lis, soit précisément celui qui est le plus virulent dans ses attaques. J'aurais pensé que si les journalistes du Guardian connaissaient un tant soit peu la Hongrie, ils auraient pris parti pour le Fidesz et Orban et non pas pour le gouvernement MSZP et SZDSZ, totalement amoral et destructeur, de M. Gurcsány. En tout cas, ils devraient avoir un minimum de respect pour un parti qui a atteint un score inouï de 68% lors d'une élection démocratique. Ils devraient avoir un certain respect pour la voix du peuple.

En tant que contemporaine des guerres de Clinton, je sais combien la presse peut se mettre dans tous ses états. Il convient de remarquer que cela peut produire une réaction violente lorsque cela devient hystérique et va trop loin.

What really hurt is that the fire was coming from what is usually my side, the left-libera side. Here, unfortunately, they've got it completely wrong. Just because the oppposition is called Socialist doesn't mean that it really is. The past government, these former pro-Soviet Communist apparachiks, has not been kind to the little people, its usual voting base, but mostly to itself, lining its own pockets. The corruption was such that right now there are actually more MSZP and SZDSZ MPs under criminal investigation for fraud and embezzlement than in Parliament. This reminds me of a time long ago when the left liberals in the west were warm to the Soviet Union and to the pro-Soviet Communists, when they hadn't a clue to what was truly going on there. The case is the same here.

Here the socialists and liberals are the post-pro-Soviet Communists. Peculiar their concern for press freedom, when there was none under their rule. Not even in the so-called democratic period, during the past eight years, when most of the media was in their hands. The media law, clumsy though it is, wishes to redress this balance, by specifying that there should be a "balance in the news" when there was none before.

The complaint is that the media authority is ruled 2/3 by the government but Fidesz and Orbán won 2/3 of the vote for Parliament, the opposition MSZP was creamed, the coalition SZDSZ disappeared entirely. The latter have only

Ce qui blesse vraiment, c'est que la charge venait de ce qui est habituellement mon côté, du côté gauche-libérale. Cette fois, malheureusement, ils ont tout faux. Ce n'est pas simplement parce que l'opposition se dit socialiste qu'elle l'est véritablement. Le dernier gouvernement, ces anciens apparatchiks communistes prosoviétiques, n'a pas été tendre envers le petit peuple, sa base électorale habituelle, mais plutôt envers lui-même, en se remplissant les poches. La corruption était telle qu'actuellement, plus de députés MSZP et SZDSZ font l'objet d'une enquête criminelle pour fraude et détournement de fonds qu'il ne s'en trouve au parlement. Cela me rappelle la lointaine époque où, à l'Ouest, les libéraux de gauche étaient favorables à l'Union soviétique et aux communistes prosoviétiques alors qu'ils n'avaient pas la moindre idée de ce qui s'y passait vraiment. Nous sommes dans le même cas de figure.

Ici, les socialistes et les libéraux sont les communistes post-prosoviétiques. Étrange chose que leur souci de la liberté de presse, quand on pense que, sous leur domination, elle n'existait pas. Pas même durant la période dite démocratique, au cours des huit dernières années, quand la plupart des médias étaient entre leurs mains. La loi sur les médias, si maladroite soit-elle, vise à rétablir cet équilibre, en précisant qu'il devrait désormais y avoir un «équilibre dans l'information.

La plainte se fonde sur le fait que l'autorité de régulation des médias est gouvernée aux deux tiers par le gouvernement, mais le Fidesz et Orban ont obtenu deux tiers des sièges au parlement, l'opposi-

themselves to blame. Nonetheless, they are sore losers, and they push this angry propagande against the winning party.

Many people feel also that there is a prejudice at work against the new democracies of Central Eastern Europe. Hungary bears the brunt of it now. Other countries like the part of Germany that was formerly East Germany and Poland have also suffered from these stereotypes.

There are criticisms to be made, to be sure, such as, the media council members are to have a nine-year term; thus, if Fidesz loses in four years (highly unlikely as the MSZP has made such a hash of it, is so incredibly unpopular and this hysteria that it stirred up abroad hasn't helped it an iota at home. Many people consider what it is doing as traitorous.) But what makes a Hungarian who lives here, laugh sardonically is that it is precisely the socialists in whose hands the media was controlled (basically since the pro-Soviet Communist rule) who are crying wolf. The media law is aimed precisely at breaking this stranglehold.

I also have to laugh sardonically at German concerns. A friend of mine sent me an article in Der Spiegel in which it condemns Budapest as the anti-Semitic capital of Europe and includes a photo in which the Hungarian Guard are all lined up in Heroes' Square in their uniforms, looking for all the world like Hitler Jugend. My friend wrote, "Oh, my god, what is happening in Hungary!" I wrote back that, yes, this would be terrible indeed, if it were

tion MSZP a été réduite à presque rien, le SZDSZ de la coalition a complètement disparu. Ces derniers n'ont qu'eux-mêmes à blâmer. Néanmoins, ils sont mauvais perdants, et ils lancent cette propagande haineuse contre le parti qui a gagné.

D'aucuns pensent qu'il y a un préjugé contre les nouvelles démocraties d'Europe centrale et orientale. La Hongrie en porte désormais le poids. D'autres pays comme la partie de l'Allemagne qui était autrefois l'Allemagne de l'Est et la Pologne ont également souffert de ces stéréotypes.

Il y a, bien entendu, des critiques à émettre. Les membres du conseil des médias ont un mandat de neuf ans ; ainsi, si le Fidesz perd dans quatre ans (ce qui est très peu probable puisque le MSZP est si abattu, si incroyablement impopulaire et cette hystérie qu'il a voulu susciter à l'étranger ne lui a pas été favorable chez nous). Beaucoup de gens considèrent ce qu'il fait comme une trahison. Mais ce qui déclenche chez un Hongrois vivant ici un rire sardonique, c'est justement que les socialistes dont l'emprise a contrôlé les médias (depuis le règne communiste prosoviétique) crient au loup. La loi sur les médias vise précisément à briser cette mainmise.

Il me faut également rire sardoniquement des préoccupations allemandes. Un ami à moi m'a envoyé un article paru dans Der Spiegel qui fait de Budapest la capitale antisémite de l'Europe, article illustré par une photo des soldats en uniforme de la Garde hongroise alignés sur la Place des Héros passant aux yeux du monde pour les Jeunesses hitlériennes. Mon ami a écrit : «Oh, mon dieu, que se passe-t-il

true. *Der Spiegel neglected to write that the Guard had been disbanded. If it were possible for a nation to sue for libel, Hungary would surely be that nation. But it can't.*

This is also a case of the pot calling the kettle black, since of the 196 countries ranked by the NGO Freedom HOuse, several EU countries, such as Italy, Bulgaria, and Romania line up wth countries like Nigeria, Colombia, and Sierra Leone as "partly free". And France, of all countries, the cradle of human rights, got a low mark somewhere in the 40s. In 2009 the European Parliament voted against freedom of the press in Italy, allowing Berlusconi to continue to influence 90% of Italy's TV audience.

There is also hypocrisy and double-think in the criticism that the Orbán government is allied with the far-right and is anti-Semitic and anti-Roma. In fact, one of the main thrusts of the media law is the ban "on incitement of hatred and discrimination on the basis of ethnicity, race, language, religion, sex, or sexual orientation." Well, the critics can't have it both ways. (It must be mentioned, speaking of racism, it is Fidesz that has worked out the Roma strategy for the EU, and the only Roma member of the European Parliament, Lívia Járóka, is a member of Fidesz. Hungary, moreover, has the largest, most vibrant Jewish community in Central and Eastern Europe, and many of the children of Hungarian Jews who moved to Israel are beginning to return. As well, Holocaust Day is celebrated all over Hungary,

en Hongrie !? ». J'ai répondu que, oui, ce serait terrible en effet, si c'était vrai. *Der Spiegel* néglige d'écrire que la Garde avait été dissoute. S'il était possible pour une nation d'intenter une poursuite en diffamation, la Hongrie serait sûrement cette nation. Mais cela est impossible.

C'est l'hôpital qui se fiche de la charité, puisque sur les 196 pays classés par l'ONG Freedom House, plusieurs pays de l'Union européenne, comme l'Italie, la Bulgarie et la Roumanie, sont considérés, aux côtés du Nigeria, de la Colombie, et la Sierra Leone, comme « partiellement libres ». Et la France, berceau des droits de l'homme, a obtenu une note faible, proche de 40. En 2009, le Parlement européen a voté contre la liberté de la presse en Italie, en permettant à Berlusconi de continuer à influencer 90% des téléspectateurs de l'Italie.

Il y a aussi de l'hypocrisie et du double discours dans la critique voulant que le gouvernement Orbán soit allié à l'extrême-droite, antisémite et anti-Roms. En fait, l'un des principaux axes de la loi sur les médias est l'interdiction « de l'incitation à la haine et la discrimination sur la base de l'ethnicité, la race, la langue, la religion, le sexe ou l'orientation sexuelle ». Eh bien, c'est l'un ou l'autre. Il convient de préciser, en parlant de racisme, que c'est le Fidesz qui a élaboré la stratégie concernant les Roms de l'Union européenne, et le seul député rom du Parlement européen, Lívia Járóka, est membre du Fidesz. La Hongrie, par ailleurs, compte la plus grande, la plus vibrante communauté juive en Europe centrale et orientale, et de nombreux enfants de Juifs hongrois émigrés en Israël commencent à revenir. De plus, le Jour de

especially in the schools.) Also the law raises the issue of human dignity. Why does the press and media think it can do as it likes, with its extreme violence, and sex, not to mention all the tasteless garbage with which it floods the airwaves?

The media is one of the least democratic of institutions, they are accountable to no one. They can't be elected or unelected.

On the other hand, this problem was compounded by the incomprehensible lack of communication of the Orbán government. While the opposition has had their lines of communication open with the outside world under the Communists and afterwards, Fidesz has made no attempt to do the same. This shows, I confess, a pride and perhaps even arrogance, that is not pretty.

At the same time the Hungarian government has in fact made the changes in the media law that the EU has requested of it. So what are we talking about?

To sum up, I am completely aghast at this hysterical reaction. Do people in the western world really think their press and media are free? What with Ruport Murdoch, Berlusconi, Rush Limbaugh, Fox News, not to mention Der Spiegel?

l'Holocauste est célébré partout en Hongrie, en particulier dans les écoles.

Ce problème, il est vrai, a été aggravé par une incompréhensible absence de communication de la part du gouvernement Orbán. Alors que l'opposition a eu, sous les communistes et par la suite, ses canaux de communication avec le monde extérieur, le Fidesz n'a aucunement tenté d'en faire autant. Cela révèle, je l'avoue, une fierté et peut-être même une arrogance qui ne sont pas louables.

Dans le même temps, le gouvernement hongrois a procédé aux modifications de la législation sur les médias qu'exigeait de lui l'Union européenne. Alors, de quoi parlons-nous ?

Pour résumer, je suis complètement atterrée par cette réaction hystérique. Les gens dans le monde occidental pensent-ils vraiment que leur presse et leurs médias sont libres ? Que dire des Ruport Murdoch, Berlusconi, Rush Limbaugh, Fox News, pour ne pas mentionner *Der Spiegel* ?

Elizabeth Csicsery-Rónay

Freedom of Expression: overt and covert censorship

There is no society that is not familiar with censorship of one kind or another, be it overt or covert, because censorship does more than just prohibit the work of creators.

Censorship also implies that certain things cannot be said; if one says certain things, one is liable to suffer the consequences; or for ideological reasons one could encounter difficulties in having one's own work published. Censorship is about prohibiting, but it is also about putting obstacles in the way to prevent things being done. Censorship is to do with bringing about self-censorship.

WIDESPREAD BELIEFS

To facilitate censorship, the authorities encourage certain beliefs, and even though they may not be true, they are useful when it comes to establishing a single dominant ideology.

Thanks to these ideas, the issues that could be debatable in a free society are regarded as having been set in stone. Some of these collective beliefs or views are as follows:

a- Neutrality exists: one is led to believe that some situations are natural and unavoidable, that institutions are neutral or de-ideologized and that there is a natural order of things. The response to this view is that there is no such thing as objectivity.

b- Human nature cannot be changed: passiveness is encouraged and failure to take any decision to change the status quo is justified. A negative attitude and mistrust of

LAURA MINTEGI
President of Basque
PEN CLUB.

Liberté d'expression : censure visible et invisible

Toute société connaît la censure sous une forme ou une autre, que ce soit ouvertement ou secrètement, car la censure ne se contente pas d'interdire le travail des créateurs. La censure implique que certaines choses ne peuvent pas être dites. Si l'on dit certaines choses, on est susceptible d'en subir les conséquences, ou l'on peut, pour des raisons idéologiques, avoir des difficultés à publier son propre travail. Censurer c'est interdire, mais c'est aussi mettre des obstacles afin d'empêcher que certaines choses soient faites. Censurer c'est aussi provoquer l'autocensure.

CROYANCES LARGEMENT RÉPANDUES

Afin de faciliter la censure, les autorités encouragent certaines croyances. Même si celles-ci sont parfois infondées, elles sont utiles quand il s'agit d'établir une idéologie unique et dominante. Du fait de ces idées, les questions qui pourraient susciter des débats au sein d'une société libre sont considérées comme ayant été gravées dans la pierre. Voici certaines de ces croyances ou opinions.

a- La neutralité existe : on est amené à croire que certaines situations sont naturelles et inévitables, que les institutions sont neutres ou affranchies de toute idéologie et qu'il y a un ordre naturel des choses. La réponse à cela est que l'objectivité n'existe pas.

b- La nature humaine ne peut être changée : la passivité est encouragée et l'incapa-

LAURA MINTEGI
Présidente du PEN
CLUB basque.

one's fellow men and women is strengthened, and demobilisation is encouraged to prevent social change. In response to this view, it has to be said that all natures can be changed.

c- There are no social conflicts: violence is said to be the consequence of individual conflict; there are "good" or "bad" people; and the social origin of conflicts is denied.

A collective response has to be avoided. The response to this belief is that the class struggle and power relations do in fact exist.

d- The media are plural: we are led to believe that the existence of a large number of mass media guarantees ideological pluralism. Yet a large number (diversity) of media does not signify that there is pluralism (variety of ideas), if all the media spread the same idea. The response to this is that there is no freedom of expression if all the media spread a single way of thinking.

e- The human being is free: the illusion that each person is in charge of him-/herself has arisen as a result of individual ownership, market economics and technology. And this idea is intensified by the accumulation facilitated by capital and by the proclaiming of individual rights. The response to this has to be that there is no individual freedom while there is no collective freedom.

f- Everything is relative: the absolute is denied. The response here must be that there are absolute values which are valid in any situation.

g- Morality must be respected: this fails to take into account that morality changes with the times (Nietzsche) and responds to the will of power. The response to this view has to be that ethics is above morality; ethics does not respond to the specific rules pertaining to a time and place; and finally, ethics

cité à prendre toute décision qui mette fin au *statu quo* est justifiée. La méfiance face à ses semblables, hommes et femmes, est attisée et la démobilisation est encouragée afin d'empêcher le changement social. La réponse à cela est que toute nature peut être transformée.

c- Il n'y a pas de conflits sociaux : on dit de la violence qu'elle est la conséquence de conflits individuels. Il y a de «bons» ou «mauvais» individus, et l'origine sociale des conflits est niée. Une réponse collective doit être évitée. La réponse à cela est que la lutte des classes et les rapports de pouvoirs existent bel et bien.

d- Les médias sont pluralistes : nous sommes amenés à croire que l'existence d'un grand nombre de médias garantit le pluralisme idéologique. Pourtant, un grand nombre (diversité) de médias ne signifie pas qu'il y ait pluralisme (diversité d'idées) si tous les médias diffusent les mêmes idées. La réponse à cela est qu'il n'y a pas de liberté d'expression si tous les médias diffusent une pensée unique.

e- L'être humain est libre : l'illusion que chacun est responsable de lui-même a surgi à la suite de la propriété individuelle, l'économie de marché et la technologie. Et cette idée est renforcée par l'accumulation facilitée par le capital et par la proclamation des droits individuels. La réponse à cela est qu'il n'y a pas de liberté individuelle sans liberté collective.

f-Tout est relatif : l'absolu est nié. La réponse ici doit être qu'il y a des valeurs absolues valables dans n'importe quelle situation.

g-La morale doit être respectée. Cela ne tient pas compte du fait que la morale

is the behavioural code that emanates from the individual, irrespective of what political leaders may say.

SELF-CENSORSHIP

As pointed out in the introduction, self-censorship is the most subtle, most dangerous and the longest-lasting aspect of censorship. There are three levels:

1. The writer him- or herself censors his or her subjects and avoids the ones that are "susceptible to censorship".

2. The writer deletes what is "susceptible to censorship", once he or she has penetrated the mind of the censor.

3. The writer reviews what he or she has written and adapts what is "susceptible to censorship".

If after doing all this the writer does not succeed in getting round the censorship, he or she has two options: to cut out more, or to decide against publishing. The majority choose the first, but that causes internal wounds. The taking of the second option, i.e. deciding against publishing, leads to marginalisation.

ACTIONS THAT ARE CENSORED

During the 40-year dictatorship imposed after the Spanish Civil War (1936-1939), censorship pursued two targets: minority languages, Catalan and Basque in particular; and political ideas, the independence movements and communism, especially.

Anything expressed in Basque was censored, whether it was in the sphere of politics, literature or education. Simply writing in a minority language cast suspicion on the content of the piece of writing in question. The independence movement and communism were outlawed, and defending these ideas led to arrests and prison sentences.

change selon l'époque (Nietzsche) et répond à la volonté de puissance. La réponse à cela est que l'éthique est au-dessus de la morale, que l'éthique ne répond pas aux règles spécifiques relatives à une époque et un lieu, et qu'enfin, l'éthique est le code de comportement qui émane de l'individu, indépendamment de ce que les dirigeants politiques peuvent dire.

L'AUTO-CENSURE

Comme cela a été souligné dans l'introduction, l'autocensure est l'aspect le plus subtil, le plus dangereux et le plus durable de la censure. Il y a trois niveaux :

1. L'écrivain se censure lui-même face à ses sujets de prédilection et évite ceux qui sont « passibles de censure ».

2. L'écrivain supprime ce qui est « passible de censure », une fois qu'il a pénétré l'esprit du censeur.

3. L'auteur revient sur ce qu'il a écrit et adapte ce qui est « passible de censure ».

Si après avoir fait tout cela, l'écrivain ne parvient pas à contourner la censure, il a deux options : ou supprimer davantage, ou choisir de ne pas publier. La majorité retient la première option, mais cela cause des blessures. La deuxième option, c'est-à-dire choisir de ne pas publier, conduit à la marginalisation.

LES ACTIONS QUI SONT CENSURÉES

Pendant la dictature qui, après la guerre civile espagnole (1936-1939), a duré 40 ans, la censure a eu deux cibles : les langues minoritaires, le catalan et le basque en particulier, et les idées politiques, les mouvements d'indépendance et le communisme, en particulier.

Tout ce qui était exprimé en Basque a été censuré, que cela concerne la sphère

When the dictatorship came to an end, the sphere of expression was broadened. Political parties were legalised, and the Basque language became official in some areas (but not all).

But during the democracy, and as a result of the limits placed on expression in Europe in recent years, the prohibitions have been intensified and the excuse has been that such expressions have been in support of terrorism. As a result of the linking of independence ideas with terrorism, parties have been banned, newspapers and radio stations have been closed down, fines have been imposed on publishing houses, concerts have been cancelled, and prison sentences (2 years) have been handed down for writing articles, because the people who have written the articles rather than their content has been punished. In all the cases those who express pro-independence ideas are the ones who have been censored.

Censorship has spread to all spheres. To cite one example: the shows put on by a group of clowns were censored because one of the clowns was a local town councillor representing a pro-independence party. This person's professional activity was not censored (the group has received awards for its pedagogical work), but the political ideas held by that person were.

CENSORSHIP IN THE BASQUE COUNTRY TODAY

As in many other countries and nations, governments and judges are unlikely to send anyone to prison saying that the person's ideas were being punished. It seems that ideas are free and that actions are susceptible to punishment. Yet in the Basque Country several dozen people are behind bars serving sentences of 6, 8 and 10 year, without

politique, la littérature ou l'éducation. Le simple fait d'être écrit en langue minoritaire rendait suspect tout contenu. Le mouvement indépendantiste et le communisme ont été interdits, et la défense de ces idées conduisait à l'arrestation et à la prison. Quand la dictature a pris fin, l'espace d'expression a été élargi. Les partis politiques ont été légalisés, et le basque a obtenu le statut de langue officielle dans certaines régions (mais pas dans l'ensemble du territoire). Mais depuis l'instauration de la démocratie, du fait des limites imposées aux diverses formes d'expression en Europe ces dernières années, l'interdiction s'est intensifiée sous prétexte que ces formes d'expression soutenaient le terrorisme. Un lien ayant été établi entre idées indépendantistes et terrorisme, des partis ont été interdits, des journaux et stations de radio ont été fermés, des amendes ont été imposées à des maisons d'édition, des concerts ont été annulés et certains ont écopé de peines de prison de deux ans pour avoir écrit des articles. On notera que ce sont les auteurs qui ont été condamnés et non pas le contenu de leurs articles. Dans tous les cas ceux qui ont tenu des propos favorables à l'indépendance sont ceux qui ont été censurés. La censure s'est étendue à toutes les sphères. Pour ne citer qu'un exemple : les spectacles d'une troupe de clowns ont été censurés parce que l'un de ses membres siégeait au conseil municipal sous les couleurs d'un parti indépendantiste. L'activité professionnelle de cette personne n'a pas été censurée (le groupe a reçu des récompenses pour son travail pédagogique), mais les idées politiques de cette personne l'ont été.

having committed any criminal offence. An entire group has been punished for overtly engaging in political activity or for being a member of the editorial board of a mass media or for being a journalist. The judges held that they were members of a terrorist group, and saw no need for any evidence to prove that a crime had been committed. In the Basque Country it is possible for a person to be a terrorist without deciding to join an armed organisation, and what is more, active members of a pacifist group have been regarded as terrorists.

Once again, it is ideas, not actions, that are being censored. The latest example is the situation that is going on right now as of March 2011. The pro-Basque independence movement is trying to set up a new political party after twelve of its parties had been banned; the aim is to field candidates in the upcoming elections in May. The Government has turned down the application and now it is up to the judges to rule whether the party should be legalised or not.

The people who want to set up the party have not committed any crimes, and nor have the potential 200,000 voters who are backing them. The rest of the parties, most of the trades unions, and the Basque Regional Government have also expressed an attitude in favour of legalisation. It remains to be seen whether the party will be legalised or not, but efforts to ensure it is not made legal are a clear expression of political censorship.

What can be done when faced with censorship. Although there are no magic formulae, and although the details differ from one place to another, in general the following can be done:

CENSURE DANS LE PAYS BASQUE AUJOURD'HUI

Comme dans de nombreux autres pays et nations, il est peu probable que les gouvernements et les juges envoient quiconque en prison pour ses idées. À priori, les idées sont libres et ce sont les actions qui peuvent être sanctionnées. Au Pays basque pourtant, des dizaines et des dizaines de personnes sont derrière les barreaux et purgent des peines de six, huit et dix ans, sans avoir commis aucun délit. Plusieurs ont été punis pour s'être ouvertement engagés dans une activité politique, avoir siégé à un comité de rédaction ou être journaliste. Les juges ont estimé qu'ils étaient membres d'un groupe terroriste et qu'il n'était pas nécessaire, pour les condamner, de prouver qu'un crime avait été commis. Au Pays basque, on peut être terroriste, sans appartenir à une organisation armée, et certains membres de groupes de pacifistes ont été considérés comme terroristes.

Encore une fois, ce sont les idées, pas des actions, qui sont censurées. Le dernier exemple en date remonte au mois de mars 2011. Après que douze de ses partis eurent été interdits, le mouvement proindépendantiste basque a tenté de fonder un nouveau parti politique, l'objectif étant de présenter des candidats aux élections du mois de mai. Le gouvernement a refusé la demande et il revient désormais aux juges de légaliser ou non ce nouveau parti. Ceux qui veulent mettre en place ce parti n'ont commis aucun crime, pas plus que les deux cent mille électeurs potentiels qui les soutiennent. Les autres partis, la plupart des syndicats et le gouvernement régional basque se sont également exprimés en faveur de sa légalisation. Reste à savoir si le

a) EXPRESS. Even though you may suspect repression, don't stop expressing yourself.

b) DENOUNCE. Denounce any infringement of freedom of expression.

c) DON'T GIVE UP. Don't regard any situation that is not normal as normal.

d) SHARE. Transmit what has happened to you, and gather and spread what has happened to other people.

e) PROVIDE COUNTER INFORMATION. If the official information is a lie, a half-lie or deceptive, provide counter information.

TO CONCLUDE

In Venezuela I noticed how much those of us who live/have lived under a dictatorship have internalised the ban on views. I was in a group of writers discussing politics. Most of them were raising their voices in a totally relaxed way, not caring whether the people at the next table were listening to them or not. But another writer and myself kept quiet, and on the few occasions that we gave our opinion, we lowered our voices and looked to see whether the people next to us were listening. Instead of using words like "government", "police" or "party", we spoke using metaphors. The other writer was Argentine; and I am Basque.

parti sera légalisé ou non, mais les efforts déployés pour empêcher qu'il le soit sont un exemple évident de censure politique.

QUE FAIRE FACE À LA CENSURE ?

Bien qu'il n'existe pas de solution magique, et même si les cas diffèrent d'un endroit à l'autre, voici ce qui, en général, peut être entrepris :

a) Exprimer. Même si vous flairez la répression, ne cessez pas de vous exprimer.

b) Dénoncer. Dénoncez toute violation de la liberté d'expression.

c) Ne pas abandonner. Ne tenez pas pour normale une situation qui ne l'est pas.

d) Partager. Faites savoir ce qui vous est arrivé, cherchez à savoir ce qui est arrivé à d'autres et faites-le savoir.

e) Réfutez. Si l'information officielle est mensongère, ou trompeuse, fournissez des informations qui contredisent ces assertions.

EN CONCLUSION

Au Venezuela, j'ai remarqué à quel point ceux d'entre nous qui vivent ou ont vécu sous une dictature ont intériorisé la mise au ban des points de vue différents. C'était lors d'une discussion avec d'autres écrivains. Nous parlions de politique. La plupart d'entre eux élevaient la voix sans crainte, sans se soucier si les tables voisines écoutaient ou non. Mais un autre écrivain et moi-même ne parlions pas à quelques exceptions près où nous abaissions la voix en regardant de biais afin de nous assurer de ne pas être épiés. Au lieu d'utiliser des mots comme « gouvernement », « police » ou « parti », nous avions recours à des métaphores. L'autre écrivain était Argentin, et je suis Basque.

Laura Mintegi

La censure littéraire en Suisse, 1960–2011 [1]

Severin Perrig
Écrivain, chargé de cours
dans les universités de
Lucerne et de Zurich,
membre de l'AdS (Autrices
et auteurs de Suisse).

Entre coups de ciseaux et sentence arbitrale

[1]   Ce texte est paru dans
le bulletin de l'AdS *Info 3*
en novembre 2011.

La censure est un petit mot de la langue de tous les jours, mais qui déploie de grands effets. Il évoque toutes les images possibles et imaginables du passé et du présent, de la réalité et de la fiction, d'un pouvoir totalitaire qui décide plus ou moins arbitrairement ce qui est acceptable ou indigeste pour l'État et pour la société, pour la masse comme pour l'individu, pour le producteur comme pour le destinataire. En fin de compte, il y est toujours question d'un censeur qui, armé d'un crayon rouge, de ciseaux et de feu, tourmente les textes et leurs auteurs de toutes les manières concevables. Partant, la censure évoque aussi les univers effrayants de la prison et du bannissement, de l'isolement et du bâillonnement, de la misère et de la faim. Et même si les autrices et les auteurs d'ici ont fait et feront encore preuve d'une résistance impressionnante, ne fût-ce qu'avec les armes joyciennes « du silence, de l'exil et de la ruse », toute démarche de l'ordre de la censure laisse derrière elle une forme de traumatisme.

De fait, la Constitution fédérale interdit depuis 2001 la censure d'État, à l'article 17, tout aussi explicitement qu'elle garantit la liberté d'opinion au nombre des droits fondamentaux. À cette lumière, l'absence d'un débat général sur la liberté littéraire n'est pas autrement étonnante au premier abord. Il se peut qu'il n'y ait tout simplement pas de précédents suffisamment nombreux, graves et systématiques pour cela. Mais plus on observe avec attention les études et les enquêtes, les prises de position et les sondages effectués dans le champ littéraire, plus on est frappé par la diversité des peurs, des expériences et des ordres et interdictions juridiquement sanctionnés pour lesquels le thème des entraves à la liberté d'opinion joue bel et bien un rôle. En 1986, par exemple, la *Germanic Review* de l'université américaine de Columbia a questionné une série d'écrivains suisses sur la

censure. Et la plupart d'entre eux ont eu cette réponse révélatrice : « Il n'y a pas ici de censure officiellement tolérée, mais… ».

Ce qui paraît là contradictoire a d'abord à voir avec un problème artistique de fond. Car la création littéraire est, du début à la fin, liée à des rejets : les auteurs et les autrices rejettent des idées, des projets et des textes ; les maisons d'édition, les promoteurs de la littérature et les rédactions omettent ou négligent des manuscrits ; enfin le public décide de refuser d'acheter et de lire. Mais sont-ce là déjà des actes de censure ? Friedrich Dürrenmatt remarquait en 1975, avec son esprit aiguisé, que la censure existe « surtout dans la tête de ceux qui ne sont pas imprimés. Donnez-moi le nom d'un seul écrivain dont vous ayez le sentiment qu'il ait été censuré. La censure, c'est quand quelque chose est interdit par les autorités. » Mais ce que Dürrenmatt écarte ici comme un fruit de l'imagination, il est en fin de compte très difficile de l'analyser en toute rigueur méthodologique. À quel point les restrictions personnelles ou étrangères modifient-elles effectivement l'activité de l'écrivain ? Les archives littéraires du temps de la guerre froide (1960–1990), dont il est déjà plus facile d'avoir une vue d'ensemble et qui sont mieux accessibles, révèlent des processus complexes et compliqués. Par exemple, lorsque Max Frisch compose en 1972 son *Journal 1966-1971*, il élimine prudemment, en auteur « politique », quantité de faits trop personnels, ou il leur donne une forme qui n'est plus immédiatement reconnaissable pour le profane. C'est au fond là un procédé littéraire auquel on a volontiers recouru de tout temps pour éviter d'être dénoncé devant la justice civile. Celui qui peut faire valoir une atteinte à sa personnalité en raison d'un manque de discrétion ou d'une volonté agressive de scandaliser aura son mot à dire sur l'œuvre incriminée et son mode de publication. C'est ainsi que Walter Vogt empêche temporairement la publication de *Wüstenfahrt* (1984) de Christoph Geiser, et que Zoë et Matthyas Jenny obtiennent par voie de jugement la suppression d'éléments narratifs perçus comme incriminants dans le recueil de nouvelles *Abschiedsparcours* (1998) de Martin Roda Becher.

Ce qui frappe cependant dans le cas de Max Frisch, c'est à quel point il fait lui-même preuve de prudence avec les thèmes suisses dans son journal. Tendance renforcée encore par son lecteur auprès des éditions Suhrkamp, Uwe Johnson, dont Frisch acceptera tous les souhaits de suppression. C'est du reste là un phénomène qu'il n'est pas rare d'observer, comme le relate par exemple Laure Wyss en 1987 à propos des problèmes qu'elle a rencontrés pour faire éditer son manuscrit *Liebe Livia* : les employés des maisons d'édi-

tion allemandes manifestent parfois de plus grands égards envers la Suisse en matière de critique. Une certaine prudence est naturellement compréhensible au moins pour les années 1960–1990, époque à laquelle les institutions étatiques et leurs représentants n'étaient pas les seuls à stigmatiser volontiers toute critique à leur égard comme « antidémocratique » ou même « traître à la patrie », mais où l'opinion publique aussi, sorte de « deuxième gouvernement », voyait son identité nationale autant que conservatrice attaquée par des objections critiques, « anti-suisses ». Enfin, l'« esprit de la Landi » et le « temps du service actif » avaient créé depuis les années 30 et transmis au-delà de la deuxième guerre mondiale une forte image de la patrie, qui écartait volontiers toute critique du système et de « la Suisse du Suisse » en reprochant à son auteur de « souiller le nid », pour ensuite y répondre par une répression sans voiles.

D'un autre côté, ce genre de tabouisation de vaches par trop sacrées a précisément poussé nombre d'auteurs professionnels, dans le sillage du mouvement de 1968, à mener des recherches et à publier des textes spécialement en vue d'une nouvelle conception critique de la Suisse, l'ambivalence de la bourgeoisie suisse et sa volonté de se faire bien voir du fascisme les scandalisant après coup et révélant parfois en eux des doctrinaires de gauche. Une circonstance qui a entraîné quantité de nouvelles difficultés et d'objections de droit privé au sujet d'importantes archives de familles et d'entreprises, en vue d'empêcher par une censure préventive une publicité par trop critique. Des recherches historiques ou journalistiques se sont muées de la sorte, comme le cas de Nicolas Meienberg l'a montré à maintes reprises, en des entreprises hautement contestées et contrariées, semi-officiellement, avant même d'être menées. Cela n'a pas empêché le mythe de l'État neutre exemplairement démocratique peuplé de fonctionnaires, de marchands d'armes et de banquiers irréprochables au milieu de l'Europe, de vaciller et d'être, sinon déconstruit, du moins relativisé. Les mesures de censure sont manifestement restées, à longue échéance, sans succès.

À cet égard, le livre de Max Schmid, *Repression in der Schweiz*, de 1976, peut aussi se lire comme un intéressant *Who's who* de l'intelligentsia suisse. Avec une focalisation révélatrice sur les cas masculins. Cela peut étonner d'abord, car de nombreuses autrices ont aussi fait l'expérience d'« insultes ordurières » anonymes (Erica Pedretti) ou d'interventions dans des passages jugés trop agressifs, motivées par un prétendu « manque de qualité littéraire » (Claudia Storz). Est-on plus réticent à accorder aux textes fémi-

nins une qualité politique de « martyr » ? Ou la disparité tient-elle au fait que le nombre d'écrivains femmes était encore limité ? Après tout, vers 1975, beaucoup d'autrices importantes n'en étaient encore qu'à leur coup d'essai ou devraient encore, comme Helen Meier, écrire pendant des années « pour le tiroir ». Cette circonstance rappelle finalement aussi le petit nombre de cas de censure explicites dans les trois autres aires linguistiques, plus petites, de la Suisse quadrilingue. Est-ce seulement là une question de mentalité, d'une plus forte exposition sociale, ou cela témoigne-t-il même d'une tout autre conception de la littérature ? Si l'on considère l'exemple du combatif Jacques Chessex, qui ne s'est pas seulement heurté souvent à l'hostilité en Suisse romande, jusqu'à sa dernière lecture, tragique, de 2009, mais qui a même eu des problèmes de censure à titre posthume avec son roman *Le Dernier Crâne de M. de Sade* au titre de la protection de la jeunesse, tous les schémas explicatifs se révèlent plutôt douteux. Peut-être que de telles confrontations constantes d'individus avec la société et la censure sociale sont en fin de compte tout aussi difficiles à comprendre que l'exil sciemment choisi par un Paul Nizon ou une Mariella Mehr pour échapper au fouillis d'un discours helvétique jugé par trop étroit d'esprit.

Quoi qu'il en soit, avec une littérature davantage politisée depuis les années 60, un vaste champ s'est ouvert à de nouvelles interventions et de nouveaux débats, mais aussi à des démarcations politiques et des scissions, à l'image du Groupe d'Olten se séparant de la SSE. Sauf qu'à la fin beaucoup des réactions des maisons d'édition et des maisons de presse étaient prévisibles, donc aussi provocables à tout moment. Dans le domaine de la culture subventionnée (de droit public), les conséquences en sont par contre restées plus longtemps controversées, si l'on pense au renvoi du directeur de théâtre zurichois Peter Löffler en 1970 ou aux émissions de radio ou de télévision supprimées pour des raisons juridiques et sous la pression politique, comme « *Das Leben und Sterben des Paul Irniger* » de Pil Crauer en 1981 ou la « *Denkpause* » de Franz Hohler en 1983. À quel point les écrivains ont senti parfois leur situation tendue durant ces années, on le voit aux reproches adressés à des libraires, des critiques ou des jurés de prix littéraires ou de bourses, selon lesquels ils auraient boycotté par principe quelques-uns d'entre eux en raison de leur attitude d'opposition sans concession.

Mais en réalité, dans cette conception étroite, le mot censure était et reste une formule à jeter à la tête de tout opposant critique de sa propre œuvre. Si d'obscurs adversaires autoproclamés du livre peuvent déjà appe-

ler de leurs vœux une censure préalable en se réclamant de valeurs morales pour camoufler leur propre impuissance face au mot imprimé, on trouve aussi des écrivains qui se plaignent d'une « censure rétroactive » menaçant de détruire dans l'œuf le fondement économique d'un succès qui se dessine, louant ainsi artificiellement ou même encourageant de façon gênante leur incapacité à concurrencer les plus grands noms du Parnasse. Il y a ainsi en chaque écrivain un petit censeur qui sommeille, lorsqu'il définit ses propres lignes directrices artistiques de façon aussi rigoureuse que la conception de la *political correctness* qui va de pair.

Pour la période qui suit la « révolte des jeunes », donc à partir du milieu des années 80 jusqu'à la fin de la guerre froide en 1990, on observe cependant en Suisse à gauche comme à droite un changement marquant dans le discours critique dominant envers la société. Isolationnisme ou intégration européenne, telle devient alors la question résolument discutée, liée à des confrontations parfois violentes autour d'attitudes et d'actions xénophobes. Sauf que face à ce rétrécissement du discours, il y a beau temps que nombre de mass médias ne suivent plus de façon constante ni fondée les points de vue des institutions des partis et des segments de population. On préfère se focaliser sur des personnes et sur l'actualité pour renforcer encore sa position sur le marché en misant sur le potentiel divertissant de valeurs populistes et décontextualisées. Une diversité superficiellement bariolée est plus importante que la qualité de l'approfondissement, une situation de monopole plus intéressante que la diversification du marketing et de la diffusion. Il en résulte, dans les médias électroniques surtout, une bouillie uniforme jusque dans le langage formel, avec un déluge d'images qui émousse carrément les sens. L'écrivain français Bernard Noël parle d'ailleurs à ce propos, pour faire la distinction, de « sensure » au lieu de censure. Les nouvelles technologies, la numérisation et la mondialisation n'y changent que peu de chose avec leur flot d'informations. Dans le *mainstream* des médias, les façons de voir différentes et les informations complémentaires subissent une pression plus forte que jamais, cependant que l'on observe de façon très générale un recul de l'intérêt pour la politique et de l'engagement de nombre de citoyennes et citoyens suisses.

La simplification, la boulevardisation et les mesures générales d'économie ont modifié, réduit ou même fait disparaître les rubriques culturelles de nombreux médias suisses. Les possibilités de publier des textes contre honoraires ont fondu rapidement. Les maisons d'édition qui rétrécissent, la

place qui diminue dans les médias imprimés et les coupes dans les budgets des théâtres font augmenter le nombre de projets et de textes refusés. Même les niches régionales pour les provinciaux et les dilettantes inoffensifs, socialement acceptées depuis toujours, se sont faites plus rares. Pour ne rien dire du fait que les rédactions culturelles préfèrent de plus en plus la *home story* non rémunérée ou la courte interview par courriel au long essai irritant ou au grand entretien. Il arrive même que les honoraires passent à la trappe, avec l'observation que la publicité gratuite faite à l'œuvre et à son auteur représente déjà une compensation économique suffisante. Le *spoken word*, l'hyperfiction et les diverses plateformes Internet, ainsi que les techniques d'édition simplifiées sans tout l'appareil éditorial des maisons traditionnelles, peuvent être des réponses à ces limitations fondamentales du marché de la littérature, mais pour l'instant ils ne sauraient représenter des substituts économiquement vraiment solides.

On ne s'étonnera pas qu'aujourd'hui, à une époque où les fonds dévolus à la culture s'amenuisent, la sensibilité à l'égard des revendications et des restrictions économiques se soit accrue. Souvent il s'agit d'abord d'établir juridiquement leur forme et type d'admissibilité dans une économie sociale de marché à l'ère du néolibéralisme. On rappellera ainsi l'action ouverte sans succès en 2010 devant le Tribunal administratif fédéral par la maison d'édition Kein & Aber, qui n'avait pas reçu de prime, pour faire établir si Pro Helvetia avait seulement le droit de décerner à la maison Nagel & Kimche, qui appartient à la grande maison d'édition allemande Carl-Hanser, la prime principale pour l'édition «indépendante». Le tribunal a jugé que le terme d'indépendant pouvait s'employer non seulement au sens économique, mais aussi en se référant à la liberté éditoriale. À quel point les conséquences peuvent être douloureuses, Pro Helvetia en avait elle-même fait l'expérience en 2004, quand le Parlement avait rayé un million de francs de son budget pour la punir du soutien qu'elle avait apporté à l'exposition théâtrale de Thomas Hirschhorn «*Swiss-Swiss-Democracy*» à Paris, qui mettait des symboles suisses en relation avec la prison irakienne d'Abu Ghraib. C'est là une conséquence particulièrement drastique, si l'on considère la tendance – manifestée par la loi sur l'encouragement de la culture, qui définit clairement les tâches – à n'augmenter sensiblement en aucun cas le budget de la culture.

Dans le même temps, les producteurs et les promoteurs de littérature tout comme les politiciens de la culture et de la formation observent fascinés les succès remportés malgré tout sur le marché du livre. Du coup,

de nouveaux ciseaux prennent forme dans les têtes, issus de motifs économiques. Il est alors possible d'affirmer avec le philosophe français Roland Barthes que la censure est moins l'interdiction de dire quelque chose que justement l'obligation de dire quelque chose. Et donc on composera des historiettes joyeusement audacieuses et des polars captivants plutôt que des reportages déprimants sur le monde du travail ou une poésie sophistiquée d'avant-garde, on usera d'un langage familier vivant et simple plutôt que de filer un style poétique et intellectuel, on cultivera le charme avenant plutôt que d'invectiver le public depuis sa tour d'ivoire et l'on choisira des thèmes journalistiques au parfum d'exotisme plutôt que d'explorer le théâtre étriqué de la retraite dans les Alpes. Naturellement, il faut que la littérature donne encore lieu à des échanges intéressants, mais sans provoquer aussitôt de scandaleux refus de discussion, que ce soit des menaces de procès, des annonces ou des affiches dénonciatrices, ou des sachets de peinture jetés sur le podium. Et plus on réfléchit à ces nouvelles qualités que l'on attend aujourd'hui des faiseurs de littérature, plus naturelle, hypercorrecte et logique semble l'autocensure requise en conséquence comme un remède artisanal socialement et culturellement accepté pour surmonter un passé, l'histoire littéraire récente, qui pour beaucoup, en dépit de toutes les mises en lumière pouvant réveiller l'intérêt, semble complètement dépassé. Il n'en demeure pas moins que ce genre de censure silencieuse pour l'amour d'un succès potentiel reste pour chaque auteur un drame personnel.

Severin Perrig
Traduit de l'allemand par Christian Viredaz

La censure en Suisse

Brigitte Gyr
Membre de l'Union
des Écrivains, déléguée
du CPE (Conseil
Permanent des
Écrivains).

Une situation pour le moins paradoxale : la Suisse, qui depuis toujours tire fierté de ses institutions et dont la démocratie participative a longtemps été un exemple, déraperait-elle ?

Il n'est guère de baromètre plus révélateur de l'état d'un pays, à un moment donné, que la manière dont s'y appliquent ou non la censure et l'autocensure. Une application dont les critères varient en fonction des valeurs à défendre où à renforcer, des objectifs à atteindre, des considérations politiques, économiques et morales de ses dirigeants et de la société, mais aussi des dangers à éviter, des modes, de l'air du temps…

Quelques exemples récents éclaireront à cet égard la situation quasiment « schizophrénique » de la Confédération helvétique [1], marquée depuis quelques années par des contradictions flagrantes entre :

- d'une part, une censure morale de plus en plus poussée, à une époque où, par ailleurs, violence, sexe, provocation, voire obscénité, ne cessent d'être véhiculés en toute liberté sur petits et grands écrans, à la faveur notamment de l'« explosion » d'internet, et,

- d'autre part, l'absence de toute censure ou autocensure politique pour des affiches présentant des images et des propos de nature incontestablement raciale ou discriminatoire.

[1]   Double nationale par naissance, ce pays où je suis née et où j'ai fait mes études, de droit notamment, est ma patrie au même titre que la France où j'habite depuis longtemps à présent.

Censure pour atteinte à la morale, pornographie…

Quatre cas, parmi d'autres, ont suscité de vives polémiques au cours de ces dernières années, dans le paysage littéraire et artistique helvétique

- En 2009, on a vu, par décision du distributeur, *Le Dernier Crâne de M. de Sade*, paru chez Grasset, dernier ouvrage de Jacques Chessex (ex-prix Goncourt), interdit aux jeunes en raison de son caractère prétendument

pornographique et vendu, à cet effet, sous cellophane sur le territoire suisse, accompagné d'un macaron : *Réservé aux adultes*. On ne peut éviter de songer à la fameuse réplique de Tartuffe : « Couvrez ce sein que je ne saurais voir » ! Au moins, cette agitation pudibonde aura-t-elle été épargnée à Chessex, décédé brusquement peu de temps auparavant !

- Autre acte « fort » en ce domaine des distributeurs, décidément très en verve en cette année 2009, le numéro de février de l'*Écho des Savanes* a été censuré en Suisse alémanique et retiré de la vente en Suisse romande, parce qu'il contenait un dessin de Wilhelm (dont le talent et la réputation de provocateur ne sont plus à faire) jugé pornographique et donc illicite aux termes d'un article du Code pénal suisse qui interdit toutes représentations sexuelles avec enfants, animaux. Une décision qui faisait fi d'un autre article du Code supprimant cette interdiction en cas de valeur culturelle avérée ! Ce dessin présentait une femme décapitée, qui voyait son cou pratiquer une fellation et son corps se soulager sur un chien ; il était peut-être cru, violent, mais franchement humoristique et d'une incontestable facture artistique.

- Troisième cas illustrant notre propos, l'année suivante, 2010 donc, le numéro du 22 avril de *Fluide Glacial* a été censuré le lendemain de son lancement suisse, en raison d'un dessin, également provocateur et humoristique, de John Billette, auquel on reprochait également son caractère zoophile. Comme dans l'exemple précédent, nulle référence à la vocation humoristique et artistique du journal ni à la valeur de l'objet n'apparaissait dans la décision. Dans les deux cas qui précèdent, la Suisse s'est distinguée de ses voisins. Le péril moral guettant les lecteurs suite à de telles publications semble avoir échappé à la Belgique et à la France puisqu'elles ont pu y être vendues librement !

- En 2010, toujours, à l'occasion de la fameuse « Exposition Vice et Volupté » arrivée à Berne en octobre, une nouvelle décision conjointe, d'autocensure cette fois-ci, est intervenue : les deux musées associés présentant l'exposition, soit le Musée des Beaux-Arts et le Centre Paul Klee ayant choisi de retirer de l'expo deux photos de Larry Clark et un dessin du célèbre dessinateur Georges Grosz, né en 1893, en raison de leur caractère choquant. (En France cette même exposition avait été interdite aux mineurs par la Mairie de Paris, dans le cadre d'une décision qui avait suscité de nombreux remous, elle n'y avait été toutefois amputée d'aucune œuvre).

Cette série de décisions récentes éveille inévitablement notre humour et nombreuses ont été, en Suisse, les réactions dans ce sens : partagées entre

l'indignation et le rire. Il reste qu'il est préoccupant de voir ce repli moral d'un pays plus frileux – si ce n'est hypocrite – que jamais, (on ne parle pas bien entendu des Calvin, Luther, ou de l'Inquisition… encore que…!) Ce retour d'une censure morale qui évacue sans scrupule la dimension artistique ou humoristique des œuvres d'art ou de fiction, placées, par là-même, au niveau du réel, n'est pas sans évoquer, en effet, les pires épisodes de l'histoire des peuples, quand l'artiste «non officiel» se trouve systématiquement considéré comme un fauteur de trouble! Sans aller jusque-là, comme l'ont fait remarquer nombre de commentateurs, journalistes, critiques, écrivains suisses, à ce rythme, nombre de musées devraient bientôt être vidés d'une partie de leurs chefs-d'œuvre.

ABSENCE DE CENSURE POLITIQUE DANS LE CAS D'AFFICHES RACIALES OU DISCRIMINATOIRES.

À la lueur de ce qui précède, on pourrait s'attendre à ce que dans le domaine des droits de l'homme et de la discrimination raciale, la censure se montre plus implacable encore, mais ce serait faire preuve de naïveté : on sait, l'histoire nous l'a abondamment montré, que la pire censure morale fait bon ménage avec les pires violations des droits les plus élémentaires de l'homme, à commencer par le droit à la vie. Mais concernant ce pays, la patrie, entre autres, d'Henri Dunant, fondateur de la Croix Rouge, je me fais mal à cette idée, je préfère lui laisser une chance, parler de schizophrénie !

Depuis quelques années, la Suisse se trouve dans une position difficile : attaquée sur ses axiomes les plus fondamentaux : secret bancaire, neutralité, tolérance raciale et religieuse, à la fois : – de l'intérieur – développement de mouvements d'extrême-droite, comme l'UDC, que ses visées clairement xénophobes et racistes n'ont pas empêché d'accéder aux instances dirigeantes fédérales (le Conseil Fédéral) et cantonales (divers Conseils d'État , administratifs, etc.), et – de l'extérieur – actions en justice en provenance des USA, d'Israël… (sur la question en particulier des biens des Juifs après la guerre).

On l'a vue coincée dans son refus obstiné de sortir d'une neutralité que démentent pourtant de plus en plus ses prises de position, déchirée entre ses cantons paysans conservateurs, partisans du repli, et ses grandes villes à vocation internationale où se trouvent les élites économiques et culturelles. Prise entre l'image d'avant – pays autonome, pareil à nul autre, garant de la neutralité – et la mondialisation inévitable qui avale les peuples. Victime

de sa volonté de démocratie, en proie à des initiatives et des référendums populaires incessants, qui prennent sous l'effet de la montée de l'extrême droite des allures dangereuses que persistent à nier les instances politiques. Elle n'adhère pas de manière plénière à la Communauté européenne mais est liée à elle par mille traités. Une situation complexe, contradictoire, qui a paradoxalement abouti à une baisse de vigilance assez remarquable dans le domaine des droits de l'homme, attestée par l'absence quasi-totale de censure ou autocensure pour des affiches véhiculant des images et des slogans xénophobes violemment discriminatoires sur le plan racial, religieux, du handicap…

Les campagnes d'affiches de l'UDC, dont le premier acte date d'une dizaine d'années, ne brillent pas par leur subtilité. Chacun a en tête cette affiche, largement diffusée pour la première fois sur le territoire suisse en 2007, représentant des moutons blancs qui broutent sur un territoire recouvert de drapeaux suisses et en expulsent un mouton noir avec ce slogan « Pour plus de sécurité ». Malgré le scandale suscité, elle vit de beaux jours sur les murs helvétiques et connaît une sinistre célébrité à l'étranger. D'autres affiches tout aussi discriminatoires l'ont précédée, d'autres l'accompagnent et la suivent. Les moutons sont remplacés, dans l'une d'elles par des corbeaux… Ces affiches, conçues par un dessinateur d'origine autrichienne, Alexandre Segert, et réalisées par son agence, susciteront l'intérêt, en France, des instances du Front national.

Globalement, l'UDC poursuit bon an mal an en quasi impunité ses campagnes de haine, sous le regard tantôt indifférent, si ce n'est complaisant, tantôt abasourdi ou indigné de la population. La campagne de 2011, réservée à la Suisse romande, présente une affiche montrant « une femme en burqa au regard menaçant et des minarets aux allures de missiles qui transpercent le drapeau suisse » ! Elle provoque l'indignation des autorités vaudoises qui, considérant ces images : racistes, irrespectueuses et dangereuses et, y voyant, selon la formule du maire d'Yverdon un « amalgame inacceptable entre les personnes de confession musulmane et les terroristes potentiels », l'interdisent. Mais l'exécutif genevois, malgré la position clairement en faveur de la censure de certains de ses membres, prend la décision de ne pas intervenir, parce que, comme le résume joliment sur les ondes de Radio Suisse Romande une Conseillère administrative qui se reconnaît pourtant choquée : il ne faudrait pas « poser… ses auteurs en victimes de la démocratie »… La campagne d'affiches anti-racistes organisée par la suite

par cette élue pour détourner celles de l'UDC ne rayera pas l'impact originel de celles-ci !

Position typiquement suisse que celle-ci, où l'idée très haute que l'on se fait de la démocratie croise sans complexe une tolérance sans limite à l'égard d'atteintes manifestes aux droits de l'homme les plus élémentaires et où l'on finit par oublier l'impact gravissime d'images aussi discriminatoires et indignes. Le point d'orgue en a peut-être été la campagne d'affiches autorisée, suscitée ? – ironie du sort – en novembre 2009 par le Conseil Fédéral (organisme suprême de l'Exécutif helvétique) et réalisée par l'OFAS (Organisme des Assurances sociales) – campagne dont, à ma stupéfaction, j'ai vu le premier volet à la gare de Genève où j'étais de passage. Associées, dans trois menus déroulants, à une affiche anti-minaret, elle-même très violente, trois affiches défilaient, porteuses de ces textes qui n'appellent aucun commentaire : «Vous ne verrez jamais un handicapé travailler », «Les handicapés sont incapables de travailler », «Arrêtons de payer pour les handicapés »!

Renseignement pris, il ne s'agissait en réalité que de la première phase d'une campagne publicitaire, dont la seconde phase (prévue pour la semaine suivante) consisterait à démontrer que les handicapés ne sont précisément pas comme cela. Statistiquement, les chances pour qu'une même personne voie les deux campagnes étaient bien minces, mis à part les employés de la gare et quelques abonnés des trajets intervilles suisses ! Elles ont fini par être retirées, tardivement, par le Conseil d'État de Genève. D'autres villes suisses avaient eu la sagesse de les refuser, en amont.

Cet éclairage est imparfait. On pourrait citer d'autres cas, certains confirmant notre propos, d'autres, heureusement, lui apportant un bémol. Il reste toutefois que dans le paysage suisse, du fait de la pugnacité du mouvement d'extrême-droite, on se trouve en présence d'incitations constantes, sans ambiguïté, à la haine raciale et à la haine de l'autre «différent», tolérées dans les faits, presque banalisées, au nom même, en partie, de la «démocratie»! Une confusion des plans, réel et symbolique.

Dans la période actuelle, de mondialisation effrénée, de perte des repères, c'est pour le moins préoccupant. Il s'agit en tout cas de ne pas baisser la garde.

Brigitte Gyr

La liberté de conscience
et le dépassement de l'autocensure

Sylvain Josserand
Membre du PEN CLUB
FRANÇAIS.

En préambule je voudrais signaler que je suis avant tout un poète, un conteur et un peintre (et ce depuis mon enfance). Et que je gagne ma vie dans une administration où « réfléchir c'est commencer à désobéir »; ce qui fait que j'ai perdu l'habitude de réfléchir. Comme j'ai suivi un cursus universitaire à dominante scientifique et technique, ma contribution ne pourra être que très modeste, ne disposant pas d'un bagage littéraire suffisant pour m'autoriser à émettre la moindre thèse sur des sujets aussi savants. Il ne s'agira ici que de l'opinion de « monsieur tout le monde ».

1 • LES CHANGEMENTS ÉVENTUELS CONCERNANT LA LIBERTÉ D'EXPRESSION

En dehors des périodes de guerre, la France ne souffre pas en règle générale, au XX⁰ siècle, de censure marquée de la part des institutions tant au plan politique, philosophique que religieux. Elle est même la terre d'accueil d'écrivains persécutés dans leurs pays. Je songe notamment à Soljenitsyne ou Gao Xingjian (un génie littéraire).

Je suis un huguenot de naissance et je n'ai jamais eu à souffrir de mon appartenance religieuse. Je peux simplement signaler que, comme j'ai eu l'imprudence de dire à mon supérieur hiérarchique que j'étais moniteur d'École du Dimanche et que je montais des spectacles de marionnettes dans les écoles, les bibliothèques et les hôpitaux, une enquête a été diligentée pour savoir si je ne faisais pas partie d'une secte. La dérive sectaire est la hantise des pouvoirs publics tant en médecine, en relaxation, en développement de la personne qu'en création artistique.

Précisons qu'en France les opinions les plus extrêmes peuvent s'exprimer dans la presse religieuse, libertaire, anarchiste, identitaire,

nationaliste et royaliste (certes à tirage limité et pour un public ciblé). Depuis 1981, il n'existe pas moins de cent radios libres où se côtoient les opinions les plus variées. Une radio d'extrême-droite, « Radio courtoisie », organise même son propre salon du livre (où je ne vais bien entendu jamais et où je refuserais de signer le moindre livre).

Ce qui semble limiter la liberté d'expression aujourd'hui, c'est davantage une censure d'ordre économique et financier. La logique de l'Avoir primant sur celle de l'Être, il semble que toute la création artistique et littéraire dans ce pays dépende du bon vouloir du ministère de la culture et des lobbies financiers. Voire aussi des modes qui font recette et qui sont censées plaire au plus grand nombre. L'engouement pour le Rap et ou les tags de Jacques Lang en serait une belle illustration. Le succès d'Houellebecq, avec ses écrits orduriers, provocateurs et dénués d'intérêt, m'a toujours étonné.

2 • LES MÉDIAS

On assiste à une réelle dégradation de la télévision depuis que la plupart des chaînes ont été privatisées et matraquées par la publicité. Les grandes émissions culturelles, d'information et d'histoire de l'époque de l'ORTF ont disparu : *Cinq Colonnes à la Une* ; *Le Grand Échiquier* ; *Les Dossiers de l'Écran*.

La disparition de l'émission littéraire *Apostrophes* de Bernard Pivot constitue un vide dans le PAF. Les rares émissions littéraires qui l'ont remplacée sont soit trop tardives soit peu intéressantes, certains auteurs devant se contenter d'une maigre place dans des émissions de variétés à grand spectacle entre un illusionniste et un jongleur ; l'animateur traitant, le plus souvent, la littérature ou la poésie avec une bonne gouaille populiste.

Arte a repris le flambeau de la culture mais plus sous la forme de documentaires ou de dossiers d'archives que pour susciter des débats de fond opposant divers protagonistes. On ne pourrait toutefois pas imaginer qu'en France – sur un même plateau de télévision – s'expriment des ex-OAS et des gaullistes sur la guerre d'Algérie ; des nostalgiques de Pétain et des résistants sur l'Occupation ; des staliniens et des banquiers sur la crise des prêts à risques.

Une sorte de consensus mou et de « langue de bois » sert de toile de fond aux médias modérés de gauche et de droite sur la sexualité, la politique, l'argent, le sport, les vedettes, le Proche-Orient, l'Europe, la montée des

intégrismes et des communautarismes, la pauvreté, la précarité, le malaise des banlieues… Ce qui fait que l'on s'ennuie fort à les lire. En outre, lorsque l'on est le spécialiste d'un sujet et qu'il est traité dans la presse, on est toujours surpris du fossé qui sépare ce que l'on lit et ce que l'on sait.

Marianne sort un peu du lot en traitant un sujet dans sa globalité, en brisant certains tabous et en épinglant quelques scandales politico-financiers.

Philosophie magazine offre également des articles de grande tenue philosophique et littéraire. On peut regretter toutefois que certains sujets philosophiques ne soient jamais abordés : la spiritualité ; les grands courants religieux ; les thèses des courants extrêmes de gauche comme de droite ; l'anarchie au XXe siècle…

3 • Les éditeurs

Sur cent manuscrits adressés aux grandes maisons d'édition trois seulement seront publiés, la ligne éditoriale de la maison d'édition étant le critère de base et non une certaine ouverture à tous les talents et tous les modes d'expression. La promotion d'un livre dépend aussi très largement des diffuseurs et des libraires. Ici c'est encore le business qui prime souvent sur la qualité pour des sujets « grand public » et/ou des biographies de vedettes ou de sportifs.

Certains écrivains comme Le Clézio (un autre génie littéraire), Süskind, Pierre Michon, D'Ormesson… continuent toutefois à faire œuvre de littérature et sont récompensés pour leur talent.

Je me demande parfois si Stevenson avec ses romans d'aventure et/ou son voyage avec un âne dans les Cévennes passerait aujourd'hui la barre des comités de lecture. De même que George Sand avec ses romans qui fleurent bon le terroir ou Mérimée avec ses récits sur la vendetta en Corse. Le genre intimiste et nombriliste faisant aujourd'hui davantage recette (Amélie Nothomb par exemple). Kafka, Céline ou Agota Kristof seraient probablement jugés « politiquement incorrects » car trop en phase avec les réalités du monde et de la nature humaine.

Pour se faire plaisir, il faut dénicher des créateurs publiés dans des maisons d'édition plus modestes mais qui ne versent pratiquement pas de droits d'auteurs aux écrivains. On peut y lire de la poésie, des nouvelles et même des essais de grande qualité. Je pense notamment à la *Revue Saint-Ambroise* (présente cette année pour la première fois au Salon du livre) et

qui organise régulièrement des séances de lecture dans des cafés. Je songe à Suzanne Aurbach avec son livre *Transhumances* aux Éditions d'écarts… Je pense à mes ami(e)s Nicole Barrière, Jean-François Blavin, Jean-Claude Morera, Maggie de Coster, Claudie Lecœur…

J'ai pour ma part deux livres chez L'harmattan dont un conte magnifiquement illustré par une amie et traduit en russe (mon contrat prévoyant pour ce conte des droits dès le premier numéro vendu). Il est resté une semaine à la Fnac lors de sa sortie et n'a bénéficié d'aucun réseau de diffusion, alors que chez les libraires, à la période des fêtes, on offre aux enfants soit des contes traditionnels (Perrault, Andersen) soit des trucs débiles pour leur apprendre à se laver les dents ou les fesses. Les enfants méritent mieux que cela. Heureusement qu'il existe pour eux le Salon du Livre de Montreuil !

La banalisation de l'usage de l'ordinateur et du traitement de texte a largement contribué à la création d'une multitude de textes (romans, nouvelles, poèmes, journaux intimes) qui faute d'un lectorat suffisant et accessible ne seront jamais publiés. J'anime des ateliers d'écriture et je peux témoigner que je lis ou j'écoute parfois de vrais chefs-d'œuvre écrits par des participants (qui n'ont pas d'autre prétention que de se faire plaisir à écrire). Et si la littérature pouvait se passer des éditeurs ? Si la blogosphère et l'internet pouvaient, dans un proche avenir, constituer une bibliothèque d'échanges entre lecteurs et auteurs ? Un comité de lecture de lecteurs venant compléter celui des grandes maisons d'édition ? Et ce avant la matérialisation dans un « livre » qui reste à mon sens l'aboutissement d'un projet artistique et littéraire achevé.

4 • L'AUTOCENSURE DES AUTEURS

Un créateur crée.

C'est pour moi sa fonction et sa principale raison d'être. Il n'a que faire de la notoriété, des modes et des courants. Tout ce qui est contraire à ces principes ne peut exister pour un artiste.

Ni Van Gogh ni Séraphine ne seraient ce qu'ils sont s'ils n'avaient pas créé en puisant au plus profond d'eux-mêmes. Rimbaud non plus. Et tant d'autres comme Marguerite Duras ou Margueritte Yourcenar ; deux auteures qui ne se sont jamais abaissées à écrire ce qui plaît aux maisons d'édition. Et qui nous ont offert les plus belles pages de la littérature du XXe siècle.

Être écrivain n'est pas un « labeur », c'est une raison d'être, une raison de vivre et d'exister. C'est un vrai métier au sens noble du terme comme celui d'être forgeron ou luthier. Il faut se confronter tous les jours avec la rudesse mais aussi avec la magie des mots pour extérioriser une pensée, un sentiment, une souffrance ou un bonheur.

Je n'imagine pas d'écrire un haïku sans l'illustrer ; il me semble que le geste du pinceau gorgé d'Encre de chine sur la feuille, est le même que celui des méandres du cerveau qui ont favorisé l'émergence d'un tercet.

J'ai écrit deux romans, un sur les Guanches des Canaries et un autre sur la condition des Sioux dans les réserves (où j'ai séjourné). J'ai beaucoup écrit de nouvelles ou des récits sur la vie professionnelle et l'aliénation par le travail. J'ai conscience que ces textes ne sont pas fameux mais il me suffit de les avoir réalisés pour avoir fait œuvre de création.

5 • LES ÉCRIVAINS QUI RÉDIGENT DES BIOGRAPHIES

Ce n'est ni de la littérature ni de la poésie ; ça n'a donc aucun intérêt au plan créatif. En peinture, le portrait des princes, des rois et des grands bourgeois fait plus appel à la maîtrise d'une technique qu'à l'imagination créative du peintre (sauf lorsqu'il doit améliorer le modèle sur la toile par flagornerie…).

Sylvain Josserand

La liberté d'expression : une responsabilité de l'individu, mais aussi de la cité

Siham Issami
PEN CLUB FRANÇAIS/
PEN CLUB MAROCAIN.

Nabokov disait que la « réalité » est un mot qui n'a de sens que quand il est mis entre guillemets. L'on peut dire la même chose du mot « liberté ». Les guillemets dans ce cas là signifient une « liberté » dans une situation, une « liberté » suivant des conditions déterminées, une « liberté » pour tel ou tel moment. UNE et non LA « Liberté »

Justement parce que le mot « liberté » réfère à un idéal et par cela même est un absolu, alors que le monde où ce mot cherche à s'appliquer et à prendre forme n'est pas un monde absolu mais un monde de situations, un monde de circonstances, un monde d'êtres et d'individus.

« Réalité » comme « liberté » sont deux mots qui me font tressaillir. Non pas à cause de leur force ou de leur étendue, mais à cause de la somme phénoménale de malentendus qu'ils ont accumulée au cours des siècles et qui continue. En rappelant que le malentendu sur le plan de la langue se traduit dans le terrain de l'histoire par des milliards, des millions de milliards – les chiffres sont insensés – de vies humaines gaspillées, sauvagement mutilées, froidement abattues. S'ajoute à cela la régression de civilisation que cette sauvagerie implique.

Ce qui me fait tressaillir et que je dénonce, c'est la barbarie de toute idéologie qui sacralise un idéal et le nom qui le porte au lieu de sacraliser la Vie qui d'une manière ou d'une autre les dépasse tous les deux : Idéal et Nom.

Je tiens à préciser que ma pensée étant de nature plutôt mathématique, ce qui m'importe dans toute situation c'est définir, énoncer, et construire un raisonnement ou une analyse (appelons cela comme vous voulez), à partir de ce qu'il y a de plus irréductible dans une situation à savoir ses valeurs de fond, ses valeurs permanentes ou du moins plus permanentes que la « réalité »

historique douloureuse du pays hôte, dont, faute de la compétence de l'historien et de la connaissance de l'observateur assidu, pour oser en parler.

J'aimerais ajouter pour boucler ce préambule que ce n'est pas l'origine d'une parole qui convainc, mais la parole elle-même. L'origine n'ajoute et ne soustrait rien à son degré de vérité. Ce n'est pas qui a dit qui compte mais, ce qui est dit. Bien que souvent, hélas trop souvent, une parole se voit marquée du sceau de l'infamie ou porte le laurier de la gloire non seulement en raison de son message mais en raison du messager.

Parfois, et je vous prie de me pardonner ce désir insensé (s'il était sensé il ne serait pas un désir d'ailleurs), parfois j'ai envie d'effacer les noms propres pour que seules surviennent les paroles «libérées» de l'intention toujours hypothétique mais dangereuse [dangereuse parce que déroutante] que nous lui ajoutons suivant le nom propre; la signature; l'auteur.

Rassurez-vous, je n'ai ni le pouvoir ni même assez de volonté pour le faire; mon désir se trouvant vite rattrapé par ma raison qui rapidement le désarme et le renvoie sans appel.

C'est un cri de cœur, Mesdames et Messieurs, un cri de cœur dans un moment de détresse, devant le manque flagrant de discernement qui nous emprisonne tous dans des conditions inhumaines.

Ici j'interviens suivant deux directions :
I - *La «liberté» (d'expression) n'est jamais un don ou un acquit, elle est toujours une tâche, un labeur.*
II - *La «Liberté» de création est une «liberté» d'expression.*

Pour la première direction

Vous connaissez la fameuse déclaration de Kierkegaard : «Les gens n'utilisent jamais ce qu'ils ont et demandent toujours ce qu'ils n'ont pas; ils ont la liberté de penser ils veulent la liberté de s'exprimer».

Bien sûr notre Søren l'a dit avec son humeur corrosive notoire, qui a fait sa force d'ailleurs, mais elle a sa dose de vérité. C'est-à-dire qu'une «liberté» d'expression suppose d'abord ou se fonde nécessairement sur une liberté de penser. Sans «liberté» de penser, la «liberté» d'expression est creuse, vide, et son vide dans ce cas-là n'est pas un vide sans danger. C'est un vide dévorant, abyssale, qui précipite celui qui la reçoit (cette même «liberté») avec celui qui agit en son nom dans l'absurde, dans le non-sens, qui vite se transforme en barbarie pour qu'il ait un quelconque pouvoir.

Si la censure, la menace, la torture… bref, tout moyen d'oppression est expéditif, la « liberté » d'expression par contre est processus, c'est une construction dans le temps, dans la durée.

L'expression se basant sur une pensée, la pensée étant du raisonnement, le raisonnement une structure, la structure des composantes, des outils, de la matière et un plan. Et il faut être en possession de tout cela et dans l'ordre pour arriver à l'expression et à la « liberté » d'expression. Il ne suffit pas d'ouvrir une porte pour libérer ou délier les langues, il faut ouvrir les portes et les esprits.

La « liberté » d'expression n'est pas quelque chose qu'on accorde, elle ne se donne pas, elle ne peut pas être donnée, elle se construit, elle est le résultat d'un travail, un long travail, et non son énoncé.

Le travail de qui ? Me demandera-t-on. Je réponds sans hésitation : le travail de la cité et de l'individu dans la cité.

La « liberté » d'expression est la responsabilité jointe de l'individu et de la cité.

Ce à quoi je veux arriver c'est :

Une « liberté » d'expression qui ne soit pas un ressentiment déguisé, qui ne soit pas une précipitation aveugle.

Une « liberté » d'expression qui connaît le doute avant l'assurance, et arrivée à cette assurance soit consciente qu'elle n'est pas nécessairement transmissible dans l'immédiat, que cette assurance qu'elle a acquise n'est pas prête à être emportée, comprise, adoptée nécessairement tout de suite : toute parole qui réprime le doute ne peut être que douteuse elle-même, puisque l'on pense dans le doute, sinon tout serait article de foi. Une « liberté » d'expression qui n'a pas seulement de considération pour soi mais pour l'autre aussi, et je dirai même surtout pour l'autre ; la pensée n'étant jamais totalement à soi, il y a toujours une part de l'autre. Et n'est-ce pas là une définition même de l'humanisme ? Cette part de l'autre dans la pensée de soi, cette part de l'autre dans l'action pour soi.

Une « liberté » d'expression, qui soit une parole juste, d'une justesse comprise dans le sens de la visée ; une parole juste qui distingue la critique de l'injure ; une « liberté » d'expression qui soit nécessairement doublée du devoir de penser ce qu'elle exprime, qui considère l'effet avant de se lancer dans la cause. Car il ne s'agit pas seulement d'avoir de bonnes intentions, il ne s'agit pas seulement d'avoir raison, il ne s'agit pas seulement d'avoir

la loi de son côté ou la raison de son côté ou même d'avoir « Dieu » de son côté (nous avons tous raison d'un certain point de vue, d'un certain degré d'altitude, d'un certain positionnement).

Ce sont là des conditions nécessaires mais point suffisantes.

En effet, c'est quand j'ai raison que je suis le plus tenu de préserver à ma raison sa qualité de raison non pour moi seulement mais pour l'autre ; l'autre qui la reçoit, l'autre qui est concerné par elle et dont il fait partie, pour ne pas transformer cette raison de cause en un tort d'effet, un tort de portée, un tort de conséquence. Il faut que ma raison trouve sa place dans la raison de l'autre pour ne pas se transformer chez lui comme chez moi par retour en un tort.

Car dans une parole il n'est pas seulement question du « dit » mais du « reçu » mais de « l'effet » mais du « retenti » aussi. Et parfois l'écart entre le « dit » et le « reçu » est un écart ou germe la catastrophe. (L'histoire est plus que débordante d'exemples à ce sujet.)

Et c'est justement là qu'intervient la conscience. Ici nous rejoignons la première partie du titre de cette table ronde, à savoir : la « liberté » de conscience. (En le lisant je me suis d'abord demandé : mais qu'est-ce qu'une « liberté » de conscience ?)

Ensuite en y réfléchissant, je constate – avec toutes les marges d'erreurs possibles – je constate donc qu'il ne peut exister de « liberté » de conscience. Pour la raison que c'est la conscience qui détermine la « liberté » ; que la « liberté » est acquise sous conscience et non la conscience qui jouit d'une condition de « liberté ».

« La seule façon d'exister, pour la conscience, est d'avoir conscience d'exister », disait Sartre.

La conscience est l'une des rares choses absolues inhérente à l'homme, dans l'homme. Absolue parce que telle en elle-même, considérée en elle-même et non par rapport à autre chose.

Et comme tout ce qui est fondamentalement intime chez l'homme la conscience reste du ressort de l'individu. La conscience n'existe que de soi à soi, de soi vers soi. Même si l'on peut toujours parler d'une conscience collective ; une conscience humaine, celle-ci vaut comme peut valoir la « foi » (dans un certain sens) ; c'est-à-dire qu'on peut avoir une foi commune, mais chacun doit nécessairement l'avoir déjà en lui, elle est fondamentalement individuelle, fondamentalement intime. Nous n'en avons pas « une » qui nous contient tous mais « une » plus ou moins même pour chacun.

Cette conscience commune peut être considérée comme le plus grand facteur commun à un ensemble d'individus (et puis chaque individu de cet ensemble pris à part a sa conscience un peu plus ou un peu moins qu'un autre individu) si je peux m'exprimer en ces termes.

Toujours il incombe à un homme ou à une femme seule (même s'il y a quelqu'un à sa droite, à sa gauche, à son côté et de tous les côtés), il incombe à lui ou à elle et seul, de dire, d'agir, ici par « liberté » d'expression (ailleurs par application de la loi ou l'exercice d'un droit), et cet homme et cette femme ne sont livrés qu'à leur propre conscience au moment de leur action.

La « liberté » d'expression ne se réalise qu'en complète conscience de ce qu'il faut gravir pour l'atteindre et ce qu'il faut considérer pour la porter.

Ainsi donc, Mesdames et Messieurs, seule une telle « liberté » d'expression pourrait changer les choses, à condition de lui laisser le temps d'agir, et de la maintenir continuellement, car comme tout ce qui se veut constructif elle se réalise et agit dans la durée et non dans l'immédiat.

Pour la deuxième direction :

La « Liberté » de création est une « liberté » d'expression.

Souvent ou toujours, on parle de « Liberté » d'expression en entendant « la parole », le « dire », le témoignage « verbe », le dit « verbe », mais qu'en-est-il du « dit » couleur, du « dit » forme, note, geste, mouvement… l'expression « plastique », l'expression « musicale », l'expression « corporelle »…, etc. ?

L'Art, avec un grand A, s'il ne pointe pas la « réalité », il l'ordonne, il lui donne une forme, un sens. La réalité est absurde si on ne la tient pas dans ses mains pour en faire quelque chose.

Un homme a dit (et pour une fois quelqu'un d'anonyme) : « quand on vous enlève la "liberté" il vous reste le libertinage ». Que soit entendu ici le « libertinage » dans le sens du détour.

L'artiste – et cela comprend bien sûr et par excellence le poète – l'artiste est un agent du détour, et quand il y a un obstacle il fait de l'obstacle une occasion, il transforme la barrière, la clôture en un outil, en quelque chose d'autre qui la dépasse, surpasse.

Car si les détenteurs de la parole portent la « réalité » d'aujourd'hui, l'artiste, lui, travaille à partir d'un présent pour une invention du futur.

L'on dit toujours que les artistes sont détachés du présent, éloignés de la « réalité », qu'ils sont plus amples tandis que la « réalité » est précise

(on-ne-peut-plus-là tandis qu'eux sont au-delà), je dirais justement, car les artistes absorbent le présent et sa « réalité » pour inventer le futur et ses « possibilités ».

Parfois la « vérité » (et c'est un autre mot à mettre entre guillemets) parfois la « vérité » peut être pressentie et non énoncée. Je n'entends pas dire par là qu'il faut rester du côté de l'arbitraire et du subjectif (ce serait même me contredire). J'essaye de dire que la pensée se tient toujours à la limite du connaissable, tandis que ce qui est éminemment humain n'est pas soutenu seulement par le connaissable mais par le sentir, l'intuition juste, par la sensibilité éveillée, intelligente et active qu'incarne l'artiste vrai ; poète, musicien, peintre, acteur, danseur, écrivain, chanteur, cinéaste… et la liste est longue, heureusement longue.

Siham Issami

La liberté d'expression
dans l'histoire récente et les temps présents

ABDELMAJID BENJELLOUN
Président du
PEN MAROCAIN.

Traiter de la liberté d'expression au Maroc, dans les dernières décennies, relèverait un peu de l'abstraction, dans la mesure, où elle s'inscrivait et continue de le faire dans un contexte particulier, que l'on peut réduire, plus ou moins, au régime politique, évolutif ô combien, du pays.

Il serait erroné de considérer que l'évolution, nette, en la matière, n'a commencé qu'avec l'avènement de Sa Majesté le Roi Mohammed VI. En effet, son père Hassan II, dans les dernières années de son règne, avait entamé un processus profond de libéralisation, illustré notamment par la nomination du socialiste Abderrahman El Yousfi, à la tête du gouvernement, en mars 1998, le lancement du processus de réforme de la Moudawwana, ou statut personnel, qui révisera fortement le statut personnel de la femme, au début des années 2000, sous le règne de Mohammed VI, la création du gouvernemental « Comité consultatif des droits de l'homme », fondé en 1990, sans oublier l'apparition sur la scène politique de deux associations non gouvernementales – importantes – de défense des droits de l'homme :
1) « L'Association Marocaine des Droits Humains » (AMDH), une association à but non lucratif et pour les droits de l'homme, en 1979.
2) « L'Organisation Marocaine des Droits Humains » (OMDH), en 1988.

Le nouveau Souverain approfondit le mouvement de réformes initié par son père, en créant « L'Instance équité et réconciliation » (I.E.R), en 2004. Le but de cette commission est de se pencher sur les dossiers de tortures, d'emprisonnement dans des conditions inhumaines, et d'exécutions, notamment sans sépultures, d'un certain nombre d'opposants, durant ce que l'on appelle désormais les années de plomb, datant du règne de Hassan II. Ainsi, cette instance a mené à bien des séances d'auditions publiques, où les victimes ont témoigné librement sur le sort terrible qui

leur avait été infligé. Il ne s'agit pas de « juger », mais de « rétablir la vérité » pour « se réconcilier ». Pour mieux illustrer le vent de liberté sensible qui souffle ainsi au Maroc depuis des décennies, je traiterai successivement de la réglementation marocaine sur la liberté d'association, et du code de la presse, qui en montrent clairement les manifestations.

1) LA LIBERTÉ D'ASSOCIATION

Le dahir du 15 novembre 1958 relatif aux libertés publiques, moyennant certes quelques aménagements ultérieurs, a constitué et continue de le faire, l'épine dorsale du droit de s'associer et de s'exprimer librement, notamment. À l'exception du Parti de l'Istiqlal et du P.D.I. de Mohamed Hassan Ouazzani, notamment, qui existaient depuis la période du Protectorat, ce dahir a permis à nombre de partis politiques et de syndicats de travailleurs de voir le jour.

Il serait erroné de considérer que ce dahir ne fut pas appliqué, tant il est vrai que ce qu'on appelle les années de plomb, ne commenceront que plus tard, et plus précisément entre 1965 et 1970, à la suite de l'état d'exception, et surtout des deux coups d'État de 1971 et 1972. En 1973, le dahir de 1958 fut revu dans le sens d'un contrôle accentué par les autorités des libertés publiques.

Un véritable tournant fut opéré en 1983-1984, marqué par une certaine libéralisation de la vie associative au Maroc.

Et depuis, des dizaines de milliers d'associations ont vu le jour dans quasiment tous les domaines, lesquelles sont bien évidement d'inégales importance. Et depuis quelques années déjà, les gens commencent à s'intéresser dans ce cadre à des sujets jamais abordés jusque-là dans le tissu associatif, comme en vrac la défense des consommateurs, la lutte contre la corruption, et même l'abolition de la peine de mort, et surtout pour la protection de l'environnement.

Le droit d'association tel qu'il est appliqué au Maroc présente quelques avantages par rapport à d'autres pays méditerranéens, de l'aveu même des rédacteurs du rapport annuel de suivi pour 2009 du « Réseau euro-méditerranéen », intitulé « la liberté d'association dans la région euro-méditerranéenne » : « Le Maroc se distingue des autres pays du Sud et de l'Est de la Méditerranée par des progrès enregistrés dans un certain nombre de domaines ayant trait aux droits de l'Homme : [...]. Au chapitre de la liberté d'association, le texte de loi pertinent, un décret-loi de 1958,

précise simplement qu'une association "devra faire l'objet d'une déclaration préalable au siège de l'autorité administrative local". En vertu d'un amendement apporté en 2002, seuls les tribunaux sont habilités à dissoudre une association. Contrairement à se qui se passe en Jordanie, en Syrie et en Tunisie, il n'y a pas de sanctions prévues pour les individus qui sont membres d'une association qui ne s'est pas déclarée. Toutefois, la loi pénalise certaines activités comme des transactions financières ou immobilières (par exemple, recevoir ou solliciter des fonds au nom d'une association non déclarée). Une association non déclarée ne peut louer des locaux, réserver une salle publique, organiser des rassemblements dans un lieu public ou sur la voie publique. Sont interdites les associations dont les activités sont "contraires aux bonnes mœurs", ou "qui auraient pour but de porter atteinte à l'intégrité du territoire national ou à la forme monarchique de l'État" ou de "porter atteinte à l'intégrité territoriale" signifiant avant tout toute critique de la poursuite du contrôle marocain *de facto* du Sahara occidental, que les Nations Unies réfèrent comme "territoire non autonome". Ces limites continuent de restreindre la liberté d'expression et la vie associative au Maroc» (page 9).

De plus, la loi de 2002 a supprimé les prérogatives du gouvernement de suspendre une association et a confié au pouvoir judiciaire la possibilité d'ordonner, à titre de mesure conservatoire, et nonobstant toute voie de recours, la fermeture des locaux et l'interdiction de toute réunion des membres de l'association, avant de prendre la décision de la dissolution (page 52).

On peut lire encore dans ledit rapport précité, notamment : «À l'exception d'Israël, tous les États qui font l'objet du présent Rapport exigent l'enregistrement des associations. Dans un certain nombre de pays – l'Algérie, le Maroc, la Turquie et l'Autorité palestinienne – les personnes qui se regroupent pour former une association ne sont assujetties qu'à un simple régime déclaratoire. Dans ces pays, un groupe peut amorcer ses activités sans avoir à attendre l'autorisation du Ministère de l'Intérieur ou des Affaires sociales, ou de toute autre instance gouvernementale responsable des associations. Toutefois, dans les faits, les groupes que les autorités soupçonnent d'être critiques envers les politiques gouvernementales, notamment les organisations des droits de l'Homme ou de défense des droits des minorités, se voient refuser la délivrance du récépissé réglementaire, sans lequel l'association ne peut prétendre à la personnalité juridique. En conséquence, ses membres ne peuvent organiser des rassemblements ou

d'autres événements publics, ouvrir un compte bancaire, louer un espace de bureau, ou conclure nombre de transactions qui caractérisent la vie d'une association reconnue. Cette pratique des autorités transforme ce qui, sur le papier, est un simple régime déclaratif en un régime d'autorisation préalable, autorisation qui est souvent refusée » (page 5).

Le même rapport se fait également l'écho de nombre d'affaires où l'on a constaté que les pouvoirs publics ont refusé d'octroyer à certaines organisations estudiantines la liberté d'exercer leurs activités (page 52).

Sans oublier de noter également que des affaires judiciaires d'emprisonnement, liées plus ou moins à la vie associative, ont défrayé ces dernières années la chronique dans notre pays, sur lesquelles point n'est besoin d'entrer dans les détails.

Il va de soi que comme notre régime n'est pas un régime pleinement démocratique, tout n'est pas conforme à l'Etat de droit, dont les pouvoirs publics s'attachent à affirmer qu'il existe dorénavant bel et bien chez nous.

2) LE CODE

De nos jours, la presse à scandales, que certains observateurs autorisés y compris dans la profession jugent ordurière, continue de livrer des secrets croustillants et justement la presse qui se vend le plus au Maroc est la presse à sensations qui remplit ses colonnes d'affaires de drogue, de sexe, de charlatanisme et divers sujets « attrayants ».

Un nouveau code de la presse, préparé relativement de longue date, est finalement adopté en octobre 2002.

Si la liberté de la presse y est formulée de manière claire, il n'en demeure pas moins que l'article 8 pose cette obligation :

« Au moment de la publication de chaque numéro de journal ou écrit périodique, il en est remis quatre exemplaires à l'autorité gouvernementale chargée de la communication et deux exemplaires au parquet du tribunal de première instance. Ces exemplaires peuvent être déposés par la poste sous pli recommandé.

Le directeur de la publication est puni d'une amende de 1 200 dirhams pour chaque numéro dont les exemplaires visés au premier alinéa ci-dessus n'ont pas été déposés. ».

L'article 23 indique, en outre, en cas d'infraction aux dispositions de l'article 12 : « le tribunal saisi de l'affaire peut, à la demande du ministère

public, prononcer la suspension définitive ou provisoire des publications contrevenantes comme peine principale ou accessoire.».

L'aliéna 1 de l'article 12 stipule : «Tous propriétaires, associés, actionnaires, commanditaires, bailleurs de fonds et autres participants à la vie financière des publications éditées au Maroc doivent être de nationalité marocaine.

Les articles 38 et suivants prévoient de fortes amendes et des peines de prison pour les crimes et les délits suivants :

- incitation au crime, ou délits contre la sûreté intérieure ou extérieure de l'État.

- incitation à la discrimination raciale, à la haine ou à la violence contre une ou plusieurs personnes en raison de leur race, leur origine, leur couleur ou leur appartenance ethnique ou religieuse, ou ayant soutenu les crimes de guerre et les crimes contre l'humanité

- toute offense envers Sa Majesté le Roi, les princes et princesses royaux.

- atteinte à la religion islamique, au régime monarchique ou à l'intégrité territoriale.

- La publication, la diffusion ou la reproduction, de mauvaise foi d'une nouvelle fausse, d'allégations, de faits inexacts, de pièces fabriquées ou falsifiées attribuées à des tiers, lorsqu'elle aura troublé l'ordre public ou suscité la frayeur parmi la population, est punie d'un emprisonnement d'un mois à un an et d'une amende.

- toute publication, diffusion ou reproduction pouvant ébranler la discipline ou le moral des armées.

- tout propos calomnieux ou diffamatoire

Depuis la promulgation de ce code de la presse, d'octobre 2002, les professionnels ne cessent d'en réclamer la révision, par la suppression notamment des peines de prison contre les journalistes ayant enfreint ledit code.

En dépit de toutes les limitations de la liberté d'expression au Maroc, ainsi évoquées plus haut, par le biais des associations et de la presse, notamment, il reste que le vent de liberté tous azimuts qui souffle au Maroc, quoique encore relatif et perfectible, est et reste sans pareil dans le reste du monde arabo-musulman.

Abdelmajid Benjelloun

LES NOUVELLES CENSURES

1 • Censures visibles et invisibles

La censure du réel

JEAN-CLAUDE BOLOGNE
Président de la Société des
Gens de Lettres de France.

Le premier alinéa du premier article des statuts de la Société des Gens de Lettres lui donne pour but « de propager la langue française dans le monde et de défendre la libre expression des œuvres de l'esprit ». C'est dire si cette préoccupation est essentielle à nos yeux. C'est ce qu'a reconnu la loi française le 25 septembre 1946, en donnant à notre Société la possibilité, à l'exclusion de toute autre personne, d'ouvrir un recours en révision contre les condamnations prononcées pour outrages aux bonnes mœurs commis par la voie du livre. Mais voilà : l'expression « outrage aux bonnes mœurs » a disparu du Code pénal depuis la loi du 29 mars 1993, les articles correspondants (227-23 et 24) ne protégeant plus que les mineurs [1]. Pour les adultes consentants, en principe, il n'y a plus de censure en France. Surtout parce qu'il n'y en a plus besoin : nous avons d'autres moyens de limiter la liberté d'expression.

Qu'il n'y ait pas de malentendu : à côté de régimes non démocratiques qui exercent encore un contrôle de l'information et une répression des opinions divergentes, il serait obscène de nous plaindre. Mais la défense de la liberté d'expression est une perpétuelle vigilance. La graine de la censure est aussi dangereuse que la censure elle-même. Pour cette raison, nous avons rejoint en 2007 l'Observatoire de la liberté de création de la Ligue des Droits de l'homme. Ces nouvelles formes de censure sont nombreuses, et nous y avons souvent été confrontés : censure économique par une interdiction de vente aux mineurs, autocensure ou censure de l'éditeur devant de ruineuses tracasseries judiciaires, le « contenu explicite » défini par la mythique communauté des internautes pour inviter à un tout aussi mythique « contrôle parental » [2], possibilité reconnue à certaines associations de se porter partie civile en cas de mise en péril de mineurs [3], glissement d'une histoire objective vers une histoire mémorielle [4]… Une nouvelle censure d'autant plus pernicieuse qu'elle est passée du sommet à la base : la

1   Décret 93-726 1993-03-29 art. 9, publié au JO le 30 mars 1993, en vigueur le 1ᵉʳ mars 1994.

2   « Cette vidéo peut contenir des séquences que la communauté des utilisateurs de *YouTube* considère comme potentiellement offensantes pour certains internautes », « Des membres de *Dailymotion* ont signalé ce contenu comme réservé aux adultes ».

3   « Toute association, inscrite auprès du ministère de la justice dans des conditions fixées par décret en Conseil d'État, est recevable dans son action même si l'action publique n'a pas été mise en mouvement par le ministère public ou la partie lésée en ce qui concerne l'infraction mentionnée à l'article 227-23 du code pénal » (Loi n°2004-1 du 2 janvier 2004 relative à l'accueil et à la protection de l'enfance). Le roman *Rose Bonbon* de Nicolas Jones-Gorlin (Gallimard) avait fait l'objet d'une plainte de la part des associations « L'Enfant bleu » et la « Fondation pour l'enfance », de même que le roman *Il entrerait dans la légende de Louis Skorecki* (Léo Scheer) de la part de la « Fondation pour l'enfance ».

4   Voir l'appel du 12 décembre 2005, à l'origine de l'association « Liberté pour l'Histoire ».

qualification n'étant plus exclusivement du ressort des experts, mais de plus en plus le fait des associations ou des internautes, la réaction épidermique l'emporte sur l'analyse, les critères moraux sur les critères esthétiques. La critique littéraire elle-même, qui avait toujours été, en France, une critique esthétique, tend à devenir, comme dans les pays anglo-saxons, une critique morale[5]. On a même vu des animateurs de télévision appeler au boycott d'un livre, *Un cri dans le silence* de Brigitte Bardot, ainsi que de tous les ouvrages de son éditeur[6]. Même s'il n'y a pas de conséquences judiciaires, les campagnes médiatiques peuvent être lourdes, et en tout état de cause, la censure de ses pairs est la plus douloureuse pour l'écrivain.

De toutes ces nouvelles censures auxquelles sont consacrées ces tables rondes, je souhaiterais développer la plus sournoise : la confusion entre la réalité et la fiction, qui aboutit à une censure du réel pour contourner celle de la création. L'arme n'est plus la censure préalable ni la procédure pour outrage aux bonnes mœurs, mais les plaintes pour plagiat, diffamation ou atteinte à la vie privée. Les affaires se sont multipliées depuis que la confusion entre réalité et fiction a été épinglée par un arrêt de la Cour de cassation du 25 février 1997. Celle-ci en effet a estimé que l'ouvrage *Graine d'angoisse*, « présenté comme une œuvre de fiction » , mais qui constituait « en réalité une autobiographie mal déguisée, permettant l'identification aisée des divers protagonistes dans leurs relations psychologiques et affectives au sein du milieu familial » portait atteinte à la vie privée du frère et de la sœur de l'auteur[7]. S'il s'agissait, à bon droit, d'éviter que la littérature ne devienne un prétexte à des règlements de compte, la conséquence a été de brouiller définitivement la frontière ; des victimes opportunistes se sont engouffrées dans la brèche à côté de situations véritablement douloureuses. Ainsi, Lucio Mad, en 1998, qui avait obtenu l'accord d'un proche évoqué dans son roman *Paradis B*, a-t-il cru pouvoir le publier sans problème. Mais le proche en question l'a assigné pour atteinte à la vie privée en se vantant auprès d'amis communs : « Je vais faire cracher Gallimard, je vais ramasser un paquet. » Ces confidences, rapportées au tribunal, l'ont fait débouter[8]. Mais depuis cette époque, il n'est pas d'année où nous ne soyons informés d'une ou de plusieurs affaires similaires.

Toutes ces affaires relèvent de catégories différentes : contrefaçon, diffamation, atteinte à la vie privée, ou viol du secret de l'instruction, comme ce fut le cas en 2000 du *Moloch* de Thierry Jonquet. Toutes n'ont pas connu les mêmes procédures : certaines se sont retrouvées devant des tribunaux,

5   Voir Emmanuel Pierrat (dir.), *Le Livre noir de la censure* (Seuil, 2008) ; Agnès Tricoire (dir.), *La Création est-elle libre ?* (Le Bord de l'Eau, Latresne, 2003) et *Petit Traité de la liberté de création*, (La Découverte, 2011) ; dossier du *Monde*, 13-14 juillet 2008, p. 16.

6   *Libération.fr*, 11 juillet 2003 ; communiqué du Syndicat national de l'édition, juin 2003..

7   Cour de cassation, chambre civile 1, Audience publique du mardi 25 février 1997, pourvoi n° 95-13545.

8   Catherine Argand, « A-t-on encore le droit de s'inspirer des faits divers ? », dans *L'Express.fr*, 1er mai 2000.

mais d'autres ont été réglées à l'amiable par une indemnisation, ont abouti à une autocensure avant publication ou lors d'une réédition. Ainsi, en 1998, Michel Houellebecq accepte de changer le nom du camping où se situe une scène des *Particules élémentaires*; en 2009, l'éditeur d'*Un roman français* demande à Frédéric Beigbeder de supprimer un passage concernant un procureur de la République en poste. Il s'agit alors d'une forme sournoise de censure exercée par l'auteur lui-même ou par une pression de son éditeur. Ces formes de censure sont les plus difficiles à déceler, mais risquent de devenir les plus nombreuses. Les procès en effet coûtent cher, même lorsqu'ils sont gagnés, et les éditeurs s'entourent de plus en plus d'équipes juridiques qui travaillent en amont.

Certaines affaires évoquent des personnages réels : en 1999, Mathieu Lindon est poursuivi pour diffamation par Jean-Marie Le Pen pour une œuvre de fiction où l'homme politique était nommé; en 2007, Philippe Besson est condamné pour avoir évoqué dans *L'Enfant d'octobre*, sans changer les noms, l'affaire Villemain. D'autres camouflent les noms de façon plus ou moins transparente; en 2004, Alain Absire évoque sous le nom de Jean S. la vie de Jean Seberg, et est poursuivi par le fils de l'actrice, Diego Gary. Mais le lien peut être extrêmement ténu : en 2011, Christine Angot est poursuivie par l'ex-femme de son compagnon qui s'est reconnue dans le personnage central des *Petits*… Et en 1999, Nadine Monfils est poursuivie par un cafetier qui s'est courageusement reconnu sous les traits d'un gros abruti à la moto jaune.

Les faits peuvent porter sur les détails de la vie privée : en 2003, le mari d'une de nos sociétaires a poursuivi sa femme en justice pour avoir utilisé dans un de ses romans des faits de leur intimité. Mais aussi sur des paroles, qui constituent le principe même de la mise en dialogue dans le cadre d'une fiction romanesque : en 2000, la journaliste Catherine Erhel reproche au romancier Emmanuel Carrère de lui avoir attribué dans *L'Adversaire* des propos qu'elle n'a pas tenus. Des situations sont aussi visées, ce qui est contraire à toute la jurisprudence française. On sait, par exemple, qu'on ne peut protéger le trio mari / femme / amant, jugé trop banal. Pas plus que la mort d'un proche. Pourtant, en 2007, une romancière s'est sentie victime d'un « plagiat psychologique » à la lecture du roman d'une consœur. Cette dernière avait évoqué sous forme de fiction la mort d'un enfant, drame qu'elle n'avait pas vécu, mais qui avait été vécu et raconté dix ans plus tôt par la première. Le comble est atteint lorsqu'on s'en prend au lieu même

de l'action : en 2010, le Marché Saint-Pierre attaque Lalie Walker pour avoir situé en ce lieu l'intrigue d'un roman policier. Dans ces conditions, il ne serait plus possible de raconter n'importe quelle histoire en la situant n'importe où ! Précisons tout de suite que la première affaire n'a pas connu d'issue judiciaire, et que dans la seconde, le plaignant a été débouté.

Toutes ces affaires, dans leur diversité, ont cependant un point commun : la confusion entre la réalité et la fiction, qui évite de parler de censure en reportant le délit sur la vie dite réelle. Et toutes, d'une manière ou d'une autre, aboutissent à une restriction de la liberté de création ou d'expression.

Certes, il ne s'agit pas d'un phénomène nouveau, et il est légitime que les écrivains, qui sont des personnes responsables, soient soumis à la loi du 29 juillet 1881 qui réprime la diffamation. La responsabilité de l'écrivain (et de son éditeur), avec les risques de procès qu'ils encourent, est la conséquence inéluctable de l'abolition de la censure préalable. Il ne s'agit donc pas de remettre en cause ce devoir d'honnêteté. Mais le poids judiciaire peut aboutir à une autocensure préalable. Il est symptomatique, cependant, que le délit ait d'abord été défini dans une loi sur la liberté de la presse : le but n'était pas de censurer la création romanesque. En quoi, dès lors, la fiction peut-elle ou non garantir la liberté d'expression ? En fait, en rien. Le plus inquiétant, dans la multiplication récente de ces affaires, est peut-être la subtilité croissante, et proprement ubuesque des analyses.

En tant que tel, par exemple, l'affirmation de la fiction peut au contraire devenir une circonstance aggravante. La mention classique « Toute coïncidence avec des personnages réels ou ayant existé ne peut être que fortuite » n'est pas absolutoire : elle peut au contraire démontrer que le romancier est conscient d'une possible identification ; du coup, cela n'induirait-il pas une volonté de nuire ? La question a pu être posée. Il n'y a pas atteinte à la vie privée d'une personne décédée, certes, mais si, en décrivant l'accouchement de Jean Seberg, le romancier laisse apparaître la tête du nouveau-né, bien vivant, le délit est constitué. Plus surprenant encore : le fait d'attribuer à un personnage réel, dans un roman, des poèmes composés par le romancier expose celui-ci à une condamnation pour contrefaçon, puisqu'il reconnaît dans une fiction la paternité du poème à un personnage historique dont l'œuvre, quoique fictive, serait toujours sous droit ! Si l'auteur est censé penser comme ses personnages, surtout s'ils sont narrateurs, il devient difficile de mettre en scène des protagonistes négatifs : en 2005, Éric Bénier-Bürckel est accusé d'avoir prêté à un des personnages

de P*ogrom* des propos antisémites ; en 2006, *Les Bienveillantes* de Jonathan Littell posent le problème de l'empathie par identification que peut éprouver le lecteur devant un narrateur responsable de crime contre l'humanité. Les campagnes de presse qui s'en sont suivies ont constitué une forme de censure morale plus blessante pour les romanciers qu'un impossible procès.

Il peut apparaître tout aussi paradoxal d'être reconnu coupable d'atteinte à la vie privée pour des faits inventés. Ce fut pourtant le cas en 2004 : le *Renard des Grèves* de Jean Failler attribue à un personnage de fiction des détails empruntés à une femme identifiable, mêlés à des faits imaginaires. Selon les juges, ces faits inventés sont du coup susceptibles de porter atteinte à la vie privée de celui qui s'y est reconnu. Plus surprenant encore, en 2011, Christine Angot est à la fois accusée d'avoir calqué des éléments réels et de les avoir déformés, coupable à la fois de réalité et de fiction. « L'idée selon laquelle la littérature plagierait indûment, voire criminellement, le réel » s'apparente « à une forme de censure », estime Tiphaine Samoyault, en particulier parce qu'elle ôte à la littérature sa fonction première : « montrer ce qu'on ne voit pas » et mettre en forme une réalité qui restera informe tant qu'elle n'est pas passée par les mots[9].

D'où est venue cette dérive qui compromet gravement la liberté de créer et d'exprimer ? D'abord, sans doute, du jugement du 25 février 1997 qui a donné une jurisprudence plus précise. Mais cela ne suffit pas. Il s'est inscrit dans une tendance de fond de la littérature française, sinon de la culture mondiale.

La tendance de plus en plus marquée à enfermer la littérature dans un calque du réel a accentué le phénomène. La formule d'Adorno, en 1949 (« écrire un poème après Auschwitz est barbare »), et surtout les élucubrations qu'elle a engendrées et que le philosophe a lui-même contestées, ont peu à peu instauré une dictature de la réalité brute. Le culte de l'*autofiction*, terme proposé en 1977 par Serge Doubrovsky, a accentué cette tendance. Doubrovsky lui-même a plus d'une fois été confronté à l'autocensure, changeant un nom ou retranchant des passages pour éviter un procès. Pourtant il pouvait se targuer d'« avoir confié le langage d'une aventure à l'aventure du langage »[10], recouvrant cette réalité brute du voile stylistique d'une langue très travaillée. Depuis, l'autofiction cherche à l'inverse un « effet de réel » dans une langue dépouillée et simplifiée à l'extrême qui brouille les frontières entre réalité et fiction. La multiplication des procès pourrait être un retour de bâton qui n'ose aller jusqu'au bout de

9 Tiphaine Samoyault, « Extension du domaine du plagiat », dans *Libération*, 21 février 2011.

10 Quatrième de couverture de *Fils*, Galilée, 1977.

sa pensée. «Ce qui gêne et déçoit les plaignants finalement, c'est le manque d'imagination des romanciers», concluait Catherine Argand en évoquant cette nouvelle tendance[11]. Non pas : c'est au contraire le refus de l'écriture littéraire, qui brise le pacte fictionnel et souligne l'emprunt à la réalité.

■
11   Catherine Argand, article cité, 2000.

Mais la rupture du pacte fictionnel est aussi due à la parcellisation de la lecture. L'accélération du temps nous oblige à des pirouettes intellectuelles et invite à des raccourcis illégitimes. Nos parents avaient connu la mode des résumés outranciers dans les *Reader digests*. Nous en sommes aujourd'hui à la culture des *snippets*, ces extraits de deux lignes qui, sur un moteur de recherche, situent un terme dans le contexte de la page web ou du livre numérisé où il apparaît. Il est en effet impossible, dans ces extraits, de distinguer correctement la pensée d'un auteur ou d'un de ses personnages, ce qui confère à la fiction un statut d'opinion ou d'information. En obtenant sur ce point la condamnation de Google sur base du droit moral, la Société des Gens de Lettres a insisté sur l'importance de l'intégrité de l'œuvre. Sans vouloir accuser une entreprise en particulier de cette dérive, la parcellisation a pu entraîner des lectures malveillantes et des plaintes injustifiées. C'est ce que soulignait la 17e chambre correctionnelle dans l'affaire Bénier-Bürckel, en fondant son jugement sur la lecture intégrale de l'œuvre[12]. Voilà pourquoi le droit à l'intégrité, une des principales composantes du droit moral «à la française», constitue le meilleure garant de la liberté d'expression : il garantit l'auteur contre les mauvais procès.

■
12   Agnès Tricoire, *Petit Traité de la liberté de création, op. cit.*, p. 210.

Or, cette accélération de la lecture est inversement proportionnelle à la masse croissante d'informations et de livres disponibles et à l'injonction de tout lire. L'information n'est plus maîtrisable, sinon par des moteurs de recherche automatisés. Sa diffusion par Internet, les alertes Google, les flux RSS font que les victimes potentielles, ou qui se croient telles, sont aussitôt averties. Nous le savons en écrivant ; l'innocence de l'acte d'écrire est désormais impossible. Le mythe de la transparence est contemporain de la dénonciation de la langue de bois : le *politiquement correct* est la plus efficace des autocensures. Tant mieux, sans doute, si les victimes potentielles disposent de meilleurs moyens de faire valoir leurs droits, à condition bien entendu que les motivations se résument effectivement à la dénonciation d'un dol. Mais l'information étant désormais disponible et théoriquement répandue sur l'ensemble de la planète pour l'éternité, l'Internet risque de devenir une peine de carcan perpétuel. Le droit à l'oubli que garantissaient jadis les délais de prescription est devenu illusoire. En 2009, Daniel Cohn-

Bendit s'est vu reprocher des propos qu'il avait tenus dans un livre publié dans *Le Grand Bazar* en 1975, à une époque où non seulement ces propos ne posaient aucun problème, mais où ils pouvaient refléter les idées dominantes. Il est devenu courageux d'écrire en sachant que dans trente-cinq ans, lorsque les valeurs morales auront changé, nos propos pourront nous être reprochés. La liberté d'expression, mal comprise, devient alors une paradoxale entrave à la liberté de création.

Poussons jusqu'au bout le paradoxe, en évitant de tomber dans le cynisme : pour assurer la liberté de création, il faut retrouver une forme de droit à l'oubli, que seul nous assure le droit de paternité (ou l'anonymat qu'il peut garantir), le droit de retrait et le droit de repentir, autres composantes du droit moral « à la française ». Voilà aussi pourquoi la Société des Gens de Lettres le défend farouchement, persuadée qu'il constitue non pas un blocage et une entrave à la liberté d'expression, mais le garant indispensable de la liberté de création. Pour que l'auteur ait la possibilité de tout dire, il faut qu'il soit le seul à maîtriser ce qu'il dit.

Le nouveau danger est donc celui d'une censure par surplus et non par interdiction de contenu. Bernard Noël, victime célèbre de la censure pour *Le Château de Cène* (1969), l'avait déjà dénoncé en 1985 dans *Le Sens, la sensure*. Si la censure s'en prend à la parole en l'interdisant ou en la mutilant, la sensure s'en prend au sens des mots en oblitérant leur signifiant. Plus sournoise, elle s'opère à l'insu de la victime et ne peut être objectivée comme les ciseaux d'Anastasie. Anne Malaprade a résumé leur opposition dans une formule célèbre de Coluche : « ferme ta gueule », dit la censure ; « cause toujours », dit la sensure [13]. Si notre rôle d'écrivains consiste à faire sens, pour inventer le réel dans une réalité qui, par nature, est soumise à l'aléatoire et à la diversité des significations, la pire des c/sensures consiste bien à nous réduire à de simples transcripteurs de la réalité, pour nous le reprocher aussitôt.

Jean-Claude Bologne

■
13   Bernard Noël, *Le Sens, la sensure*, Le Rœulx, Talus d'approche, 1985. Voir Anne Malaprade, *Bernard Noël - L'épreuve des c/sensures, les c/sensures à l'épreuve*, Seli Arslan, 2003.

Censured or shrugged off: public intellectuals and the collapse of the public sphere

Censurés ou ignorés : les intellectuels et l'effondrement de la sphère publique

SIBILA PETLEVSKI
Ex-présidente du PEN CLUB CROATE et ancienne membre élue du Comité Exécutif du PEN CLUB INTERNATIONAL.

SIBILA PETLEVSKI
Ex-president of Croatian PEN CLUB and former elected member of the Executive Committee of International PEN CLUB.

I have already presented some of the key points of this paper at different public forums and in several interviews. It was not due to the lack of ideas that I decided to repeat my argumentation. I did it deliberately, taught by a bitter experience. It is said that three times repeated lie becomes the truth. Then how come a hundred times repeated Inconvenient Truth, by some miracle, never gets accepted as such in a society like ours? When it comes to the unpleasant truths, the community behaves like a spoiled brat – the child hears what he wants. And who's to blame: politics, media? I believe the question itself was wrongly put in the first place. Media manipulation in the society of the spectacle, *the coupling of economic interest and political gain – these symptoms are so obvious that we no longer need to waste words on them. It is necessary to go one step further than merely making the diagnosis of the social illness of our times. There still might be a chance for a positive shift, a possible "cure" for social pathology, but it depends on our readiness to analyze the extent to which we personally contributed to the formation of the* public sphere.

J'ai déjà présenté quelques-uns des principaux éléments de cette communication lors de différents forums publics et dans plusieurs interviews. Ce n'était pas à cause du manque d'idées que j'ai décidé de répéter mon argumentation. Je l'ai fait délibérément, suite à une expérience amère. Comment se fait-il que dans une société telle que la nôtre, une vérité inopportune, même cent fois répétée, ne soit jamais entendue ? Lorsque surgissent des vérités qui dérangent, la société se comporte comme un enfant gâté – l'enfant n'entend que ce qu'il veut. Et qui est à blâmer ? La politique, les médias ? Je crois que la question elle-même a été mal posée dès le départ. La manipulation des médias dans *la société du spectacle*, l'alliance du profit économique et de l'intérêt politique – ces symptômes sont si évidents qu'il est inutile d'y revenir. Il est nécessaire d'aller plus loin que le simple diagnostic de la maladie sociale de notre temps. Peut-être est-il encore possible d'opérer un changement positif, de trouver un « remède » à la pathologie sociale, mais cela dépend de notre volonté de mesurer la part que nous avons prise à l'élaboration de la *sphère publique*. Qu'on le veuille ou non, même ceux que l'on appelle maladroi-

Like it or not, even us to whom the awkward term *public intellectuals* applies, become accomplices to the negative phenomena in society. It happens each time we succumb to the line of least resistance and pass the buck. Instead of asking "Who's to blame? – we could go one step further and ask: "Who is willing to take responsibility?

I was surprised by the strong media feedback on what I said in May 2010 at the Croatian PEN round table on the Estradization of Culture and Deconstruction of Critical Discourse. I said I didn't see any reason for an intellectual to lift up on her hind legs like a poodle bagging for a media cookie when no one in Croatia of today, or practically no one, could honestly say that she earns her living exclusively by making art. It is a grotesque situation, a true slapstick. "By our inaction, we are all guilty!" Just we don't want to admit how much we personally contributed to the crisis of values and ethical principles in arts and sciences, simply by lagging on action and shrugging off problems. Public intellectuals could not prevent the criminal coupling of economic interest groups, media and politics, but at least they should discuss it in public.

The concept of the public sphere, but also the crisis of that concept, depends on the definition of the public and its problems. Some of the most difficult issues remained the same from the twenties, the times of the debate between Dewey and Lippmann. We are still not sure what makes the common good because it slips too easily into the separate folders of "common" interest, defined differently by different publics. There are too

tement les « intellectuels publics » et dont nous sommes, deviennent complices de ce processus qui est à l'œuvre dans la société. Cela arrive chaque fois que nous choisissons de céder à la facilité en renvoyant la balle. Au lieu de demander « Qui est à blâmer » – nous pourrions aller plus loin et demander : « Qui est prêt à assumer la responsabilité ? »

J'ai été étonnée par la réaction des médias aux propos que j'ai tenus en mai 2010 lors de la table ronde du PEN croate sur l'*Extradition de la culture et de la déconstruction du discours critique*. Je disais que je ne voyais aucune raison pour un intellectuel de se lever devant les médias, tel un caniche, sur ses pattes arrière pour obtenir un biscuit quand personne, ou presque personne, en Croatie ne peut prétendre qu'il vit de son art. C'est une situation grotesque, burlesque. « Par notre inaction, nous sommes tous coupables ! ». Nous ne voulons simplement pas admettre combien chacun de nous, en remettant à demain toute action et en ignorant les problèmes, a contribué à la crise des valeurs et des principes éthiques qui frappe les arts et les sciences. Les intellectuels ne pouvaient empêcher l'alliance criminelle des intérêts économiques, médiatiques et politiques, mais ils auraient pu, au moins, en discuter publiquement.

Le concept de la sphère publique, mais aussi la crise de ce concept, dépend de la définition du public et de ses problèmes. Certains des problèmes n'ont pas évolué depuis les années vingt, à l'époque de la controverse entre Dewey et Lippmann. Nous ne savons toujours pas ce qu'est le *bien commun* car il est trop souvent associé à l'intérêt commun dont la définition varie selon les publics. Les publics sont trop nombreux, ils sont dispersés et en constante

many publics, they are scattered and in constant transition, or if there is a single Public, the one that we can imagine as a utopian unity, we should ask ourselves is that collective subject capable of making an open *opinion tribune. Bentham's idealization of the place of newspapers in the formation of the world Tribunal of civil society seems naïve now, in our brave new, completely "medialized" world dominated by what Lippmann, long time ago, called* the law of growing complexity. *The principle of networking is crucial to our cyber democracy, but we often forget that this phenomenon is a Janus-faced one: neo-liberal hegemony finds its way to the web. A small Facebook group initiates spontaneous street gatherings in different parts of Croatia protesting against the corrupt government. Slavoj Žižek (in an interview given to a weekly magazine some days ago) predicts the big structural change on the political scene of the western Balkans. Nothing will be the same after the masses have been taken to the streets in an act of spontaneous expression of discontent. Is it really so? Direct democracy, self-organization, cultural "counter-projects" in the post-industrial world, the impact of the counter-public sphere on the practice of democracy – these are some indicators of change. On the other hand, we have different symptomatology: non-political forms of networking resulting in a myriad of groups concentrated solely and exclusively on issues of their primary interest. The concept of the unitary World, paradoxically, becomes more illusive with greater online access to information. Our world – as*

mutation. S'il existe un public unique, celui que l'on peut imaginer comme une unité utopique, nous devrions nous demander si ce sujet collectif est capable de mettre en place une tribune libre. Les idées de Bentham sur la place des journaux dans la formation du tribunal de l'opinion publique semblent aujourd'hui naïves car le monde actuel est complètement « médialisé », dominé par ce que Lippmann a appelé, il y a de cela longtemps, *la complexité croissante.* Le principe de la mise en réseau est crucial pour notre démocratie cybernétique, mais on oublie souvent que ce phénomène, tel Janus, a deux faces : l'hégémonie néolibérale trouve son chemin vers le web. Un petit groupe Facebook lance des rassemblements de rue spontanés dans différentes parties de la Croatie pour protester contre le gouvernement corrompu. Dans une interview accordée à un magazine hebdomadaire il y a quelques jours, Slavoj Žižek prédit un grand changement structurel de la scène politique des Balkans occidentaux. Rien ne sera plus pareil lorsque soudain, la masse descendra dans la rue pour exprimer son mécontentement. En est-il vraiment ainsi ? La démocratie directe, l'auto-organisation, les « contre-projets » culturels dans le monde post-industriel, l'impact du contre-public sur la pratique de la démocratie sont quelques indicateurs de changement. D'autre part, on peut parler d'une autre symptomatologie : des formes apolitiques de mise en réseaux résultant en une myriade de groupes ayant pour seul et unique souci leur intérêt. Paradoxalement, plus l'accès en ligne de l'information se généralise, plus le concept de monde unitaire devient illusoire. Notre monde, disait Lippmann, devient hors de portée, hors de vue et hors de l'esprit.

Lippmann said – gets out of reach, out of sight and out of mind.

As far as I can see, the three most dangerous obstacles to freedom are: repression, ignorance and the combination of mental sloth and complacency. Although we think that the times of repressive regimes in Europe are over for good, together with the glorious genre of European dissident literature, we might be wrong. Jed Rubensfeld[1] righty says that modernity has directed its inhabitants to live in the present, as if there alone could they find happiness, authenticity and freedom. Constant pressure to live in the present in the name of freedom, the "heartbroken, dreamless consumerism" that Westerners know and love so well, makes it hard for people to see that there is no dichotomy between "freedom from" and "freedom to", and that their lack of capacity to see the link between the too could be potentially dangerous for their civic liberties.

Philip Pettit's conception of freedom as non-domination[2] as opposed to freedom as non-interference is based on the assumption that freedom is not merely the enjoyment of a sphere of non-interference but rather the enjoyment of certain conditions in which such non-interference is guaranteed. The freedom of that agent is potentially limited even if the power to exercise arbitrary interference is presently unexercised. Surprisingly small number of contemporary Europeans who live their peaceful daily lives in countries whose legal system is based on the long tradition of western democracy, show awareness of potential dangers to their civic freedoms in connection to some newly

1   Cf. Rubensfeld, Jed, *Freedom and time: a theory of constitutional self-government*. New Haven: Yale University 2001.

2   Cf. Pettit, Philip, *Republicanism: A Theory of Freedom and Government*. Oxford: Oxford University Press, 1997; Pettit, Philip, *A Theory of Freedom: From the Psychology to the Politics of Agency*. Oxford: Oxford University Press, 2001.

Il me semble que les trois obstacles les plus dangereux pour la liberté sont la répression, l'ignorance et la combinaison de la paresse mentale et de la complaisance. Bien que nous tenions pour révolu le temps des régimes répressifs en Europe et que nous estimions que la littérature dissidente est un genre dépassé, nous pourrions avoir tort. Jed Rubensfeld[1] dit à juste titre que la modernité a entraîné ses habitants à vivre au présent comme si, hors du présent, il était impossible de trouver le bonheur, l'authenticité et la liberté. L'injonction de vivre au présent au nom de la liberté, ce «consumérisme au cœur brisé et sans rêve» que les Occidentaux connaissent et aiment tant, empêche les gens de voir qu'il n'y a pas de dichotomie entre liberté positive et liberté négative, et que leur incapacité d'établir un lien entre les deux pourrait menacer leur liberté civique.

La conception de Philip Pettit de la liberté comme non domination[2], par opposition à la liberté comme non interférence est fondée sur l'hypothèse que la liberté ne se réduit pas à la non interférence mais à la jouissance des conditions qui garantissent cette non interférence. La liberté est potentiellement limitée, même si le pouvoir d'ingérence arbitraire n'est pas exercé. Peu de ces Européens qui vivent paisiblement dans des pays dont le système juridique est basé sur la longue tradition de démocratie occidentale semblent avoir pris conscience des menaces que les nouvelles réglementations européennes font peser sur les libertés publiques. Ce n'est pas qu'il soient mal informés, c'est qu'il ne semblent pas s'en préoccuper. Quelques manifestations de petite ampleur ont été organisées dans différents pays de l'Union européenne afin de protester contre le recours à l'imagerie

1   Voir Jed Rubensfeld, *Freedom and time: a theory of constitutional self-government* [Liberté et temps : une théorie de l'autogouvernement constitutionnel], Université de Yale, New Haven, 2001.

2   Voir Philip Pettit, *Republicanism: A Theory of Freedom and Government* [Le Républicanisme : une théorie de la liberté et du gouvernement], Oxford University Press, 1997 ; *A Theory of Freedom: From the Psychology to the Politics of Agency*, Oxford University Press, 2001.

introduced EU regulations. People are not uninformed today: they just do not seem to care too much. Some small-scale protests were organized in various EU countries against the new European passports with digital imaging and fingerprint scan biometrics placed on the contactless chip. A handful of activists protested against alarmingly arbitrary interference into civic liberties such as the proposal to create EU-wide "troublemakers" database. This database is intended to "prevent individuals or groups who are considered to pose a potential threat to the maintenance of public law and order and/or security from traveling to the location of the event" – *and to put in place:* "The necessary arrangements for a quick and efficient implementation of the potential expulsion measures". *The scope of the EU Security Handbook created especially for that purpose is such that it applies to the security (both from a public order point of view as well as counter-terrorism) of all major international events,* "be it political, sporting, social, cultural or other". *The coinage of the term "suspected troublemakers" and the creation of the security manual is a reflection of the EU's definition of "security" at international events, which is now defined as covering both "counter-terrorism" and "public order".*

An agent vulnerable to the possibility of arbitrary intrusion into her or his privacy by the government, or some other source of power, suffers "domination". European citizens today – let me use again Philip Pettit's terminology - suffer "domination", but they seem not to care. There are either igno-

numérique et à l'empreinte digitale biométrique dans la fabrication des nouveaux passeports. Une poignée de militants a protesté contre l'ingérence arbitraire dans les libertés publiques que constitue la proposition de créer à l'échelle européenne une base de données recensant les « fauteurs de troubles ». Cette base de données est destinée à *« empêcher des individus ou des groupes qui sont considérés comme présentant une menace potentielle pour le maintien de l'ordre public et/ou de la sécurité de se rendre sur les lieux de l'événement ».* Elle doit permettre de prendre *« les dispositions nécessaires pour une mise en œuvre rapide et efficace des mesures d'expulsion potentielle ».* La portée du *Guide de la politique européenne de sécurité* créé spécialement à cet effet est telle qu'il s'applique à la sécurité (tant d'un point de vue de l'ordre public que du contre-terrorisme) de tous les grands événements internationaux, « qu'il soient politiques, sportifs, sociaux, culturels ou autres ». L'expression « fauteurs de troubles présumés » et ce guide montrent que pour l'Union européenne, la notion de « sécurité » lors d'événements internationaux couvre désormais le « contre-terrorisme » et l'« ordre public ».

Un individu susceptible de subir des intrusions arbitraires dans sa vie privée, que ce soit du gouvernement ou de quelque autre source de pouvoir, est soumis à une « domination ». Les citoyens européens d'aujourd'hui – permettez-moi de recourir à nouveau à la terminologie Philip Pettit – sont victimes de « domination », mais ils ne semblent pas s'en soucier. Soit ils ne connaissent pas leurs droits, soit ils sont trop paresseux pour engager un dialogue avec l'administration du gouvernement. Le paradoxe est que les gens, pour peu

rant of their rights, or they are too lazy to engage in the dialogue with the government administration. The paradox is that people – for as long as they can live their daily lives without direct political pressure and brutal police intrusion into their lives - are willing to delegate to the state their share of responsibility for the creation of so called "democratic safeguard mechanisms". Why is it so? Because they trust "Western democracy" too much, or because they think bad things happen to other people? The majority of citizens of today's Europe are devoid of civic virtues - they passively consume their liberties, and hardly ever think they should take part in creating them as well. Philip Pettit takes fitness for responsibility to be theoretically constituted by discursive control, *which involves both ratiocinative and relational capacities to engage in non-dominative discourse with others. The noble idea of non-dominative discourse depends on constitutional and democratic safeguard mechanisms against the government's arbitrary use of power. However, it also depends on civic virtues on the part of citizens. I completely agree with Pettit's argumentation. How true – theoretically speaking! But I think there is a big deterioration concerning human rights issues in today's Europe that contradicts Pettit's optimism.*

Let me give you an example that shows both my good intention and failure to engage into non-dominative *discourse. Three years ago I took part in the public debate on the state of intellectual freedoms in the region of the so-called "West Balkans" and ex-Yugoslavia. The discussion was held*

qu'ils puissent vivre leur vie quotidienne sans pression politique directe et intrusion brutale de la police, sont prêts à déléguer à l'État leur rôle dans la création de soi-disant « mécanismes de sauvegarde démocratique ». Pourquoi en est-il ainsi ? Parce qu'ils accordent une trop grande confiance à la « démocratie occidentale » ou parce qu'ils pensent que les ennuis n'arrivent qu'aux autres ? La majorité des citoyens de l'Europe d'aujourd'hui sont dépourvus de vertus civiques ; ils jouissent passivement de leurs libertés, et ne pensent pratiquement jamais qu'ils devraient également contribuer à les instituer. Philip Pettit estime que l'aptitude à la responsabilité est théoriquement constituée par le *contrôle discursif*, ce qui implique que les capacités déductive et relationnelle adoptent un discours non dominateur face à l'autre. La noble idée du discours non dominateur est tributaire des mécanismes constitutionnels et démocratiques qui préviennent l'usage arbitraire du pouvoir du gouvernement. Elle est également tributaire des vertus civiques des citoyens. Je suis entièrement d'accord avec l'argumentation de Pettit. Comme c'est vrai – théoriquement parlant ! Mais je pense que la situation des droits humains en Europe aujourd'hui est si dégradée qu'elle contredit l'optimisme de Pettit.

Laissez-moi vous donner un exemple qui montre à la fois mes bonnes intentions et mon incapacité en ce qui a trait au discours non dominateur. Il y a trois ans j'ai pris part au débat public sur l'état des libertés intellectuelles dans la région des « Balkans occidentaux » et de l'ex-Yougoslavie. La discussion s'est tenue à Ljubljana à l'époque de la présidence slovène de l'Union européenne au printemps 2008. Le débat avait été organisé à l'occasion du lancement de

in Ljubljana in the time of Slovenian presidency in EU in spring 2008; the immediate cause for the event being the launching of the English edition of the international cultural magazine Sarajevo Notebooks. *The political importance of the event was highlighted by the presence of the High Commissioner for European Integration Carl Bildt and some members of the diplomatic corps. After the event was successfully over, we, the writers from the board of Sarajevo Notebooks, enjoyed the company of professional politicians. Apart from the unavoidable small talk, there were some "serious" matters concerning civic freedoms that had been discussed as well. I wanted to share my worries about the recent proposals to create a permanent EU-wide database of suspected "troublemakers", a pattern emerging across the EU where people who exercise their democratic right to attend cross border protests are confronted by aggressive, surveillance, preventive detention and expulsion paramilitary policing. I also mentioned my concerns about European trend of increasing the limit of pre-charge detention for terrorist and troublemaking suspects whose criminal typology could be arbitrary interpreted. The EU administrator to whom I was speaking explained that new pre-charge detention terms – measured in years rather than in hours – apply only to clear cases of terrorist suspects and people put on the terrorist list for "provocation and incitement to terrorism". When I said that criminalizing "provocation" interferes with the right to freedom of expression enshrined in Article 10 of the European Convention on Human*

l'édition anglaise du magazine culturel international *Sarajevo Notebooks*. L'importance politique de l'événement était soulignée par la présence du Haut Commissaire pour l'Intégration européenne, Carl Bildt, et de certains membres du corps diplomatique. Au terme de la manifestation, nous, écrivains du conseil d'administration des *Sarajevo Notebooks*, avons pu jouir de la compagnie des politiciens professionnels. Outre les inévitables mondanités, certains sujets « sérieux » comme la question des libertés civiques ont été abordés. Je voulais partager mes inquiétudes au sujet des récentes propositions de mettre en place, en Europe et de manière permanente, des bases de données de « fauteurs de troubles » potentiels, une tendance qui se dégage à travers l'Union européenne où les gens qui exercent leur droit démocratique de participer à des manifestations transfrontalières sont soumis à une surveillance agressive, à la détention préventive, et à l'expulsion sous prétexte de maintien de l'ordre. J'ai aussi fait part de mes inquiétudes face à la tendance européenne d'augmenter la durée de la détention provisoire des individus suspectés de terrorisme ou de trouble à l'ordre public et dont la typologie criminelle pourrait être interprétée de manière arbitraire. L'administrateur de l'Union européenne auquel je m'adressais a expliqué que les nouvelles modalités de détention provisoire - mesurée en années plutôt qu'en heures - s'appliquaient uniquement à des cas sérieux de suspicion de terrorisme et à des gens figurant sur la liste des terroristes pour « provocation et incitation au terrorisme ». Quand j'ai dit que la criminalisation de la « provocation » était contraire au droit à la liberté d'expression consacré par l'article 10 de la Convention euro-

Rights, and that it could potentially lead to politically motivated arrests, she did not accept my point, but was not able to give me legislatively sound counter-argumentation. I provided my collocutor with the hypothetical situation in which somebody who does not like her ideas at all – could be myself, except that I am not in the position of power – puts her name on the EU terrorist list as a terrorist accomplice. She stopped me in the middle of my story. "I do not have a criminal mind", she said. I believed her, because this person, positioned very high in EU political establishment, may well be among those experts who provide EU legislation with parameters upon which one should know exactly what differentiates between a criminal and a non-criminal human mind. What makes me sad is that such subtle differences are measured in time: more concretely, in pre-trial detention time.

Let me remind you – the aforementioned anecdote took place in Ljubljana three years ago. In the meantime, EUISS – European Institute for Security Studies published a collection of papers with the title question: What ambitions for European defense in 2020?[3] prefaced by Javier Solana and edited by Álvaro de Vasconcelos. The document covers long term EU security strategy, including the problems of "hierarchical class society", with the "elite" of the world on one side, and the so-called "bottom billion" on the other. To avoid "global systemic collapse", the document suggests that the "full spectrum of high intensity combat" to be used to protect what is called "globalisers" from "localisers". Localisers, making

3   What ambitions for European defense in 2020? (2009). Ed. de Vasconcelos, Álvaro. Paris: EU Institute for Security Studies.

péenne des droits de l'homme, et que cela pourrait potentiellement conduire à des arrestations politiques, elle n'a pas accepté mon point de vue, mais n'a pas su m'opposer d'argument solide. J'ai fait valoir à mon interlocutrice que quelqu'un qui n'aimerait absolument pas ses idées – ce pourrait être moi, à ceci près que je ne suis pas en position de pouvoir – pourrait ajouter son nom à cette liste sous prétexte de complicité de terrorisme. Elle m'a arrêtée au milieu de ma démonstration. «Je n'ai pas un esprit criminel», m'a-t-elle dit. Je l'ai crue, parce que cette personne, très haut placée dans la hiérarchie de l'Union européenne, pourrait bien être de ces experts qui établissent les paramètres juridiques en vertu desquels on décide ce qui différencie l'esprit d'un criminel d'un autre. Ce qui m'attriste, c'est que la mesure de ces différences subtiles est le temps et plus concrètement, la durée de la détention provisoire.

Permettez-moi de vous le rappeler, cela se passait à Ljubljana, il y a trois ans. Entre temps, l'IESUE (Institut d'Études de Sécurité de l'Union européenne) a publié un ouvrage intitulé : Quelle défense européenne en 2020?[3] préfacé par Javier Solana et édité par Álvaro de Vasconcelos. Le document porte sur la stratégie à long terme pour la sécurité de l'Union européenne, et aborde les problèmes de la «société de classe hiérarchisée», avec «l'élite» du monde d'un côté, et le «milliard du bas» de l'autre. Afin d'éviter «l'effondrement systémique mondial», le document suggère de recourir à «la gamme complète des capacités nécessaires au combat de haute intensité» afin de protéger les «mondialisants» des «localisants». Ces localisants qui composent 80 % de la population mondiale, comprennent notamment le «milliard d'en bas», les États

3   «Quelle défense européenne en 2020?», dir. Álvaro de Vasconcelos, Institut d'Études de Sécurité de l'Union européenne, 2009.

up 80% of the world population, include the "bottom billion", states in the Middle East and the so-called "Alienated Modern States" like North Korea. *Globalisers, notably, include not only members of the OECD and "Rapid Transition Societies" like China and Brasil, but also "Transnational Corporations" – the "Fortune Global 1000". In that context the paper elaborates on "barrier operations shielding the global rich from the tensions and problems of the poor". It reads that "as the ratio of the world population living in misery and frustration will remain massive, the tensions and spillover between their world and that of the rich will continue to grow. As we are unlikely to have solved this problem at its root by 2020 - i.e. by curing dysfunctional societies we will need to strengthen our barriers. It is a morally distasteful, losing strategy, but will be unavoidable if we cannot solve the problems at their root.". The concluding remarks of Tomas Reis's paper on* The globalizing security environment and the EU[4] *are macabre. By 2020 security challenges will be more sever. They will – according to this scenario – require military instruments capable of supporting what Reis call "six critical tasks":* flow security – *protecting global technological and economic flow by establishing close interaction between the business, government and scientific communities;* ecological protection *that will require a host of global policing and enforcement capabilities, including in the worst scenario robust power projection;* societal support – *default operations to assist society manage disasters;* social engineering –

du Moyen-Orient et les «États modernes hostiles» comme la Corée du Nord. Les globalisateurs comprennent non seulement les membres de l'OCDE et les «sociétés en transition rapide» comme la Chine et le Brésil, mais aussi les «corporations transnationales» et le «classement Fortune Global 1000». Dans ce contexte, le document apporte des précisions sur les «opérations d'endiguement (visant à) protéger les riches du monde contre les tensions et les problèmes des pauvres». Il est stipulé que «puisque la proportion de la population mondiale vivant dans la misère et la frustration continuera d'être très élevée, les tensions entre ce monde et le monde des riches continueront de s'accentuer, avec les conséquences que cela suppose. Comme il est peu probable que nous ayons supprimé les causes du problème d'ici 2020, en remédiant aux dysfonctionnements dont souffrent les sociétés, nous devrons renforcer nos barrières. C'est une stratégie de perdant, très contestable du point de vue éthique, mais elle sera inévitable si nous ne sommes pas en mesure d'éliminer les causes du problème». Les remarques finales du texte de Thomas Ries sur «La mondialisation de l'environnement de sécurité et l'Union»[4] sont macabres. En 2020 les défis de sécurité seront plus sérieux. Ils exigeront – selon ce scénario – des instruments militaires capables d'effectuer ce que Ries appelle «six tâches critiques»: *la sécurité des flux*, c'est-à-dire la protection des flux technologiques et économiques mondiaux en établissant une interaction étroite entre les milieux d'affaires, gouvernementaux et scientifiques; *la protection écologique* qui nécessitera toute une gamme de capacités de police et d'imposition de normes au niveau mondial, y compris, dans le pire des

3   Reis, Thomas. *"The globalizing security environment and the EU"* In: *What ambitions for European defense in 2020?* (2009: p.66).

4   Thomas Reis, «La mondialisation de l'environnement de sécurité et l'Union» dans *Quelle défense européenne en 2020?*, *op. cit.*

stabilization for conflict resolution and state building operations; hard power politics – Clausewitzian influence over alienated state regimes which will require hard military power, but also an increased focus on asymmetrical forms of destruction, notably in the cyberspace, and barrier operations - shielding the global rich from the tensions and problems of the poor by strengthening the barriers.

For Habermas, the manipulative misuse of publicity undermines the public sphere. Dewey's utopia of the Great Community, based on the holy trinity of communication, democracy and education, is now undermined; ever aspect of it is weaker than ever. Is our easily established communication really free? Do we participate in democracy or in public opinion industry? Is there a liaison amoureuse between university and politics, scientific Truth and economic interest? How come that we - public intellectuals – did not even realize that we are no longer treated in an old-fashioned way, as an intellectual elite? Are we now the troublemakers from whom the economic elite of 2020 will protect itself, or just the underdogs?

cas, d'une solide capacité de projection de la puissance; *le soutien à la société* – des opérations « par défaut » pour venir en aide à la société en cas de catastrophe; *l'ingénierie sociale* - la stabilisation en vue de régler les conflits et de mener des opérations de mise en place d'un appareil d'État; *une politique de coercition* – une influence clausewitzienne sur les régimes hostiles qui, de plus en plus, appellera des formes asymétriques de destruction, notamment dans la cybersphère et enfin, les opérations d'endiguement – protéger les riches du monde contre les tensions et les problèmes des pauvres en renforçant l'endiguement.

Pour Habermas, l'utilisation perverse de la publicité porte atteinte à la sphère publique. L'Utopie de Dewey de la grande communauté, basée sur la sainte trinité de la communication, la démocratie et l'éducation, est aujourd'hui minée; chacun de ses aspects est plus faible que jamais. Est-ce que notre communication, si aisément établie, est véritablement libre? Contribuons-nous à la démocratie ou à l'industrie de l'opinion publique? Y a-t-il une *liaison amoureuse* entre l'université et la politique, la vérité scientifique et l'intérêt économique? Comment se fait-il que nous, intellectuels, n'ayons pas pris conscience que nous ne sommes plus traités de la même manière, en tant qu'élite intellectuelle? Sommes-nous les fauteurs de troubles dont l'élite économique de 2020 se protégera, ou tout simplement les opprimés?

Sibila Petlevski

La liberté d'expression et donc la bibliodiversité n'est possible que dans le cadre du respect des identités

Marjan Strojan
Président du PEN CLUB
SLOVÈNE.

Lorsqu'on parle d'identité dans la thématique qui nous occupe aujourd'hui, on parle en fait de deux conceptions de l'identité. La première se réfère à notre sentiment d'appartenance à un groupe ou à une classe, tandis que l'autre s'appuie sur notre sentiment d'être et sa continuité dans le temps. Chaque fois que j'utilise ma langue, je m'investis automatiquement dans une certaine identité : je parle, je lis et j'écris comme l'ont fait mes ancêtres et même si je suis traduit dans d'autres langues mon identité slovène, du moins je l'espère, transparaît dans la traduction. Même si ces deux identités sont interdépendantes, elles dépendent toutes les deux de la manière dont elles sont perçues par les autres.

Quant aux Slovènes, ils se considèrent pour la plupart comme faisant partie de l'espace multilingue, multiculturel de l'Europe centrale, où les identités fluctuent aisément et où elles sont modelées et remodelées par l'interaction de nombreux facteurs, nationaux et internationaux, provoqués par les situations économiques, politiques et historiques, constamment fluctuantes, de ces peuples.

Au XXe siècle, dans cette partie de l'Europe, la violence totalitaire a façonné les identités géographiques, nationales ou culturelles, dans une mesure non négligeable puisqu'elle est allée jusqu'à les anéantir physiquement. De nombreuses langues et dialectes ont disparu des rues des villes européennes ; on peut encore entendre un peu de yiddish et un peu moins de tzintzar – pour ne mentionner que ces deux langues – dans leurs quartiers historiques ; leurs contes, leur musique, leur cuisine, leur artisanat ont été dispersés dans le monde. On peut encore trouver ces cultures disparues de l'Europe de l'Est dans des tableaux comme ceux de Chagall,

mais l'ambiance, la structure sociale, les traits culturels et l'énorme réservoir de connaissances de ces groupes pourraient être à jamais disparus.

Nous, les Slovènes, pouvons nous considérer comme très chanceux, parmi toutes les nations européennes, pour avoir échappé à ce sort. Si l'on devait parier sur nous au départ, notre cote n'aurait pas dépassé 1 contre 10. Historiquement, nous avions autant de chances que le chameau de passer par le chas d'une aiguille.

Il semble que notre simple existence tout comme l'existence de n'importe quelle culture, racontée ou réelle, qui par la force de sa persévérance défie les nombres, les lois économiques et les besoins stratégiques diffère de celles où ces lois et ces besoins s'imposent totalement. De tels exemples compliquent un peu l'image commune de la prédominance des forces économiques qui façonnent l'existence planétaire des gens. Dans une certaine mesure ils s'opposent même au concept de mondialisation culturelle dictée par la technologie de communication et la mondialisation du marché.

Comme nous l'avons vu, le processus de mondialisation s'est développé aux dépens de la diversité traditionnelle dans laquelle aucune distinction n'existe et où l'on peut changer de styles de vie en termes de musique, d'habillement et autre, ce qui, autrefois, était étroitement lié à une culture. De telles identités fluctuantes constituent un trait de modernité et sauf dans le cas où une crise, actuelle ou autre, nous ferait reculer vers des temps vraiment durs, elles ne sont pas près de s'écrouler ni de retourner vers des modèles plus traditionnels d'identification culturelle. « La culture », c'est ce que l'homme mange, c'est la façon dont il s'habille, ce en quoi il croit. Mais quand tout le monde aspire à manger, s'habiller, et même à écrire et à lire de la même façon, alors il est clair que quelque chose d'autre est en train d'advenir. C'est la technologie. Mais ne mélangeons pas les sujets ici : d'abord tous ceux qui manquent de ressources et de moyens aspireront toujours à un monde meilleur et leurs besoins doivent être pris en compte. L'anglais, le chinois, l'espagnol, le français, etc. devraient être appris à l'école comme on apprend les mathématiques, la lecture, l'écriture simplement pour que nos enfants soient sur un pied d'égalité avec n'importe qui. Ceci n'est pas une question d'identité mais une question de priorités. Et quant au reste ma ferme opinion, quoique peut-être trop simple, est que ce qui s'applique à nos habitudes alimentaires peut à terme s'appliquer à notre consommation linguistique et notre mode d'expression.

Tandis que nos régimes alimentaires, nos façons de nous vêtir et tous les autres attributs de nos modes hédonistes modernes changent sur la pla-

nète, les livres ont un sens du lieu qui leur est propre et qui, en général, s'exprime pour le mieux dans la langue de l'auteur. Si l'on devait être réduit à ne lire qu'en anglais, alors une grande partie de ce que nous sommes se diluerait dans le conformisme d'un étang obscur. La bibliodiversité semble être menacée par l'avidité éditoriale et la concentration financière du monde de l'édition qui favorisent la domination de quelques grands groupes éditoriaux et la quête de productivité élevée, ce que l'on considère de façon erronée comme du progrès. Ce n'est pas un grand progrès culturel de gaspiller des hectolitres d'eau et des tonnes de fuel pour qu'un seul fruit exotique se retrouve quotidiennement sur notre table, de même que ce n'est pas un grand exploit culturel de déplacer dans des conditions également intenables la littérature d'aéroport d'un bout du monde à l'autre, notamment si, comme on le prédit, les salles d'aéroport doivent devenir les seuls lieux d'achat de livres.

Et alors que la disparition des librairies – trait caractéristique de notre architecture urbaine – est en soi une assez mauvaise affaire, la disparition du livre qui devrait laisser place à toutes sortes d'appareils de lecture électronique équivaut pour moi à une catastrophe. Heureusement, on ne devient pas lecteur par le simple fait qu'on a accès à des millions de pages. La lecture est en définitive une affaire de choix ; nous devons avoir la possibilité de choisir, de donner la priorité à un élément plutôt qu'à un autre si nous devons nous plonger dans quelque chose qui n'est pas entièrement nôtre et ceci vaut aussi pour le choix de la langue.

Et ici je me tourne vers les cartes linguistiques, qui, à mon avis, sont les meilleures représentations du monde moderne. Les régimes violents du passé, mais aussi la mobilité accrue des hommes, des biens et de l'information poussent le monde à l'uniformité culturelle, réduisant le nombre des langues parlées. De plus, la mondialisation a obligé les langues à devenir plus standardisées, et effacé leurs variantes locales. À cette opinion communément admise est encore mêlée l'idée que tôt ou tard les langues et les cultures cesseront simplement d'exister et que les hommes choisiront la culture « mondiale » et des langues qui transcenderont les frontières au lieu de choisir les leurs. Dans le monde entier, les langues minoritaires disparaissent au profit des langues dominantes, ce qui est un grand dommage pour l'humanité qui perd une information culturelle irremplaçable comme se perdent celles exprimées dans les peintures et dessins de Chagall.

En termes de développement durable, il n'existe pas de culture majeure et de culture mineure, de grandes et de petites langues. Chacun doit

avoir la possibilité de lire et de s'exprimer dans sa langue et les bons auteurs devraient bénéficier partout des mêmes conditions pour présenter leur œuvre aux lecteurs, d'où qu'ils viennent. Il faut développer des méthodes pour surmonter la hiérarchie entre le centre et la périphérie de la culture. Les langues des minorités et les langues « mineures » doivent être soutenues et la traduction vers ces langues et à partir de ces langues subventionnées. La traduction déplace les frontières du savoir, elle est d'une importance majeure pour définir le paysage littéraire. Je ne doute pas qu'un jour nous n'appartenions tous à une communauté plus vaste que la famille, le groupe, la nation. Mais devrions-nous consentir à perdre une partie de nous-mêmes uniquement pour des questions de développement ? Je ne le pense pas. L'essentiel c'est que notre première identité soit celle d'êtres responsables vivant sur cette planète.

Même si bien des choses nous divisent, rien n'est aussi important que ce qui nous unit : le bien-être de notre demeure planétaire. En se préoccupant des traditions et des valeurs de leur propre communauté nationale et linguistique, les poètes, si toutefois ils ont l'occasion de s'exprimer et qu'ils peuvent nous interpeller, sont depuis longtemps les gardiens de notre maison commune, non pas parce qu'ils cherchent leur identité dans l'écriture mais parce qu'ils conservent une identité humaine.

Marjan Strojan
Traduit par Elza Jereb

Les littératures sans frontières sont l'avenir des langues : elles garantissent les libertés et la création

SYLVESTRE CLANCIER
Président du PEN CLUB FRANÇAIS.

L'identité linguistique et culturelle définit toute communauté : ce ne sont pas des frontières qui la définissent. Songeons aux cas des Kurdes, des Arméniens, des Catalans, des Basques qui vivent de part et d'autre de frontières qui ne sont pas les leurs. Les frontières ne délimitent pas leur identité linguistique et culturelle.

C'est la raison pour laquelle, malgré l'exil qui leur est imposé, des communautés entières ou des groupes qui en sont détachés parviennent à maintenir contre vents et marées leur identité et leur culture : les Tibétains aujourd'hui, les judéo-espagnols hier, pour ne citer que ces exemples.

L'identité grecque dans l'antiquité connaissait-elle cette notion de frontières telle que nous la connaissons aujourd'hui ?

Ce sont les États-Nations qui ont imposé cette notion de frontières. Les Allemands avant Bismark disposaient d'une identité linguistique et culturelle quels que soient les principautés ou les royaumes dans lesquels ils vivaient.

Les Hongrois, par-delà et malgré le Traité de Trianon, disposent hors des frontières étroites assignées à la Hongrie par ce traité d'une identité culturelle et linguistique forte. Nombre d'écrivains de Transylvanie, de Slovaquie voire d'Ukraine sont reconnus et appréciés à Budapest, comme dans d'autres régions du monde, en tant qu'écrivains hongrois. Et cela parce que la liberté d'expression et d'éducation est le seul véritable garant de l'identité. Elle sauvegarde la langue et la culture maternelles de l'individu, elle pérennise la langue et les valeurs d'origine.

Reconnaissons hélas, qu'aujourd'hui encore, dans le monde, les frontières de la liberté (au sens de barrières imposées à la liberté) sont

multiples : dans de trop nombreux pays la liberté d'expression, l'éducation dans sa langue et dans ses valeurs sont interdites; de nombreux écrivains y paient le lourd tribut dû au courage et à la force intérieure qui les poussent à s'exprimer, à défier les censeurs et l'autoritarisme. Eux et leurs proches y subissent des pressions intolérables, des persécutions, des emprisonnements. Là où un Centre PEN existe il peut être une lumière pour la résistance et pour la défense de ces opprimés, mais quand le PEN CLUB n'est pas présent, comme cela a été le cas en Tunisie ou au Maroc pendant très longtemps, le pire arrive sans que nul n'ose protester. Cela doit nous interpeller en tant qu'écrivains du PEN INTERNATIONAL.

On peut constater par ailleurs que des peuples ayant conquis chèrement leur liberté en se dotant d'un régime démocratique ont le souci qui peut sembler égoïste de protéger cette liberté derrière des frontières et de ne pas vouloir la partager avec d'autres.

Pourtant ces peuples savent bien au plus profond d'eux-mêmes qu'aujourd'hui ils ne peuvent plus durablement *sans se renier, en reniant leurs valeurs*, mettre des barrières à la liberté d'immigration d'autres hommes qui souffrent, dans leurs propres régions, d'atteintes à leur condition d'homme : famine, manque d'éducation, manque d'emploi, privations diverses auxquelles s'ajoute souvent une absence de liberté d'opinion, de culte et d'association.

Aussi, me semble-t-il, notre vocation d'écrivain et tout particulièrement d'écrivain membre du PEN doit consister aujourd'hui partout où il existe des frontières à œuvrer pour que ces frontières soient perméables et ne s'opposent pas en tous cas à la liberté des uns et des autres, afin que les hommes puissent se lire, se traduire, se rencontrer, se parler librement et s'enrichir de leur diversité.

C'est cet enrichissement qui permettra un véritable progrès de la conscience humaine et de la liberté créatrice de plus d'humanité.

Substituons donc à la notion de frontière, la notion de diversité et, transgressant les limites et les interdits, faisons en sorte, en franchissant constamment les frontières qui un jour seront oubliées, d'établir partout la liberté.

Ainsi la langue aura-t-elle son avenir dans la diversité des langues et dans le respect mutuel de ces langues. Efforçons nous de prêter attention aux langues les moins dominantes et à leurs littératures. Traduisons leurs œuvres dans les langues les plus répandues, facilitons à nos enfants, dans nos pays

respectifs, l'apprentissage de plusieurs langues en dehors de l'américain qui a supplanté la promesse d'une langue commune à tous les hommes et à toutes les femmes de la planète que portait jadis l'*Esperanto*.

Oui, l'avenir de la langue humaine et de la littérature est bien dans la diversité des langues et des cultures qu'elles portent. La seule véritable langue unique doit être la langue de la liberté, de l'égalité et de la fraternité entre les hommes qui seule pourra durablement établir la laïcité garante de la liberté absolue de conscience.

Sylvestre Clancier

Bibliodiversity: Notes of a Former Biologist

Eva Hauserová
CZECH PEN.

Originally, before I concentrated on writing, I graduated in biology. So the topic of bibliodiversity has a special appeal to me.

The diversity of live systems evolves for a really, really long time, like millions of years. Once you destroy it in a certain locality, it takes maybe thousands of years to restore it. It's extremely easy to destroy a complex, rich ecosystem, for example when you cut down a rainforest, or when you convert a meadow with many species of plants into a field where you grow just a monoculture. On the other hand, systems have a natural tendency to return to a rather complex state, for example in Central Europe, the so-called climax system is most often mixed (deciduous and coniferous) forest. But this development takes time, the new systems are not well balanced, and during the restoration process some aggressive species can outweigh and override the others.

Systems created by humans also differ a lot in their complexity and stability. Traditional, long-evolving societies with lots of mutual bonds are believed to be more complex and stable. New communities where people lack any roots – as in modern cities, or in large areas of the former Sudetenland in Czech Republic, from which millions of Germans were displaced after the Second

Bibliodiversité : notes d'une ancienne biologiste

Eva Hauserová
PEN TCHÈQUE.

Au départ, avant de me concentrer sur l'écriture, j'étais diplômée en biologie. Aussi le sujet de la bibliodiversité a un attrait particulier pour moi.

La diversité des systèmes vivants évolue depuis très très longtemps, depuis des millions d'années. Lorsque vous la détruisez à un certain endroit, il faut des milliers d'années pour la recréer. Il est extrêmement facile de détruire un écosystème riche et complexe, par exemple quand vous déboisez une forêt humide ou quand vous transformez un pré avec de nombreuses espèces de plantes en un champ où vous ne pratiquez qu'une monoculture. D'un autre côté, les systèmes ont naturellement tendance à retourner à un état assez complexe, par exemple en Europe centrale, le soi-disant système culminant est la plupart du temps une forêt mélangée (caduques et conifères). Mais ce développement prend du temps, les nouveaux systèmes ne sont pas bien équilibrés et lors du procédé de restauration, quelques espèces agressives peuvent dominer et éliminer les autres.

Les systèmes créés par l'homme diffèrent aussi beaucoup dans leur complexité et leur stabilité. On croit que les sociétés traditionnelles ayant eu une longue évolution avec de nombreux liens mutuels sont plus complexes et stables. Les nouvelles communautés dans lesquelles les gens manquent de racines – comme dans les villes modernes ou dans les vastes zones de l'ancienne région des Sudètes en République tchèque d'où des

World War, to be replaced by a strange mixture of people searching for an easy life – are often reminiscent of biologically new spots like the ruderal vegetation on landfill or brownfield sites.

The Communist regime in Czechoslovakia tried to establish – biologically speaking – a monoculture in all areas of life, so in the area of culture we could speak about a "cultural monoculture" with Socialist Realism as an obligatory artistic working method. However this experiment was not very succesfull, as both the environment and the plants – that is the wider public and the artists - didn't function quite as was expected. The reason was obvious: if you don't destroy a lot of organisms in a system, diversity tends to reestablish itself.

Though it was quite difficult to publish texts which were not ideological, authors tried to find other unofficial ways of communication with their readers. Personally I found a nice way of publishing limited editions of my works in the science fiction subculture. In totalitarian times, writing sci-fi was rewarding as you could describe the current socialist world in metaphors. In the 80s, the Czech and Slovak sci-fi community published so-called fanzines and organized meetings – conventions. Fanzines were produced in a few hundreds copies on copy machines which were then very rare and very controlled, perhaps under the name of a socialist youth organization, or on typewriters using on carbon paper. This was done secretly even on the electric typewriters that belonged to the assistants of the First Secretary of the Communist Party Gustáv Husák, since these ladies happened to be mothers of the young sci-fi authors. All

millions d'Allemands ont été déplacés après la seconde guerre mondiale, pour être remplacés par un étrange mélange de gens en quête d'une vie facile – font souvent penser aux nouveaux espaces biologiques comme la végétation rudérale sur une terre de comblement ou de friches industrielles.

Le régime communiste de Tchécoslovaquie a tenté d'établir – biologiquement parlant – une monoculture dans toutes les zones habitées, aussi dans le domaine de la culture on pourrait parler d'une « monoculture culturelle » avec le réalisme socialiste considéré comme une méthode de travail artistique obligatoire. Cependant cette expérience ne fut pas vraiment une réussite car aussi bien l'environnement que les plantes – c'est-à-dire le public le plus vaste et les artistes – n'ont pas fonctionné comme on le prévoyait. La raison en était évidente : si vous ne détruisez pas beaucoup d'organismes dans un système, la diversité a tendance à se recréer d'elle-même.

Bien qu'il fut très difficile de publier des textes qui n'étaient pas idéologiques, des auteurs ont essayé de trouver d'autres moyens de communication non officiels avec leurs lecteurs. Personnellement j'ai trouvé un beau moyen de publier des éditions limitées de mes travaux dans la sous-culture de science-fiction. Durant les périodes totalitaristes, écrire de la science-fiction était gratifiant car vous pouviez décrire le monde socialiste contemporain par des métaphores. Au cours des années quatre-vingts, les communautés tchèque et slovaque de science-fiction ont publié ce qu'on appelle des fanzines et organisé des rencontres et des conventions. Des fanzines ont été produits à quelques centaines d'exemplaires avec des photocopieuses à l'époque très rares et très contrôlées, peut-être sous le nom d'une organisation de jeunesses socialistes, ou avec des machines à écrire et du papier carbone.

of this was not completely illegal, as was the samizdat produced by political dissidents, but it also wasn't part of the official culture; it was just tolerated.

So I have learned to trust the spontaneous tendency of human society to develop some diversity. On the surface, modern human society is maybe losing its diversity, we can see the process of mcdonaldization also in culture, as there are a few simple succesful formulas for what is profitable and they are repeated again and again – but on the other side there is the whole DIY area, literary webs, slam poetry readings and so on, and it provides real freedom and space for creativity. The problem is that you can't live from this kind of creative work, and it's difficult to distinguish between literary quality and amateurism. And the other problem is that there are perhaps more authors than readers, and most people participating in these activities prefer to publish their texts to reading and absorbing the texts of the others. Is it good and healthy for everybody, or is it a degradation of high-quality literature? Decide for yourself. I think that both possibilities can be true at the same time.

Ceci était fait secrètement et même sur des machines à écrire électriques qui appartenaient aux assistantes du Premier Secrétaire du Parti communiste Gustáv Husák puisque ces dames étaient parfois mères de jeunes auteurs de science-fiction. Tout ceci n'était pas complètement illégal comme l'était le *samizdat* des dissidents politiques, mais ce n'était pas non plus la culture officielle, c'était juste toléré.

J'ai donc appris à faire confiance à la tendance spontanée des sociétés humaines à développer de la diversité. En apparence, on pourrait penser que la société humaine moderne est en train de perdre sa diversité, on peut voir le processus de macdonalisation dans la culture aussi, il y a quelques exemples simples de formules qui ont eu du succès en matière de profit et elles se répètent encore et encore – mais d'un autre côté il y a tout le domaine du « *Do It Yourself* », le web littéraire, la lecture de poésie slam, etc., et cela fournit un véritable espace de liberté pour la créativité. Le problème est que l'on ne peut pas vivre de ce genre de travail créatif, et il est difficile de faire la différence entre qualité littéraire et amateurisme. L'autre problème est qu'il y a peut-être plus d'auteurs que de lecteurs et la plupart des gens qui participent à ces activités préfèrent publier leurs textes que de lire ceux des autres. Est-ce bon et sain pour tout le monde ou est-ce une dégradation d'une littérature de haute qualité ? Décidez par vous-même. Je pense que ces deux possibilités peuvent être vraies.

Eva Hauserová

Creating Bibliodiversity: Challenges of Translation

Créer la bibliodiversité : les défis de la traduction

MARINA KATNIĆ-BAKARŠIĆ
PEN CLUB DE BOSNIE-HERZÉGOVINE.

MARINA KATNIĆ-BAKARŠIĆ
BOSNIAN-HERZEGOVINA PEN.

Discussing bibliodiversity is impossible without taking into account translation and its important role in forming cultural identities. Translation is also deeply involved in power relations between cultures, as well as in power relations within a society. At the same time, it is closely interrelated with ideology and politics and therefore, as every discourse, it is never innocent, because "any decision to encourage, allow, promote, hinder or prevent to translate is a political decision." [1].

Translation can serve as a test for power relations in different spheres of society and various types of discourse – from the choice of language(s) in the international organizations and institutions (e.g. European Union) to cartoons, where the choice of language variety, language or a dialect for positive or negative characters can show which status that variety, language or dialect has in the society. However, literary translation or, in a wider sense, cultural translation, has the most important role in creating bibliodiversity and re-thinking one's own culture as well as the culture of the Other.

Several issues can be raised in this regard: the choice of works for translation, the notion of patronage, *publishing practices in*

1　Schaffner, Christina. *"Politics and Translation".* In *A Companion to Translation Studies* (= *Topics in Translation*, 34), Kuhiwczak, Piotr & Karin Littau (eds.), [134-147] 136. Clevedon, Buffalo, Toronto: Multilingual Matters, 2007.

Parler de bibliodiversité est impossible sans prendre en compte la traduction et le rôle important qu'elle joue dans la formation des identités culturelles. La traduction est aussi très impliquée dans les relations de pouvoir entre les cultures, tout comme dans les relations de pouvoir à l'intérieur d'une société. En même temps elle est étroitement liée à l'idéologie et à la politique et par conséquent, comme tout discours, elle n'est jamais innocente parce que «toute décision pour encourager, permettre, promouvoir, entraver ou empêcher une traduction est une décision politique.» [1].

La traduction peut servir de test pour les relations de pouvoir dans différentes sphères de société et de discours. Cela va du choix de langue(s) dans des organisations et institutions internationales (par exemple l'Union européenne) jusqu'aux dessins animés, où le choix de variété de langue, langage ou dialecte pour des personnages positifs ou négatifs peut montrer quel statut cette variété de langue, langage ou dialecte a dans la société. Cependant la traduction littéraire ou, dans un sens plus large, la traduction culturelle a le rôle le plus important dans la création de la bibliodiversité et le fait de repenser sa propre culture aussi bien que celle de l'Autre.

Plusieurs questions peuvent être soulevées à cet égard : le choix des œuvres pour la traduction, la notion de *patronage*, les pra-

1　Les appels de notes du texte français renvoient aux références du texte anglais ci-contre car il s'agit quasi exclusivement d'ouvrages anglais non traduits en français [ndlr].

a society, "minor" languages and "minor" cultures in translation and, last but not least, the status of a translator, his or her visibility and empowerment. There is a whole range of questions that are important for any discussion about power relations in cultural translation:

• Who chooses the texts for translation and what are the criteria for choosing them?

• Who gets to choose from which languages and into which languages to translate?

• What is the status of translators in the society?

The very choice of a foreign text for translation is at least implicitly ideologically motivated, even when the translator is not aware of that. The basic explicit criteria for translating a certain text can be aesthetic, economic, social, cultural or religious, and power relations permeate all of them. First of all, translation can promote those values that match canonic values in the target culture, or those values that correspond with the stereotypes about the source culture. At the same time, the choice of a text for translation can be subversive "by challenging domestic canons for foreign literatures and domestic stereotypes for foreign cultures"[2].

Lefevere[3] *has introduced the term* patronage, *which includes ideological, economic and status component.* Patronage *refers to different social actors: rich individuals or powerful social groups, social or political elites, government and ministries, publishers or political elites from the source-culture. These social actors fund translation of the most important works from their point of view: the very word* patronage *suggests the powerful role of patrons from the source culture, because they will finance*

2   Venuti, Lawrence. *The Scandals of Translation. Towards an ethic of difference*, 81. London, New York: Routledge, 1998.

3   Lefevere, Andre. *Translation, Rewriting and the Manipulation of Literary Fame*. London: Routledge, 1992.

tiques éditoriales dans une société, langages « mineurs » et cultures « mineures » et, enfin, le statut du traducteur ou de la traductrice, leur visibilité et leur autonomie. Il y a une large gamme de questions importantes pour toute discussion sur les relations de pouvoir dans la traduction culturelle :

• Qui choisit les textes à traduire et quels sont les critères de ces choix ?

• Qui doit choisir à partir de quelle langue et dans quelle langue traduire ?

• Quel est le statut des traducteurs dans la société ?

Le choix même d'un texte étranger à traduire relève pour le moins d'une motivation implicitement idéologique, même quand le traducteur n'en est pas conscient. Le critère de base explicite pour traduire un texte donné peut être esthétique, économique, social, culturel ou religieux, et les relations de pouvoir s'infiltrent dans tous. Tout d'abord, la traduction peut promouvoir les valeurs qui s'accordent aux valeurs canoniques de la culture cible ou les valeurs qui correspondent aux stéréotypes sur la culture source. Par ailleurs, le choix d'un texte pour une traduction peut être subversif « en remettant en question les canons nationaux pour les littératures étrangères et les stéréotypes nationaux pour les cultures étrangères »[2].

Lefevere[3] a introduit le terme *patronage*, qui englobe des notions d'idéologie, d'économie et de statut. Le patronage se réfère à différents acteurs sociaux : de riches individus ou des groupes sociaux influents, des élites sociales ou politiques, gouvernements, ministères, éditeurs ou élites politiques issues de la culture source. Ces acteurs sociaux investissent dans la traduction des œuvres les plus importantes de leur point de vue : le mot même de *patronage* suggère l'importance du rôle des patrons de la culture source, ainsi ne financeront-ils que des travaux qui sont canoniques dans leur société,

only the works that are canonical in their society, "acceptable" for them and the ideology they represent or want to promote. If we agree that "examination of how translation has helped shape our knowledge of the world in the past better equips us to shape our future"[4], it becomes clear that different social actors will have different agendas in this context. For example, if we go back to history, King James's role as a patron in the translation of the Bible into English is famous, but it is less known that without patronage "other translators were burnt at the stake for falsifying the word of God"[5]. This example can serve as an illustration for the ultimate role of patronage: the lack of it led to death of the translators, but it can be understood as a metaphor of translators' status and governmental censorship in many cultures. Even the best translators and their major translations can remain metaphorically dead without patronage. I would like to emphasize the fact that refusing financial support is a form of censorship, which helps government or even publishers in limiting the flow of ideas. This is one of the most important limiting factors for bibliodiversity in contemporary world, especially for "minor" cultures.

I shall illustrate this with the situation in my country: in a small country such as Bosnia and Herzegovina, major publishing and translation projects would not be possible without the help of the patrons from the source cultures, but the source cultures evidently fund projects that pursue their cultural and/or ideological aims and, as a result, ideological reasons come together with cultural, economic or aesthetic ones when works are selected for translation.

« acceptables » pour eux et l'idéologie qu'ils représentent et veulent promouvoir. Si nous sommes d'accord avec le fait que « l'analyse de la manière dont la traduction a aidé à façonner notre connaissance du monde dans le passé nous permet d'être mieux armés pour façonner notre avenir »[4], il devient clair dans ce contexte que des acteurs sociaux différents auront des programmes différents. Par exemple, si nous remontons dans l'histoire, le rôle de patron joué par le roi James dans la traduction de la Bible en anglais est célèbre, mais on sait moins que sans patronage « d'autres traducteurs ont été brûlés sur le bûcher pour avoir falsifié la parole de Dieu »[5]. Cet exemple peut servir à illustrer le rôle ultime du *patronage* : son absence conduit à la mort des traducteurs, mais peut être aussi compris comme une métaphore du statut des traducteurs et de la censure gouvernementale dans de nombreuses cultures. Même les meilleurs traducteurs et leurs plus importantes traductions peuvent demeurer métaphoriquement mortes sans patronage. Je voudrais souligner le fait que refuser une aide financière est une forme de censure qui aide les gouvernements ou même les éditeurs à contenir le flux des idées. C'est l'un des facteurs les plus importants de limitation de la bibliodiversité du monde contemporain, tout particulièrement pour les cultures « mineures ».

J'illustrerai ceci par la situation dans mon pays : dans un petit pays tel que la Bosnie-Herzégovine, les projets majeurs d'édition et de traduction ne seraient pas possible sans l'aide des patrons des cultures sources, mais les cultures sources soutiennent évidemment les projets qui poursuivent leurs objectifs culturels ou idéologiques, et par voie de conséquence, lors de la sélection des œuvres à traduire les motifs idéologiques se mêlent aux motifs culturels, économiques ou esthétiques.

Dans ces soi-disant cultures et langues

4   Bassnett, Susan. *Translation Studies*, 2. Third edition. London and New York: Routledge, Taylor and Francis Group, 2002.

5   Schaffner 2007: 137.

In so-called minor cultures and minor languages, government and political or intellectual elites can act as patrons for translation of canonical works from these languages into "major languages". The translation of the greatest Bosnian poet Mak Dizdar's book Stone Sleeper *by Francis R. Jones[6], can serve as an example for this sort of patronage. It is clear that even in cases like this the choice of the works is ideologically and politically motivated in accordance with the values that patrons want to promote; however, it is obvious that the ideological position is not the same as in previous cases: this is not the imposition of one's own culture on the other, but an attempt to shift the status of that culture from periphery to the centre, to make the minor language and minor culture visible. In other words, this is the way for subordinate cultures and languages to subversively change their status and achieve empowerment, traditionally "reserved" for the privileged "centre", or for the "big cultures".*

For minor languages, translations, especially translations of the canonical texts of the source-culture, have another importrant role: they become "a political statement that asserts the rising status of the formerly-marginalised tongue"[7]. This can be illustrated by the situation in my country, where some key translations into the newly-standardised Bosnian language were praised, among other things, for the promotion of that language. Such an example in Bosnia and Herzegovina is Esad Duraković, whose translations from Arabic of the canonical works like the Qur'an, Muallaqat and especially One Thousand and One Nights *were internationally recognized for their merits,*

mineures, les gouvernements et les élites politiques ou intellectuelles peuvent agir en tant que patrons pour la traduction d'œuvres canoniques à partir de ces langues vers des « langues majeures ». La traduction du livre du grand poète bosniaque Mak Dizdar, *Stone Sleeper*, par Francis R. Jones[6] est un exemple de ce type de patronage. Il est clair que dans des cas comme celui-ci, le choix des œuvres est déterminé idéologiquement et politiquement en accord avec les valeurs que les patrons veulent promouvoir; cependant, il est évident que la position idéologique n'est pas la même que dans les cas précédents : il ne s'agit plus d'imposer sa propre culture à l'autre, mais de tenter de faire glisser le statut de cette culture de la périphérie vers le centre afin de rendre visibles la langue et la culture mineures. En d'autres termes, c'est une façon pour ces cultures et langues mineures de changer subversivement leur statut et d'acquérir leur autonomie, traditionnellement « réservés » au « centre » privilégié ou aux « grandes cultures ».

Pour les langues mineures, les traductions, tout particulièrement les traductions de textes canoniques de la culture source ont un autre rôle important : elles deviennent « une déclaration politique qui affirme le statut croissant de la langue autrefois marginalisée »[7]. Ceci peut être illustré par la situation dans mon pays ou quelques traductions-clés dans la langue bosniaque nouvellement standardisée ont été utilisées, entre autres choses, pour la promotion de cette langue. Un autre exemple de ce type en Bosnie-Herzégovine est celui d'Esad Duraković dont les traductions à partir de l'Arabe d'œuvres canoniques comme le Coran, Muallaqat et particulièrement *Les Mille et une nuits* ont été reconnues pour leur mérite à un niveau international, mais en Bosnie-Herzégovine elles étaient en plus importantes pour avoir mis l'accent sur le statut de la langue bosniaque. En même

6   Sarajevo, Forum Bosnae, 1999.

7   Bassnett, Susan. *"Culture and Translation"*. In *A Companion to Translation Studies* (=*Topics in Translation*, 34), Kuhiwczak, Piotr & Karin Littau (eds.), [13-23], 20. Clevedon, Buffalo, Toronto: Multilingual Matters, 2007.

but in Bosnia and Herzegovina they were additionally important for emphasizing the status of the Bosnian language. At the same time, his translation of One Thousand and One Nights *is a powerful example of the absence of self-censorship, because he translated the book integrally, with all the verses and, what is especially interesting, with all erotic words or parts of texts that are present in the original. Obviously, certain socio-cultural actors were shocked by that, but Duraković's work was internationally recognised as an effort that was comparable to the efforts of translators from the past who attempted to bridge the cultures of the East and the West – I refer to Galland, Burton, and Gabrieli – and it succeeded in avoiding possible censorship. This translation has become important in the entire region, not only in Bosnia and Herzegovina: e.g. the Croatian writer Miljenko Jergović claims that Duraković's selection of stories from* One Thousand and One Nights *for the Croatian market is an honour for the Croatian culture*[8]. *It is important to remember that minor cultures have the right to translate from other languages and at the same time be translated into other languages. It may look obvious, but I remember a university professor from "a big culture" wondering why "a small country like Bosnia and Herzegovina" would want to translate* One Thousand and One Nights *into its small Bosnian language. We may dismiss this comment as ignorance or as a utilitarian point of view, but it is an illustration of unequal relations between cultures.*

The reason I mentioned this example is to show the importance of the visible *translator as opposite to the* invisible *translator of*

8   Jergović, Miljenko. "Tisuću noći i još jedna turska.", *Jutarnji list*, Zagreb, XII, vol. 615: 59, 2010.

temps, sa traduction des *Mille et une nuits* est un exemple puissant de l'absence d'autocensure car il a intégralement traduit le livre, avec tous ses versets, et ce qui est particulièrement intéressant, avec tous les mots érotiques ou parties de textes présents dans l'original. De toute évidence, certains acteurs socio-économiques en ont été choqués, mais le travail de Duraković était internationalement reconnu comme une tentative comparable à celle des traducteurs du passé qui avaient essayé de rapprocher les cultures de l'Orient et de l'Occident – je fais référence à Galland, Burton et Gabrieli – et il a réussi à éviter une éventuelle censure. Cette traduction est devenue importante dans toute la région, pas seulement en Bosnie-Herzégovine, par exemple l'écrivain croate Miljenko Jergović affirme que la sélection des histoires des *Mille et une nuits* faite par Duraković pour le marché croate est un honneur pour la culture croate[8]. Il est important de se rappeler que les cultures mineures ont le droit de traduire des textes de langues étrangères et aussi d'être traduites en langues étrangères. Cela peut paraître évident, mais je me souviens d'un professeur d'université, appartenant à une « grande culture », qui se demandait pourquoi « un petit pays comme la Bosnie-Herzégovine » voudrait traduire *Les Mille et une nuits* dans sa petite langue bosniaque. Nous pouvons rejeter cette réflexion en la considérant comme de l'ignorance ou comme un point de vue utilitaire, mais c'est une illustration des relations inégales entre les cultures.

La raison pour laquelle j'ai mentionné cet exemple est de montrer l'importance du traducteur visible comparée à celle du traducteur invisible du passé (et malheureusement aussi quelquefois du présent). Cette notion implique le fait de « reconnaître le traducteur comme un auteur », particulièrement dans les contrats, de sorte que « le droit d'auteur

9 Venuti, Lawrence. *The Translator's Invisibility. A history of translation.* (=Translation Studies), 310-313. London and New York: Routledge, 1995.

10 Bassnett, Susan. 2002: 9.

11 Venuti, Lawrence. 1998: 1.

the past (and sometimes, unfortunately, of today as well). This notion includes "recognizing the translator as an author", especially in contracts, so that they "copyright the translation in the translator's name"[9]. The visible translator is "a powerful agent for cultural change"[10]. Translations of the key literary works are therefore a part of cultural capital both of the source and target culture. This should be repeated over and over in order to make powerful elites (governments, publishers, etc.) realise the importance of translation and, consequently, the importance of bibliodiversity.

Unfortunately, there are many examples showing that even the visible translators cannot always influence publishers or other elites. Publishers can choose not to publish another edition of the major translation, not to promote it or even destroy unsold copies, like in the case of Marjan Strojan's highly praised and awarded translation of Milton's Paradise Lost. *The PEN International conference in Belgrade in November 2010 protested against recycling the unsold copies of this translation and sent a letter to the European Parliament in Strasbourg, but the effect was only symbolic. This means that profit is maybe the only thing that matters nowadays and only money can be a basis for power, but it seems to me that it also testifies to the lack of cultural awareness, to the ignorance and incompetence of the publishers or some other powerful social actors. Therefore, it is no exaggeration to say: "The scandals of translation are cultural, economic and political"[11]. Actually, it is possible to apply to translation* van Dijk's *distinction between* symbolic *and* real *power: most often even the visible*

du texte traduit porte le nom du traducteur»[9]. Le traducteur visible est un «agent puissant du changement culturel»[10]. Les traductions des œuvres-clés de la littérature sont par conséquent une partie du capital culturel de la culture source tout comme de la culture cible. Cela devrait être redit sans cesse afin que les élites puissantes (gouvernements, éditeurs, etc.) se rendent compte de l'importance de la traduction et, par conséquent, de l'importance de la bibliodiversité.

Malheureusement, il y a de nombreux exemples qui montrent que même les traducteurs visibles ne peuvent pas toujours influencer les éditeurs ou les autres élites. Les éditeurs peuvent décider de ne pas publier une autre édition d'une traduction majeure, de ne pas la promouvoir ou même de détruire les exemplaires invendus comme dans le cas de la traduction, hautement reconnue et récompensée, faite par Marjan Strojan du *Paradis perdu* de Milton. La conférence du PEN INTERNATIONAL qui s'est tenue à Belgrade en novembre 2010 a protesté contre le recyclage des invendus de cette traduction et a envoyé une lettre au Parlement européen de Strasbourg, mais l'effet n'en a été que symbolique. Cela signifie que le profit est peut-être la seule chose importante aujourd'hui et que seul l'argent peut être la base du pouvoir, mais il me semble aussi que cela atteste du manque de conscience culturelle, de l'ignorance et de l'incompétence des éditeurs ou de quelques autres acteurs sociaux puissants. Par conséquent, il n'est pas exagéré de dire : «les scandales de la traduction sont culturels, économiques et politiques»[11]. En fait, il est possible d'appliquer à la traduction la distinction établie par Van Dijk entre pouvoir symbolique et pouvoir réel : le plus souvent même les traducteurs visibles n'ont qu'un pouvoir symbolique tandis que les éditeurs et les autres élites ont un pouvoir réel, basé sur l'argent et même la force.

12   Bhabha, Homi. *The Location of Culture.* London and New York: Routledge, 1994.

13   Carbonell, Ovidio. *"The Exotic Space of Cultural Translation".* In *Translation, Power, Subversion.* (=*Topics in translation*, 8), Román Álvarez and M. Carmen África Vidal (eds), [79-98], 94. Clevedon, Philadelphia, Adelaide: Multilingual Matters, 1996.

translators have only symbolic power, while publishers and other social elites have real power, based on money or even force.

Social actors and power elites should always be reminded that translation is always a sort of third space [12], *where two cultures meet and "where the cultural frontier is in constant movement"* [13]. *This is the value that should be remembered in an attempt to transgress the existing unequal power relations between cultures in translation. It is probably a utopian view, but promoting translation from and into minor languages, as well as promoting visible translators and their empowerment, can contribute to bibliodiversity. Translations help us understand other cultures, but they also always illuminate and ultimately revise our own culture. The world of bibliodiversity should be a world where bridges are built between minor and big languages, minor and big cultures, in permanent dialogue between them.*

Les acteurs sociaux et les élites du pouvoir devraient toujours se rappeler que la traduction est une sorte de *troisième dimension* [12], dans laquelle deux cultures se rencontrent et «où la frontière culturelle est en mouvement constant» [13]. C'est de cette valeur dont on devrait se souvenir quand on tente de transgresser les inégales relations de pouvoir existant entre les cultures dans la traduction. C'est probablement une vue utopique, mais la promotion de la traduction à partir de et vers des langues mineures, de même que la valorisation des traducteurs visibles et de leur autonomie peut contribuer à la bibliodiversité. Les traductions nous aident à comprendre d'autres cultures, mais elles éclairent aussi et finalement remettent en question notre propre culture. Le monde de la bibliodiversité devrait être un monde où des ponts sont bâtis entre langues mineures et majeures, entre cultures mineures et majeures, en un dialogue constant entre elles.

Marina Katnić-Bakaršić

The literature, writers, and self censorship

The ideological era of communism and the open society challenges

La littérature, les écrivains, et l'autocensure

L'ère idéologique du communisme et les défis de la société ouverte

ENTELA SAFETI-KASI
Présidente du PEN CLUB ALBANAIS.

ENTELA SAFETI-KASI
ALBANIAN PEN president.

I was suddenly in the centre of the monument of dictatorship, and I held in my hand an invitation of the Ministry of Culture of Albania for the opening ceremony of the exhibition, entitled "Dictatorship"

Writers, poets, composers, painters, priests, singers, actors, actresses, journalists, all assassinated, all imprisoned, all sent to the death sentence of the mines, or killed by the regime in every second of 45 year dictatorship.

I can tell you that the last poet in Europe to be executed, in the centre of the town in front of the people, in Albania in 1988, in the town of Kukesi, was Avzi Nela. This was a murder committed by the criminal regime of Albania.

The role of media until 1990 in Albania was not the role of media, and the role of culture in Albania was not the role of culture, as the media was a tool in the blooded hands of the regime, and culture yet another. I may tell you that in every four years Albania used to hold the festival of National Folk Music, in the birthday of the dictator, and this event was held in the castle of Gjirokastra, and folk groups were singing and dancing over the graves of people executed by the dictatorship, and alongside were the political prisoners.

Soudainement je me suis trouvée au centre du monument de la dictature, tenant dans la main une invitation du ministère de la Culture de l'Albanie à la cérémonie d'ouverture de l'exposition intitulée « Dictature ».

Écrivains, poètes, compositeurs, peintres, prêtres, chanteurs, acteurs, actrices, journalistes, tous assassinés, tous emprisonnés, tous condamnés à mort dans les mines, ou tués par le régime à chaque seconde de cette dictature qui dura quarante-cinq ans.

Je peux vous dire que le dernier poète d'Europe à être exécuté, sur une place publique, sous les yeux du peuple, en Albanie, en 1988, dans la ville de Kukesi, fut Avzi Nela. Ce fut un assassinat commis par le régime criminel de l'Albanie.

Jusqu'en 1990, le rôle des médias en Albanie ne fut pas le rôle des médias, et le rôle de la culture ne fut pas le rôle de la culture, puisque les médias étaient un instrument dans les mains ensanglantées du régime et la culture encore un autre. Je peux vous dire que tous les quatre ans l'Albanie avait l'habitude de tenir un festival de musique folklorique national, à l'occasion de l'anniversaire du dictateur, et que cet événement avait lieu au château de Gjirokastra, et que

The Albanian society of today is not still an open society, as it has yet to undergo catharsis, and has to do so in acceptance of crimes committed towards its people, its culture, its self, its identity. After that, Albania should try to underline the difference between the victim and the criminal, and I would wish that Albania underwent this catharsis not only in politics but also in its' mentality'. Only after such a cleansing could the society truly go towards becoming an open society, with all the component parts of an open society.

Albania should concentrate on becoming a European state of justice. But, it still has amongst its decision-makers those who have caused and co-operated in the tragedy of this country. During the very challenging task of building a democratic state, Albania marks in its historical memories the difficulties of challenging the truth and the facts.

Musine Kokalari the distracted life!

We are today talking about the literature written by women, I can bring you the poem of Musine Kokalari, Albanian poetess and writer who were sent in prison and who were sent in interne because she spoke her mind.

She was not just a poet but also the founder of the first social Democratic Party, and she asked to the state the freedom of expression's right, during the elections of 1945.

des groupes folkloriques chantaient et dansaient sur les tombes de personnes exécutées par la dictature, et qu'à côté se trouvaient les prisonniers politiques.

La société albanaise d'aujourd'hui n'est pas encore une société ouverte, puisqu'il lui faut encore faire une catharsis, et qu'il lui faut la faire en acceptant les crimes commis contre son peuple, sa culture, contre elle-même et son identité. Après cela, l'Albanie devrait essayer de souligner la différence entre la victime et le criminel, et je souhaiterais que cette catharsis soit non seulement politique mais qu'elle s'opère aussi du point de vue des mentalités. Ce n'est qu'au terme d'un tel nettoyage que la société pourra véritablement tendre à l'ouverture, avec toutes les composantes d'une société ouverte.

L'Albanie devrait s'appliquer à devenir un État de droit européen. Mais, il y a toujours parmi ses décideurs ceux qui ont collaboré, qui sont responsables de la tragédie de ce pays. En s'attelant à la rude tâche de construire un État démocratique, l'Albanie inscrit dans sa mémoire historique les difficultés induites par la contestation de la vérité et des faits.

Musine Kokalari la vie distraite !

Alors que nous parlons de la poésie des femmes, je voudrais vous montrer les poèmes de Musine Kokalari, une poétesse albanaise emprisonnée pour avoir dit tout haut ce qu'elle pensait.

Elle était non seulement poétesse, mais aussi fondatrice du premier Parti démocratique et demanda à l'État, lors des élection de 1945, que soit admise la liberté d'expression.

The shoes (Written by Musine Kokalari)

It's me again in the roads
As I have always been. My old shoes are taken crawling
And me on the clean shining cement…
I am going towards the big house of salvation.

I am approaching…
An enormous door, people who enter and go, out, Indoor,
To the left
To the right
Now one raises the head
I ask one of them for the time of entering
He tells me by his finger
And he does not say a word
And he does not look at me
Because a bane one is standing in front of him.

I see, the time of appointment has gone
The prove of my inexperienced at this job
And I return back there where I started

It's me again, afternoon…
We don't expect visitors, only in the morning
A voice sounds and I turn back for the second time.

The pointed time
Finds me on the coming day at the door of salvation building
I enter full of life and secure. The servant, the man of the duty
Talked to me:
Turn back, a very special advise of today, none is expected to come, only
The silence is needed
And I, again home.

The next day,
The first of the queue stay by the door chamber
I am bitten

Les chaussures (de Musine Kokalari)

C'est moi, en route, une fois de plus
Comme je l'ai toujours été. Mes vieilles chaussures rampant
Et moi sur le ciment brillant…
J'avance vers la grande maison du salut.

Je m'approche…
Une porte énorme, des gens qui vont et viennent, dehors, dedans,
À gauche
À droite
Nul ne lève la tête
Je demande à l'un d'eux l'heure de l'ouverture
Du doigt, il me l'indique
Et ne dit mot
Ne me regarde pas
Car l'un d'eux, tel un fléau, se tient devant lui.

Je vois. J'ai raté le rendez-vous
Preuve que je ne sais pas faire ce boulot
Et je retourne à la case départ

C'est moi, à nouveau, l'après-midi…
Nous n'attendons aucun visiteur, que le matin
Dit une voix et je m'en retourne une deuxième fois.

À l'heure dite
Le lendemain, je me retrouve devant la porte de l'immeuble du salut
J'entre, pleine de vie, sûre de moi. Le serviteur, le sbire du devoir
Me parle :
Retourne-t-en, c'est le bon conseil du jour, nul n'est attendu, seul
Le silence est nécessaire
Et moi, je rentre à la maison, encore une fois.

Le jour suivant,
La toute première de la file, je me plante devant la porte
Je suis mordue

They push me out
What's the matter I say?
We are the same people of the yesterday we
have important works to do

But I have come for the slice of bread, I am
for..
There is no…
I was told, do you understand?
It's not a place for you.

I let my turn to them
I was tired of waiting; the blood was running
into my legs waiting,
The time is 12. The door is opened. The one
who I want to see comes out.
He was wearing the hat and the bowl in his
hand. I try to face him
To tell how much I need, because I have come
here many times, but the serious
Look, the costume, his walking, turned me
back.
I could not destroy the tact.

Towards the direction again, thinking about
the next day
That I was coming again within the hope I
would enter…but not more
But my shoes stopped in a stone and I fall
down
And they who were near me laughed
And I turned the shoes off to see. Two big
wholes were done coming and returning back
home. The cemetery has done its job…I put
the shoes on
Thinking about how many shoes I could tore
until
To take the job I was dreaming about a lot…

Ils me jettent dehors
Pourquoi ? leur demandai-je
Nous sommes les mêmes qu'hier, nous avons
du travail à abattre

Mais je suis venue pour une tranche de pain,
je suis…
Il n'y a pas…
On me dit, vous comprenez ?
Ce n'est pas un endroit pour vous.

Je leur cède la place
Fatiguée d'attendre, le sang circulant dans mes
jambes, attend
Il est 12 heures. La porte s'ouvre. Celui que je
veux voir apparaît.
Portant chapeau , bol à la main. Je tente de lui
faire face
De lui dire combien je suis dans le besoin, que
je ne cesse de revenir en vain
Mais l'air sérieux, le costume, la démarche
m'éconduisent.
Je ne pouvais manquer de tact.

Sur la route à nouveau, songeant au lendemain
À l'espoir d'être admise… mais non
Mes chaussures butent contre une pierre, je
tombe
Et ceux qui m'entourent rient
Et j'ôte mes chaussures, je les retourne pour
voir. Deux grands trous qui ne feront plus
l'aller-retour.
Le cimetière a fait son travail… j'enfile les
chaussures
Je compte les chaussures que j'userais encore
Avant d'obtenir l'emploi dont j'ai tant rêvé…

*Poème de Musine Kokalari traduit
en anglais par Entela Safeti-Kasi*

BEING SECRET, CENSORSHIP AND THE SELF CENSORSHIP TODAY

The False Dissidents

Amongst the world of literature stays the everyday life of every writer and every reader, and amongst them, the situation of writers remains a tag which has another lack as it is the self censorship.

Sometimes happens to me, to return back to the memories, and however I go back in time and I look for the tragedies of the Greek ancient tragedian Esciles. It is said that amongst his tragedies, many of them are lost and the today world has nine tragedies and not more.

Parallel to that, my mind goes to Servants, and to 'Don Quixote. Example: A comedian was performing a very interesting Comedy on the stage, about the love of a lady with a knight, and the audience was applauding and the comedian was happy but in middle of that, Don Quixote goes there and fights with his sword and says many words to the comedian, and he asks Don Quixote: What are you doing you are destroying my work, and my success and my fame: And Don Quixote says: Go and be a famous barber or any one else famous but don't play with literature, literature is not for being played!

But what is the literature for?

Today world is getting another form and as I can understand the writer is not the man or the woman of the stage or the woman or the man of the fame.

Let's go back to the experience of countries where literature and writers were directed by the state and by the governments.

Those who were under the service of the regime were claimed to be writers and those

ÊTRE SECRET, LA CENSURE ET L'AUTOCENSURE AUJOURD'HUI

Les faux dissidents

Le monde de la littérature est fait de la vie quotidienne de chaque auteur, de chaque lecteur et cette vie même est parfois faite d'autocensure.

Il m'arrive de remonter le cours de ma mémoire, je songe alors aux tragédies d'Eschyle. On dit que, de toute son œuvre, seules neuf tragédies nous sont parvenues, pas plus.

Parallèlement, mon esprit dérive vers Cervantes et le Quichotte. Imaginons : un comédien joue une pièce qui porte sur les amours d'une Dame et d'un chevalier. La foule est ravie, le comédien aussi, quand soudain, l'épée à la main, Don Quichotte déboule et détruit tout. À l'homme qui demande des comptes, Don Quichotte répond : « Va, sois un barbier célèbre mais ne joue pas avec la littérature. La littérature n'est pas faite pour être jouée ! »

Mais à quoi sert la littérature ?

Aujourd'hui, le monde se transforme et il me semble que l'écrivain n'est pas un homme, une femme, de scène ou de renommée.

Revenons-en à l'expérience des pays où la littérature et les écrivains ont été dirigés par l'État et par les gouvernements.

Ceux qui étaient au service du régime étaient tenus pour écrivains et ceux qui ne l'étaient pas se voyaient contraints d'abandonner l'écriture ou étaient déclarés ennemis du régime.

Il y a deux facettes pour un seul exemple : en Albanie, dans les années quatre-vingt dix, on faisait lire aux lycéens les auteurs

who were not were forced to give up from writing or were declared enemies of the regime. There are two sides with one example: Albania of about 1990, and those time I was a student of the high school and we were made to read writers who were said to be famous, and so I asked a relative of me about those writers. He kept silent and did not say any thing to me.

The False Dissidents

I would like to mention the publication of two very important books in Albania.

False dissidents by the writer Sadik Bejko, and Nega totum of V. Baruti. These books with very important ideas and facts brought from the archives of secret policy of the country tell to us how the criminal system has censorship the history and how it was replacement with another form, the deformation of the history. These both tell us what happened to the freedom of expression during to the communist regime. As evidence now comes the truth of writers, the merchandize of the system made some writers to trade the life of other writers in Albania.

False dissidents should be translated into other languages, and so the entire world can see how a criminal system replaces the history with the false and how important is to be in search of the truth as it is one of freedom of expressions aims. The other book, Nega Totum, talks about an execution which was secret for half a century and this is how Ramize Gjebrea, a woman was executed in the first days of dictatorship. Both books were not spoken by the media and the censorship of a very grave silence was given to them.

Now, as to change the situation I may draw yours attention to Don Quixote again:

« célèbres ». Je me souviens avoir demandé à un parent de me parler de ces écrivains. Il garda le silence, préférant ne rien répondre.

Les faux dissidents

Je tiens à mentionner la parution de deux livres très importants en Albanie.

Faux dissidents de l'écrivain Sadik Bejko, et *Nega totum* de V. Baruti. Ces livres basés sur des archives secrètes de la police nationale expliquent comment ce système criminel a censuré et réécrit l'histoire. Ils racontent ce qu'il est advenu de la liberté d'expression sous le régime communiste. *Faux dissidents* devrait être traduit dans d'autres langues afin que le monde puisse saisir l'étendue de ce révisionnisme, afin qu'on puisse comprendre à quel point la liberté d'expression est importante dans la recherche de la vérité. L'autre livre, *Nega Totum*, parle d'une exécution tenue secrète pendant près d'un demi-siècle, celle de Ramize Gjebra, qui eut lieu dans les premiers jours de la dictature.

Les médias n'ont pas fait état de la parution de ces deux livres. Ils ont été soumis au silence de la censure.

Mais revenons à Don Quichotte. Un concours littéraire de grande importance se tient. C'est alors que Don Quichotte dit à un jeune poète : « Si tu arrives deuxième, c'est que tu es un très bon écrivain. Car le premier prix doit toujours être décerné à un politicien. ».

La problématique de la littérature semble être la même de l'antiquité aux époques médiévale et moderne.

There was a writer competition because a very important award would be declared. And Don Quixote said to a young poet. IF you are going to be awarded the second place you are really a good writer, because THE FIRST should be always a man from politics that should be awarded the first prize AS A WRITER.

Literature today seems to have the same problematic as it has been from the ancient time up to the medieval and modern times.

The merchandize of politics influences, and preferences, and the trade market of book marketing too, seem to put the writers and excellent literature away from the target of its real value.

Do we still ask for ancient tragedians, for the Divine Comedy, for the Don Quixote? Do I still read Emily Dickinson, Franz Kafka, or Albert Camus? Do I still read Ismail Kadare books as I was looking for his books when I was 15 years old?

The answer is: Yes!

The literature has its Fortuna. Romans have an old saying: "Accept this Fortuna or not it is yours! The only thing I know well for sure is that, we should try to accept the talented writer were ever he or she is, and not to allow the merchandize of politics and the merchandize of censorship to play with its temporary game in a very banal way with the eternal writers who have been and who are amongst the man kind since the first day!!!

Le petit commerce des influences politiques, les affinités des uns et des autres et le marketing du monde de l'édition semblent détourner l'attention loin des véritables écrivains et de la bonne littérature.

Demande-t-on encore à lire les tragiques anciens, *La Divine Comédie*, le *Don Quichotte* ? M'arrive-t-il de relire Emily Dickinson, Franz Kafka, Albert Camus ou de chercher les ouvrages d'Ismail Kadare comme je le faisais à quinze ans ?

La réponse est oui !

La littérature a sa Fortune. Les Romains avaient un dicton : « Accepte cette fortune ou non, elle est la tienne ! ». La seule chose dont je sois sûre est que nous devrions tâcher de reconnaître l'écrivain de talent où qu'il se trouve et que nous ne devrions jamais permettre aux marchands de politique et de censure de jouer avec les auteurs éternels qui, depuis le premier jour, ont peuplé le monde !

Entela Safeti-Kasi

Les censures invisibles

DANIEL LEUWERS
Vice-président du PEN CLUB
FRANÇAIS et secrétaire
général de l'AICL
(Association Internationale
de la Critique Littéraire).

Oui, dans un texte réflexif de haute tenue, Edvard Kovač a raison d'écrire qu'il est « très important que, dans toute société, les intellectuels et les écrivains repèrent les facteurs idéologiques dominant une civilisation ». C'est à la fameuse « idéologie dominante » qu'il convient de se confronter. Il y a des moments et des pays où cette idéologie est clairement établie et proclamée, et vire quelquefois au totalitarisme. Il y a des moments et des pays où cette idéologie avance camouflée, insidieuse, invisible presque.

Un des grands hold-up idéologiques de ces temps récents, qui est lié à la chute du Mur de Berlin, a été de proclamer – titre de tous les magazines – « la mort des idéologies ». En fait, il s'agissait d'enterrer une bonne fois pour toutes le communisme et ses ravages – supposés ou réels. Mais ce qui n'était pas dit, c'est que « la mort des idéologies » en préservait une, considérée comme arbitrale et située au-dessus de la mêlée : le libéralisme. À partir de là, tout a été une lutte de vocabulaire. Les libéraux se sont emparés du mot « réforme » pour masquer la « régression sociale » dont il était porteur. Ils ont culpabilisé les « pauvres », les ont désignés comme des « assistés » ou des « incapables » – et magnifié les « riches », seuls aptes à faire fonctionner la machine économique. Ils ont appliqué la loi du « chiffre » jusque dans les secteurs les plus répressifs.

Des intellectuels et des artistes n'ont pas manqué de dénoncer cette mainmise idéologique – et ont opposé des arguments de « gauche » (internationalisme, humanisme, « droits de l'homme », justice) aux convictions de « droite » (nationalisme, racisme, exclusion, loi du plus fort). Mais force est de reconnaître que la gauche et la droite se sont quelquefois retrouvées sur certains points – et qu'une forme de consensus anti-révolutionnaire s'est imposée (que pourrait ébranler la vague révolutionnaire qui s'exprime dans les pays arabes).

L'habileté des libéraux a consisté à privilégier, comme le constate aussi Edvard Kovač, « le devoir et le droit inaliénable de l'individu de se mettre en valeur ». Le « moi, je » permet de repousser les revendications du « nous ». Chacun dans sa bulle. Les campus universitaires ont été construits

loin des villes qu'ils risqueraient de contaminer. L'inflation immobilière des grandes villes a contribué à un exil des moins riches, à une ghettoïsation des banlieues. Finie la centralisation de la culture à Paris. Le système a éclaté. Plus question de voir un André Breton réunir ses fidèles dans un café parisien.

Jean-François Lyotard a remarquablement analysé les secousses liées à la chute du Mur de Berlin. Une idéologie dominante s'est soudain effondrée, un empire a volé en éclats – et le libéralisme a réussi à balayer le spectre d'une idéologie qui s'apparentait à un messianisme impliquant de «grands desseins». Cette base rassurante qu'était le communisme s'est effondrée, et Lyotard considère que les artistes ont dès lors été conduits à travailler chacun dans leur coin et à se livrer à ce qu'il appelle un «bricolage» généralisé. Cette fragmentation satisfait les pouvoirs en place: l'intellectuel ne bouge pas trop, et l'artiste est voué à la solitude. Du côté du pouvoir, il s'agit de ne pas se mettre trop à dos ces corporations qui pensent et qui ont la fibre contestataire. Il s'agit de séduire quelques artistes en agitant habilement le spectre du «politiquement correct». Ce «politiquement correct», c'est la pensée humaniste considérée comme surannée et vieillie. Aussi est-il de bon ton de «faire bouger les lignes», d'adopter une attitude vulgaire et provocatrice (le «casse-toi, pauvre con» relève du langage du maître à l'égard de son esclave), de prôner un racisme d'État (stigmatisation des Arabes, des Roms – une façon de se défausser d'un antisémitisme toujours virulent). C'est l'État qui se fait voyou et qui n'a plus à craindre les voyous.

Les censures se lovent au sein de toutes ces mutations, mais doivent compter (on s'en est rendu compte récemment) avec l'effet boomerang de l'internet. Des informations surgissent, qui devaient rester secrètes. Mais il ne fait aucun doute que le pouvoir cherche déjà à infiltrer ce vecteur essentiel de la communication; ça coince donc dans tous les coins. Les dés sont pipés. Le visible est gangréné par l'invisible.

Que peuvent donc faire l'intellectuel et l'artiste? Lutter contre la censure visible? Chercher à débusquer ses zones invisibles? Assurément oui. Mais le positionnement est malaisé. Faut-il clamer sa révolte, son indignation? Mais l'idéologie dominante a de savants contre-feux: elle tend à faire passer la révolte pour de l'archaïsme, à déconsidérer le «désenchantement» comme une attitude négative et à prôner la fameuse «positive attitude». Elle cherche à ridiculiser les «droits-de-l'homme» et à valoriser un supposé esprit de «réforme» Déjà, au terme de la seconde guerre mondiale, le poète Benjamin Péret avait parlé du «déshonneur des poètes» lié pour lui au fait que les poètes

de la Résistance avaient écrit des poèmes engagés, donc mauvais et voués à sombrer dans l'oubli dès lors que les brûlures de l'Histoire auront été oubliées...

Il existe, en effet, une forme d'intimidation – terrible censure invisible – qui affecte l'artiste beaucoup plus que l'intellectuel, et le poète beaucoup plus que le romancier. Le roman historique a de longue date gagné ses lettres de noblesse. En revanche, la poésie est censée naviguer sur des terres plus éthérées et volontiers mystiques. La « poésie sociale » qui a eu de grands représentants au XIXe siècle s'est pratiquement éteinte au XXe siècle. Le poète ne se sent plus le droit d'épouser une cause, comme le fit Victor Hugo. La règle d'or, c'est que son travail est censé affecter essentiellement la forme -qui rejaillit ensuite sur le fond, de façon toute métaphorique. Cet interdit premier du fond est une des formes les plus inattendues de la censure invisible. Finis les manifestes trop explicites ; est advenu le temps de l'implicite. Le danger, c'est qu'il y a de justes raisons à approuver le primat du travail formel. Le danger, c'est aussi qu'il y a là un prétexte idéal pour se débarrasser de la réalité contingente. Rimbaud a bien eu conscience de l'existence de ce va-et-vient idéologique. Dans ses lettres du « voyant » de 1871, il prône le « dérèglement de tous les sens » qui doit ouvrir sur l' « hallucination simple » ou « l'hallucination des mots ». Mais, deux ans plus tard, dans « Une saison en enfer », il condamne cet éloignement du réel et fixe au poète le devoir de prendre surtout en considération « la rugueuse réalité à étreindre ».

C'est justement un des devoirs du poète, aujourd'hui, de ne pas accepter la trop facile dérive idéaliste ou mystique, au prétexte que le lecteur en fait son horizon d'attente. Le poète doit être conscient de cette censure invisible qui le ronge, qui l'incite à voir un danger dans l'engagement. Et c'est l'engagement en général qui connaît ainsi le discrédit. D'une certaine façon, l'esthétique évacue l'éthique – et le mot de Gide est toujours là en embuscade : « C'est avec les bons sentiments qu'on fait de la mauvais littérature ». L'éthique devient, en ce sens, le fossoyeur de l'esthétique – ce qui n'est pas mieux.

Derrière certaines formules brillantes, des masques surgissent, s'affirment, s'affinent même. Il n'appartient pas seulement aux penseurs de « déconstruire » ce qui nous menace (à la façon de Derrida ou du Barthes des « mythologies »). C'est à l'artiste – et spécialement au poète – de se tenir sur le pont et de mettre sa force intuitive au service de subtils décryptages, avec cette lucidité que René Char a qualifiée de « blessure la plus rapprochée du soleil ».

Daniel Leuwers

Effacement, angle mort, invisibilité…

NICOLE BARRIÈRE
Ancienne secrétaire
générale du PEN CLUB
FRANÇAIS.

… caviardage, bâillon le refus d'impression, les procès, la contrainte au silence – jusqu'aux formes extrêmes telles que l'emprisonnement d'un auteur, l'autodafé ou la fatwa. Blâme, réprobation, sanction, condamnation, interdit : tels sont en effet les synonymes que propose le *Petit Robert* pour le terme « censure ». Et toutes les « bonnes raisons », motifs louables invoqués et fonctions protectrices, que la censure peut exercer sur la société… autant de mots qui nous rappellent à quel point la liberté d'expression est menacée.

Même dans les pays en guerre, tout se publie. En Afghanistan, par exemple tout peut se publier, aux risques et périls des auteurs qui ne se plient pas à l'autocensure : interdits religieux, politiques et sociaux font risquer la mort.

Qu'en est-il en France ?

Il existe un parallèle avec la société en guerre : tout se publie, au risque et péril des auteurs s'ils ne se livrent pas à l'autocensure ou s'ils abordent des sujets tabous.

Quels sujets tabous : essayez simplement de dire dans une assemblée que nous sommes en guerre, il y aura immédiatement un tollé arguant l'exagération, immédiatement on vous fera comprendre que la guerre c'est lorsque des bombes vous tombent sur la tête… Pourtant face aux « terroristes », qui, selon d'autres points de vue, sont des résistants, la société française et occidentale est en guerre, et cette guerre et ses méthodes pourrissent la société française, avec le danger de fascisation des institutions par le contrôle des corps et des esprits.

Sujet tabou : la France est en guerre, et la société est en danger.

La situation est d'ailleurs bien pratique car elle permet d'occulter toutes les revendications qui peuvent surgir depuis les débats sur les conditions économiques et sociales, comme celles de liberté de circulation, d'expression ou de conscience.

Alors l'autocensure?

Par définition c'est une question tabou, se situant au niveau de l'inconscient ou au niveau du plus proche... les familles, qu'elles soient biologiques ou intellectuelles sont des lieux de censures qui s'exercent de manière subtile face à ce qui dérange.

Dans la famille biologique, la censure s'exerce de façon frontale ou détournée. Le poème ou le roman qui pourraient être considérés comme fictions, s'ils empruntent au quotidien, verront une levée de boucliers (protecteurs des censeurs) qui argueront, soit brutalement, « tu n'as pas le droit d'écrire cela » ou plus subtilement, « c'est une œuvre d'imagination, ou c'est une œuvre de jeunesse ». Cette dernière expression tendant à mettre en exergue l'immaturité, voire l'inconscience de mettre sur la place publique la violence au quotidien.

Dans la famille intellectuelle, que de méchancetés ou de mesquineries voient le jour que ce soit dans l'effacement, la non publicité des livres qui dérangent ou simplement la petite note anonyme de l'éditeur qui tue bien plus sûrement un manuscrit que toutes les censures officielles du monde.

Ces pratiques sont les plus perverses qui soient, car elles opèrent un déplacement : là où la censure d'État pouvait être dénoncée, ces censures invisibles s'exercent sur les auteurs par une volonté de déstabilisation, le masque du procédé visant au même but : faire taire.

Que les prétextes soient idéologiques (aspects politiques et moraux) ou esthétiques (outrage aux bonnes mœurs... des canons, des modes – le minimalisme contre le lyrisme, par exemple) ou de simple concurrence... entre auteurs !

L'autocensure n'est pas exercée par une quelconque instance extérieure à l'auteur, mais par l'auteur en personne. Nous entrons là dans le domaine du « refoulement » freudien, de la répression, de l'occultation ou du maquillage par la conscience écrivante d'éléments inconscients à la source de douloureux conflits psychiques.

Que l'on se place ou non dans la perspective de la psychanalyse, la notion et les faits d'autocensure apparaissent à des degrés divers chez la plupart des écrivains sauf en cas de refus explicite de l'autocensure qui expose leur texte aux interventions mutilantes des éditeurs ou de la loi. Il est vivement recommandé à l'auteur de s'autocensurer dans la législation française que l'on peut imaginer comme un véritable « manuel de l'autocensure » destiné aux auteurs à venir. De fait, l'autocensure apparaît le

plus souvent, dans les cas étudiés, comme un corollaire de la censure subie.

Signes : la biffure vaut alors comme «point aveugle» du texte, indiquant «la limite d'une perspective» mentale, visuelle, un lieu de «dislocation», de la dualité psychique du scripteur qui rendait possible l'observation concrète du phénomène de censure (ou l'imminence de sa menace) qui affecte l'œuvre en gestation ; mais alors que dire de la pratique de l'écriture numérique qui efface aussi ces traces, ces repentirs (quel mot évocateur…).

L'autocensure apparaît en réponse à un fait de censure – ressenti par l'écrivain comme particulièrement violent et destructeur. Censure rétroactive en quelque sorte, l'autocensure apparaît bel et bien dans les différentes étapes de la rédaction, et dans l'œuvre présentée à l'éditeur.

Pages longuement retravaillées finalement réduites à une seule phrase privée de son substrat, qui restera énigmatique pour le lecteur, qui laissera aussi des traces profondes des choix littéraires à venir.

Fondamentalement castratrice, la censure peut également exercer parfois des fonctions «protectrices» : permettre l'édition de l'œuvre en son temps ou protéger l'image publique de l'écrivain, mais ses modalités d'action touchent le plus vulnérable et le plus précieux, «l'indit», qu'elle soit d'ordre privé ou collectif, et ces interventions ne sont jamais indifférentes, entraînant des conséquences difficilement estimables, tant du côté de l'auteur concerné et du devenir de son œuvre, que de l'histoire éditoriale et littéraire, et en fin de compte des lecteurs.

Nicole Barrière

La censure invisible de Facebook

Jean-Luc Despax
Secrétaire général du PEN
CLUB FRANÇAIS.

La journée de travail bat son plein. On se distrait un peu de la tâche à accomplir, dossiers à traiter, processus à dérouler. Ou bien elle est achevée. Entre le bain des enfants et le repas du soir. Vous êtes sur Facebook. Communauté d'amis selon la formule consacrée, communauté plus ou moins élargie à l'envie d'aller vers 1 000 contacts ou plus ou bien à celle de retrouver des amis éloignés géographiquement, même peu, connectés eux aussi, en temps réel parfois. Vous êtes sur Facebook et vous écrivez ce qui vous passe par la tête, votre état d'esprit, votre « *status of mind* ». Point besoin de trop d'humour ou de créativité extrapolée. Les amis s'y reconnaîtront, vous reconnaîtront tel qu'une conversation dans un café ou un restaurant d'entreprise, dans un mariage ou une autre occasion, vous avait laissé dans leur esprit à eux. Tout à votre banalité badine et cela leur allait bien puisque ce sont vos amis. On plaisante avec des amis, on n'est pas toujours sérieux ou tragique. Votre état d'esprit c'est donc une formule où l'on vous reconnaîtra : « Pfouh, vivement l'été ». Assez vite ce sera : « I like it ». Ou un commentaire : « Mais on n'y est pas encore coco, va falloir tenir. ». Ou : « Mais tu sais que ce n'est encore que le printemps, faut revoir ton calendrier. LOL ». Tout en finesse et pourquoi finasser, a-t-on vu qu'une conversation d'amis ait besoin de passer par la rhétorique ou le lyrisme ? Bientôt fleuriront des commentaires sur les commentaires, aimés eux aussi et griffés d'un sigle. Et cela restera en ligne pour ceux qui vous découvrent, pour ceux qui vous cherchent, pour ceux qui ont envie de plaisanter avec vous. Demain sera un autre jour. Ou le même. Qu'importe. On se tiendra chaud dans une vacuité nullement déshonorante puisqu'elle remplit quelques instants le temps de chacun et de tous par la même occasion. Mais alors… Il y a bien quelque part un état d'âme, une blessure, une envie de faire la révolution, une envie de dénoncer l'aliénation qui nous est faite et la dureté de la vie ? Ce serait une faute de goût que de l'exprimer à cet endroit, sur ce forum virtuel. Trop

risqué. Le consensus ne serait pas forcément possible. Les faux amis dès lors se révéleraient. Les vrais auraient chacun leur façon de réagir à votre âme. La conversation privée et les coups de fil sont là pour ça. Mais ce qui reste en ligne, c'est pourtant la vacuité, transformée en paravent de vraies intentions politiques. Et l'énergie déployée à bavarder de consensuelle façon annule tout bonnement les velléités de discuter ensemble d'un véritable projet commun de libération. Voici donc comment Facebook détourne, puisqu'il occupe et aliène l'air de rien puisque c'est l'air du temps, toute volonté d'oxygéner la parole. C'est bien pour cela qu'il est un simulacre d'amitié. Non parce qu'il mimerait sans que personne y croie d'ailleurs l'amitié réelle, mais parce qu'il décrète avec tous les apparats d'un code social que la parole amicale ne saurait être créatrice sans risquer de vous priver du même coup d'un moment de détente. La détente, c'est toujours cela de gagné sur une journée suffisamment compliquée sans que l'on veuille en plus dégager sommairement la partition de lendemains qui chantent des décombres d'une imagination politique obscurcie par les impératifs et le peu de temps que l'on aura pu consacrer à la lecture de Rancière ou de Badiou pendant que l'on tapotait gentiment sur le clavier. Ce pur produit du capitalisme qu'est Facebook a donc récupéré, déposé comme une marque, avec ses codes et ses garde-fous, la matrice même de l'invention, l'amitié. La photographie qui accompagne chaque locuteur ponctuel d'un commentaire, avec le sourire de rigueur souvent, décourage le front plissé, le rictus de l'interrogation, les yeux fiévreux non d'une photo plus réaliste, celle du compagnon de la route difficile, mais ceux du concept même à fonder. C'est dès lors la révolution même qui se perd en chemin. Le corps est devant l'écran, pas dans la rue. Puis il s'absente de l'écran pour se coucher, pas pour défiler. On rétorquera que Facebook a été pour beaucoup dans la révolution du jasmin. Mais la révolution était déjà en marche et utilisait la puissance médiatique de la connexion pour fédérer, rassembler, dans les pays arabes. Dans nos pays occidentaux, la révolution n'est pas en marche, elle est sauvagement reléguée, déniée même, au profit d'une futilité même plus postmoderne, mais qui a l'élégance préfabriquée et colorée, customisée par des experts, de parler d'autre chose, de parler de rien, de parler pour parler et de ne pas laisser les silences être nourriciers de demain, cette horrible faute de goût. L'effet addictif du système ne laisse d'ailleurs nulle place pour se raviser, pour avoir l'intuition obscure d'autre chose, ce qui pourtant nous a faits devant nos claviers, la démocratie même, fondée en des temps si lointains que

personne ne les évoquera, par les mouvements de masse dans la rue éclairée par les Lumières. Il n'y aurait pas Facebook si l'Histoire n'avait pas garanti par des luttes la possibilité pour chacun de s'exprimer. Mais Facebook est là pour annuler tout retour vers l'origine. Car ce serait ensuite en revenir pour inventer un monde bien plus démocratique encore, puisqu'il utiliserait le média de masse pour signifier que la démocratisation de la masse, sa désaliénation des puissances oppressives, est à inventer. L'énergie serait décuplée. L'imagine-t-on ? Elle ne serait pas dans l'incantation politique, après tout il doit bien y avoir sur Facebook quelques nostalgiques obtus pour s'y adonner et par là même se compter au moment où il faut un peu plus que des incantations pour affronter la complexité du chacun pour soi dans un monde pour tous. Elle serait dans le regard enfin décalé sur le modèle imposé de la pensée unique. Le modèle de l'acceptation d'un destin qui ne tient que par la peur d'être licencié. Elle pourrait utiliser, non la frivolité qui nous fait nous-mêmes être utilisés par nos renoncements, mais la fantaisie propice au déploiement de la réelle justice populaire. De fantaisie il ne saurait être question dans nos pays où le fantasme s'abolit à adorer l'Un qui ne saurait être un Autre, puisqu'il ne saurait y avoir de modèle meilleur que celui du capitalisme. Modèle qui permet de tapoter bien au chaud tant que l'on ne couche pas sous un pont. C'est ainsi que la libre parole d'apparence de Facebook relève en vérité d'une censure invisible. La liberté que nous ne saurions laisser émerger, prospérer, créer, être relayée, porteuse d'un avenir que l'écran ne saurait figer, cette liberté est déniée par la soi-disant (mais ce n'est pas dit) libre parole de la procédure télématique. Fausse libre parole, mais d'autant plus vicieuse qu'elle est simple, sans prétentions. Simpliste en fait, esclavage consenti car nul Spartacus n'a demandé votre amitié. Et bien prétentieuse, car elle s'interdit de prétendre, bien après qu'il ait été interdit d'interdire. Car elle prétend s'interdire à elle-même de dire. En groupe et en chœur. Oui, la censure invisible de Facebook. Faut-il préciser que je ne rajouterai pas : *I like it* ?

Jean-Luc Despax

LES NOUVELLES CENSURES

2 • La censure pernicieuse du marché et des médias

Littérature et mondialisation

GILBERTO ISELLA
Vice-Président du PEN
CLUB SUISSE ITALIEN et
RHÉTO-ROMANCHE.

En deçà ou au-delà de toute définition sociopolitique, la mondialisation sous-entend un à priori (ontologique?) indéniable. Pour l'artiste, l'écrivain, le poète, elle ne serait qu'une sorte d'approche matérialiste à l'Un. Il ne s'agit pas, bien entendu, de l'Un plotinien nous délivrant de cette « angoisse de la séparation » qui hante la réalité d'ici-bas, mais de l'unité trompeuse d'un marché anonyme et supranational qui, ayant créé l'identité fantôme, ou si l'on veut l'algorithme de l'homme mondial, aimerait y souder les aspirations et les expectatives profondes des sujets réels. Et cela en dépit de leurs différences incontournables (et aussi de leurs résistances inconscientes). Issu de la mondialisation, voici s'imposer partout le mythe de la « transparence » absolue du logos, de la circularité sans entraves de la communication.

Il est de plus en plus évident que, dans ces circonstances, les holdings éditoriaux et les médias préétablissent des codes sémiologiques « élémentaires » et peu flexibles, au service de ce qu'on nomme depuis quelque temps la *World Literature*. Le Texte Idéal proposé au Lecteur Moyen Idéal synthétise, en les aplatissant, des traits « épistémiques » et des sensibilités supposés communs à chaque culture. Quant aux genres littéraires, on privilégie sans doute la prose, au détriment de la poésie. Une prose à la mesure du « plot » narratif élevé à un stade fétiche – du mieux si apte à la transposition TV et/ou cinématographique – plutôt qu'une prose découlant du discours introspectif. Du point de vue de l'expression, on préfère une langue neutre, standard, transitive, efficace, et surtout traduisible aisément en anglais (pour le chinois, il faut attendre). D'où l'appauvrissement expressif, dirai-je l'entropie aux aguets un peu partout, dans le monde des lettres.

La globalisation, en effet, se réverbère négativement sur les spécificités linguistiques, en menaçant surtout les langues minoritaires. Il y va de cette fascination « primordiale » et maternelle de la langue, exercée par le son, le rythme, l'inflexion prosodique. Il y va aussi des données intimes

et non négociables des textes, telles ces «images irréductibles à la pensée conceptuellement formulable» dont parle Yves Bonnefoy. Chaque idiome a son «intentionnalité», au sens husserlien du terme. Et, de ce fait, il décrit un monde particulier, dont l'aura est unique. Le linguiste américain Benjamin Whorf a dit : «Deux langues ne sont jamais suffisamment semblables pour être considérées comme représentant la même réalité sociale. Les mondes où vivent des sociétés différentes sont des mondes distincts, pas simplement le même monde avec d'autres étiquettes».

Et tout de même, la tendance de plusieurs écrivains non occidentaux (ou des périphéries européennes) est celle de s'exprimer dans les langues dominantes, quitte à refouler les pulsions les plus secrètes de leur imaginaire. Il est vrai que beaucoup d'écrivains «mondialisés» nous ont laissé des chefs-d'œuvre, diffusés à bon escient par les médias planétaires. Mais dans la plupart des cas, et abstraction faite des questions linguistiques posées, les défauts de ce modèle de littérature sont saillants : récursivité du récit, recherche à tout prix d'effets spéciaux, hybridation des sources (voir Salman Rushdie), «mercatisation è du symbolique (voir Coelho ou Dan Brown). Mais n'ouvrons pas un autre chapitre.

Gilberto Isella

Le droit de se taire au pays de Voltaire

POUR MES ENFANTS, ARSÈNE ET LÉONIE

Je suis un écrivain français en 2010. Être écrivain suppose que je cherche les moyens d'expression les plus adéquats à ma vision du monde, à ma sensibilité, ma sensualité, ma sensitivité, à la source intarissable de mes traumas, en homme qui paye très cher le prix d'assumer ses rêves et d'affronter ses cauchemars. Rien ne me force à le faire, sinon que tout en moi le réclame. La liberté de dire ou de ne pas dire touche ici au destin.

JEAN-LUC DESPAX
Secrétaire général du PEN CLUB FRANÇAIS.

L'histoire littéraire de mon pays, la France, *m'oblige* cependant. La lutte contre la réduction de l'esprit et l'aliénation des corps et des conditions par les Lumières, le difficile chemin de l'expression de soi romantique à travers le XIXᵉ siècle, la Révolution par l'esthétique d'avant-garde au début du siècle suivant, le souffle menacé de la Résistance pendant la seconde guerre mondiale. Et quoi que l'on pense de la massification des moyens de diffusion de la littérature ensuite et de son pendant : tentatives plus agressives et marginales d'exploration du non-sens, que celles-ci se soient coupées stratégiquement ou de manière pathétique du chemin qui conduit un texte de son auteur à son lecteur, la littérature française, sociologique, autofictionnelle, onirique ou néoréaliste affronte avec l'élégance et la précision conceptuelle constitutives d'elle-même les méandres de l'âme, adresse un défi prométhéen au ciel comme aux édifices. Prendre la suite dès lors, comme chaque écrivain le peut, parce qu'il le doit, avec le paradoxe que c'est en toute liberté.

D'où vient en ce cas l'impression tenace que je n'ai que le droit de me taire au pays de Voltaire ? Si je produis en écriture une pensée critique, des formes caustiques, elles ne franchiront pas la barrière des grands médias, des réseaux influents des salles de spectacle, usines du bouche à oreille. La prospérité, relative en temps de crise, d'un système établi et sévèrement gardé avec le sourire par des carnassiers ne polit que le miroir diffracteur du

narcissisme payant. Le relais de parole des antennes ou des reportages écrits fait en même temps regarder la télévision et lire des magazines formatés, tout cela en couleurs, dans l'espoir noir et blanc, binaire primaire et pulsionnel, de la gloire d'y passer soi-même pour une minute ou un numéro hebdomadaire. Les réponses à des questions manipulatrices y seront tronquées ou réécrites, calibrées pour donner à ceux qui lisent et voient aux heures majoritaires du peu de lucidité, appelées aussi de grande écoute et de détente, l'espoir que ce sera bientôt leur tour d'y passer. Mais y passer c'est mourir deux fois, la petite mort deuxième étant nos pauvres vies. Ce faux espoir leur dit que des semblables un peu plus chanceux ne semblent pas souffrir tant que cela des choses telles qu'elles sont. Alors que la vraie gloire des citoyens français serait de pouvoir laisser rayonner leur dignité dans l'aliénation de leur travail, toujours fait avec conscience s'ils l'aiment, malgré la dégradation de l'environnement socioprofessionnel. Leur gloire serait de ne pas cacher la difficulté de leur démarche sur un mode autre que désespéré, de pouvoir laisser émerger au grand jour, fût-il des sunlights, leur aspiration à la culture dont ils ont, c'est paradoxal, l'instinct chevillé au corps. Ce n'est pas pour aujourd'hui cela, ni pour demain. C'est pour jamais, tant qu'il y aura des médias. Médiation interrompue de la vérité pour sa forclusion même. Pas la vérité nôtre, mais le leurre incessamment démultiplié, en 24/24 sur tant de chaînes et de sites. Il faudrait sinon plusieurs heures de formation chaque jour pour rattraper le retard de cinquante ans d'oppression par une soi-disant information. Or, chaque minute de spectacle, et les journaux télévisés en livrent un formidable pour réussir à ne rien dire ni montrer en laissant croire qu'ils ont fait le tour de l'essentiel, chaque seconde de cette minute coûte aux annonceurs une fortune. Au moment où la sécurité sociale est attaquée par les vampires du libéralisme, cela coûte cher d'alléger la pression sanguine des descendants des sans-culottes pour mieux les contrôler politiquement et les faire bastonner ou langer à distance par des figures familières, semble-t-il occupées à ne montrer que leurs fesses et leurs sourires.

Mais je suis écrivain, et tout en reconnaissant un pur rapport d'égalité avec ceux qui ne le sont pas (je ne compte pas ici les faux écrivains, même en tête des classements de ventes, mais ceux dont la vocation n'est pas d'écrire), je suis locataire des mêmes mots. Je suis fondé à les faire accoucher de leur parole, car ils ont d'autres poids à porter, d'autres matériaux ou procédures où exercer leur savoir-faire et puiser leur survie. Les mots, leurs mots, mais tels que je les écris et en quelque sorte les décris, sont leur vrai

lieu d'habitation, le véritable point de départ pour qu'ils se meuvent et s'émeuvent. Ils ne les entendront pas, pas plus que ceux de mes confrères et consoeurs, et n'entreront pas en réel débat avec leur être propre.

Outre que pour toutes les raisons citées, mes conditions artistiques de subsistance sont précaires (j'ai bien sûr un deuxième métier, qui me nourrit) la frustration renouvelée de ne pouvoir toucher un interlocuteur travaillerait à me dissuader d'essayer. Et je ne peux guère témoigner pour les générations futures dans un geste de transmission dégagé de tout investissement autre que symbolique. Il s'agit pour les divers pouvoirs d'éradiquer toute bouteille à la mer, même consignée, car ils ne laissent rien au hasard, et surtout pas ce hasard-là, servant le profit immédiat et le faisant prospérer au mieux, jusqu'à l'invention toujours plus avertie de l'éradication des tentatives rebelles, même faiblement, nouveaux dispositifs d'aliénation qui sauront exploiter tout en masquant de mille bavardages les lettres de leur nom véritable : le mal. Consensus artificiel dont personne d'honnête et d'exploité économiquement, psychiquement, sexuellement, ne veut mais auquel tout le monde pense aspirer tout en se faisant vider de ses forces, dont on ne garde qu'une part pour huiler la machine.

Sans doute alors, si je ne dérange pas l'ordre d'un monde dérangé, pourrais-je trafiquer avec plus ou moins de malice dans le divertissement ? Si mes frasques existentielles narrées travaillent, par anti-modèle distrayant, à garantir in fine des valeurs réactionnaires, des droits d'auteur assez conséquents rempliront-ils alors ma bauge ou mon écuelle de petit chien de garde ? Mais je suis écrivain. Ma naïveté est ma seule vertu devant le vice, et je me crois plus malin par cette naïveté que j'assume, non que le citoyen lambda à qui l'on refuse l'apprentissage du grec et le rappel de l'invention de la démocratie, mais plus malin que le système pensé par des personnes formées par les meilleures écoles et qui, non contentes de refuser l'ascension sociale de tout individu méritant qui serait soucieux de faire de ce mérite un modèle, sélectionnent en bons exécutants parmi ceux-ci les quelques personnes qui surveilleront la prison mentale et morale en faisant taire leur conscience. Ces exécutants ont renoncé à porter le monde vers un nouveau monde, pour mieux s'alléger sur le dos des autres. C'est ma folie d'écrivain : je me crois plus malin que ces petites gens très bien payées, parce que je sais par cœur les écrivains sans le sou mais avec le souffle au plus fort de leurs crises d'asthme. Je crois encore, sinon je n'écrirais plus, que je vais pouvoir subvertir ce bloc d'injustices verrouillé, comme Mandelstam le croyait avant

de mourir au Goulag, comme Desnos le croyait quand il travaillait au sein d'un journal collabo pour récolter des renseignements destinés à son réseau de résistance. Sauf que je suis censé végéter, médiocre puisque peu lu (j'ai parfois la prétention d'inverser cette proposition, mais laissons l'orgueil et le ressentiment loin de ces lignes) au sein d'une démocratie qui ferait ce qu'elle peut dans la réalité, à commencer par l'examen sourcilleux des chiffres de vente. Qu'aurais-je à dénoncer, sinon mon inadaptation à l'adaptabilité, avant de subir en silence mon impuissance de perdant magnifique pour soi seul? Où peut se réfugier la subversion, pour subvertir quoi, alors que c'est moi qui suis tenu au silence et que le système politico-médiatique feint seulement d'être ébranlé par des amuseurs publics qui liftent par la caricature, dans les buildings de TF1 ou de Canal +, le visage protéiforme et pluralisé du chef globalisé de nos cerveaux et sont en fait ces sbires, des amuseurs privés (souvent d'humour entre autres). Alors que je suis écarté des tables des librairies par des faiseurs de succès qui œuvrent sur commande en fonction de besoins créés à la seule fin d'être satisfaits par des dizaines de milliers d'exemplaires. Bombardés même, ces exemplaires, identiques aux dizaines de milliers d'exemplaires signés d'autres noms masculins ou féminins, sur les têtes casquées d'oreillettes à i-Phone. Parlons de l'i-Phone à Haïfa. Mais souvenons-nous de la vraie pomme, peut-être moi en l'occurrence.

Elle ne peut sans doute se réfugier, cette subversion, que dans la traversée du miroir des apparences que constitue l'écriture, fût-elle privée de lecteurs. Il reste toujours comme lecteur l'écrivain lui-même, debout. Une voix priée de se taire au pays de Voltaire. Du silence et de l'invisibilité résonnent encore son silence et son invisibilité à lui, riches de sa voix intérieure et d'une image qui rayonne car elles ne se préoccupent pas de trouver des yeux complaisants et fardés par la mauvaise foi. Donc je parle encore. Pour dire quoi? Pour *dire*, et c'est un chantier immense. Pour dire dans le texte critique, romanesque, poétique, pour dire, comme disent incessamment les pensées, comme chuchote sans trêve le doute, comme travaille l'inconscient quand tout semble en ordre ou en désordre. Ce qui est en désordre est à ranger sous le regard des policiers de l'âme. Ce qui est en ordre est aux ordres et comme tout cela ne s'avouera jamais, voilà que point dans l'écriture du brouillon même une injonction paradoxale : tu peux tout dire mais dis-le de façon qu'il ne soit pas nécessaire de le dire, mais bien suffisant d'y obéir. J'ai le devoir de ne rien dire si j'ai quelque chose à dire, j'ai le droit de me taire au pays de Voltaire mais il faudra bien sûr, dès qu'une

occasion se présentera, rappeler, le petit doigt sur la couture d'un pantalon qui vient de perdre un bouton, que je suis citoyen d'un pays qui a inventé les droits de l'homme, sur le sol riche d'histoire mais difficile d'installation, surtout pour nos anciens peuples colonisés, de la liberté d'expression.

Cette injonction paradoxale, il ne faut en retenir ni la leçon de folie, ni la peur de désobéir, mais la joie épuisante et mortelle de lutter par les mots et les lettres, et les phrases, et les pages. Au moment présentéiste où la procédure mondialisée aplanit tout style au nom de l'égalité, appauvrit dans les écoles le vocabulaire et l'analyse de textes au nom de l'expression de l'enfant, au moment destiné à perdurer où l'emploi des technologies informatiques ne vise qu'à créer des employés dociles, précaires, remplaçables les uns par les autres et licenciables facilement, au moment où ces employés ne se rendent pas compte qu'ils perdent leur langue, donc leur pensée, car le sabir même qu'ils emploient les aide à effectuer leur travail vidé de perspective en attendant de prendre leur place dans les embouteillages, il faut lutter, amis, de nos dernières forces. Contre ce jeu de dupes : CDD contre COD. Téléchargements légaux ou illégaux contre la structuration de l'EGO. Google maps et GPS pour ne jamais plus sortir du labyrinthe. Réseau social de Facebook pour ne surtout pas découvrir que l'on est absent de ce que l'on aurait à dire. Le tchat n'a pas neuf vies, pas même une seule. La presse distribuée gratuitement dans le métro fatigué coûte très cher à l'information réelle, celle qui demande du courage, de l'investigation, des moyens conséquents, le sens de l'explication, de la véritable géopolitique, des mécanismes réels de l'économie sauvage, de l'exploitation savamment maquillée de l'homme par l'homme, du cynisme qui a pris pour avatar la libre-discussion, le fait d'«échanger» comme on dit aujourd'hui. Échanger, alors que la finance ne fait que valoriser au mieux les variations des taux de change et que le mépris s'est invité partout où il pouvait nous rendre moins chers, échangeables et supprimables. Et videz la corbeille ailleurs que dans Wall Street.

Mais après tout, le texte que je prononce devant vous est bien le fruit de ma liberté d'expression n'est-ce pas ? La question est bien plutôt ce que nous pourrions faire de cette réunion. Non spéculer sur de possibles échos médiatiques, même s'il serait niais de ne pas les souhaiter. Diffuser grâce au malentendu de l'inaudible n'est pas à négliger. Mais la censure veille. Elle est plus informée que du temps où elle faisait des gaffes à cause de l'ampleur de la tâche de répression. La répression douce est relayée partout et rapide

comme un clic. Elle nous dit qu'elle nous aime et peut nous faire facilement jouir si l'on suit les règles d'un jeu qui ne joue pas. Non pas compter sur des échos médiatiques donc, mais exprimer à plusieurs notre volonté de liberté. Jointes, nos voix pourront bien passer, à force de ténacité comme de ténuité inflexible, à travers les réseaux hertziens, couper les câbles de fibre optique comme autant de nœuds gordiens, nous redonnant la vue, elles pourront dissoudre la publicité qui s'enrobe dans les éditoriaux les plus sérieux, déconstruire les chapitres les mieux enchaînés des romans pensés dans les cellules marketing pour donner envie aux bourgeois pressés de ne pas rater le livre à lire rapidement durant une semaine de vacances, puisque tout le monde en parlera dans les dîners en ville. Nos yeux, nos consciences, rendront tout cela au néant qu'il est déjà. Et alors nos voix redonneront courage aux élèves de nos écoles publiques, pour qu'ils élèvent leurs propres mots et leurs revendications et réclament leur dû de transmission de culture. Nos voix d'écrivains desserreront les gorges de ceux qui ont peur d'être licenciés. Nos voix entremêlées réveilleront peut-être Voltaire au Panthéon, le purgeront de son antisémitisme, et Voltaire, non dans un éclat de rire mais avec le sourire confiant des justes guidera les pays, France en tête, vers la Révolution. La Révolution ne sera plus seulement un mot. Mais notre liberté d'expression.

Jean-Luc Despax

About bibliodiversity

SYDNEY LEA
AMERICAN PEN.

I am no theorist, nor even a man who thinks well about philosophy, politics, or social policy in their broader avatars. My testimony, then, is only that of a writer devoted for the most part to "minor" genres.

There I stood at the top of a small local mountain in rural Vermont, where I live, the snow deep, brilliant, crossed only by tracks of deer and coyote. I was 68 years old, and had just sold my ninth book of poems to an independent publisher, its editor/director the most sensitive and competent I've known.

There was some satisfaction in that, but just then another project announced itself to me: a book of essays on certain people and landscapes of Vermont, and of a place in remote Maine where my family has had a fishing camp for four generations.

Many of those people would be well over a hundred if they still lived, men and women so attuned to their backwoods environments that in memory I still find it hard to tell in their cases where human nature ends and actual nature takes over.

Their culture and particularly their narrative skills have all but disappeared now, none of them left a written account of those lives and times, yet they had meant so much to me as man and artist that I felt I owed them a tribute.

An evil voice asked, Who will publish a book like that?

A better voice replied, It's what you want to write, so write it!

As it happens, a certain small house has since that morning indicated interest in my

À propos de bibliodiversité

SYDNEY LEA
PEN CLUB AMÉRICAIN.

Je ne suis pas un théoricien, ni même un homme à l'aise avec la philosophie, la politique, ou les politiques sociales dans leurs manifestations plus larges. Mon témoignage est donc seulement celui d'un écrivain qui s'est consacré la plupart du temps aux genres « mineurs ».

Me voilà au sommet d'une petite montagne régionale du Vermont rural, où je vis, la neige épaisse, brillante, portant uniquement les traces de quelque cerf ou coyote. J'avais 68 ans et venais de vendre mon neuvième livre de poèmes à un éditeur indépendant, son directeur éditorial était le plus compétent et sensible que j'ai connu.

Il y avait quelque satisfaction à cela, mais juste à ce moment un autre projet s'est présenté à moi : un livre d'essais sur certains habitants et paysages du Vermont, et sur un endroit reculé du Maine où ma famille avait un camp de pêche depuis quatre générations.

Beaucoup des membres de cette famille auraient largement dépassé les cent ans s'ils étaient encore en vie, hommes et femmes tellement en harmonie avec leur environnement forestier que de mémoire, dans leurs cas, je trouve toujours difficile de dire où finit la nature humaine et où commence la vraie nature.

Leur culture et tout particulièrement leurs talents de conteurs ont complètement disparu aujourd'hui, aucun d'entre eux n'a laissé de traces écrites de ces vies et de cette époque. Et pourtant elles avaient tant signifié pour moi en tant qu'homme et artiste que je ressentis le besoin de leur rendre hommage.

Une voix diabolique demanda : *qui publiera ce genre de livre* ? Une meilleure voix répondit : *c'est ça que tu veux écrire, alors*

plans. *This is a "niche" publisher, which caters to readers with similar enthusiasms to mine – canoeing, fishing, hiking, hunting. There appear to be enough of those readers that the house can survive on sales alone.*

To most publishers of poetry, non-academic literary criticism, personal essay and short fiction, however, government support is increasingly crucial, and here's the rub: the American hagiography of – The Market. Despite the fact that unfettered U.S. capitalism lately produced disastrous effects at home and worldwide, an article of Market Faith is that if it sells in plenty, then it must be valuable. Efforts, especially from the Republican party, to stifle the National Endowments for the Arts and the Humanities, crucial supporters of work that does not meet the market standard of value, are therefore unrelenting.

Given the Latin etymology of the word, with its emphases on saving *and* together, *it strikes me as bizarre that the congregants in this faith regard themselves as "conservatives".*

As I stood on my snowy eminence, I rememberd doing so on other hills when I lived farther south. From there, my prospect today would be onto out-of- scale new houses… or else much older ones, lived in by single families for generation upon generation but now belonging to relocated suburbanites, who have entirely altered them and their surroundings. These newcomers seem oddly intent on transforming what they fled to into *what they fled* from.

In a word, downriver from me a demographic revolution has occurred, native families – the ones so brilliantly limned by Robert Frost – forced out, consumerist cul-

écris-le ! Et il se trouve que, depuis lors, une petite maison s'intéresse à mes projets. C'est un éditeur avec une « niche » éditoriale, qui s'adresse à des lecteurs ayant les mêmes passions que les miennes – le canoe, la pêche, la randonnée, la chasse. Il semble qu'il y ait suffisamment de ces lecteurs pour que la maison puisse vivre de ses ventes.

Pour la plupart des éditeurs de poésie, de critique littéraire non académique, d'essais personnels et de courtes fictions, cependant, le soutien du gouvernement devient de plus en plus crucial, et c'est là que le bât blesse : l'hagiographie américaine – Le Marché. En dépit du fait que le capitalisme américain débridé a récemment eu des effets désastreux au plan national et dans le monde, une règle de la Foi du Marché est que, si cela se vend bien alors cela doit avoir de la valeur. Les efforts, particulièrement de la part du Parti républicain, pour étouffer les dotations nationales aux arts et aux humanités, soutiens fondamentaux aux œuvres qui n'entrent pas dans les critères du marché, sont par conséquent impitoyables.

D'après l'étymologie latine du mot, qui insiste sur *économiser* et *ensemble*, il me semble très étrange que les adeptes de cette foi se considèrent comme des « conservateurs ».

Tandis que je me tenais sur mon éminence enneigée, je me souviens avoir fait de même sur d'autres collines quand je vivais plus au sud. De là, aujourd'hui ma prospection rencontrerait de nouvelles maisons énormes… ou d'autres bien plus vieilles, habitées pendant des générations par les mêmes familles, mais qui maintenant appartiennent à des banlieusards relocalisés, qui les ont complètement modifiées ainsi que leurs environs. Ces nouveaux venus semblent curieusement vouloir transformer ce *vers* quoi ils ont fui en ce *d'où* ils ont fui.

En un mot, en aval de l'endroit où je suis une révolution démographique a eu lieu,

ture imported, along with such notions as that no real town can endure without a five star restaurant, and so on.

This is conservatism, *this sundering of community and tradition?*

A warning about the extinction of upper New England's hill people may have less glamour than an elegy on the indigenous people, say, of the Amazon basin; and yet the juggernaut of The Market and of Globalization is assaultive of both.

Where am I going with such apparent divagation? Well, the social transmogrification to which I've alluded in Frost's territory (and in the Latin-American rain forest) makes a lot of money for certain non-local entrepreneurs. Similarly, if one looks at the best seller list of the NY Times, *one finds it dominated by what we call page-turners, books that have scant regard for felicities of style or intricacy of narrative but seek, in effect, to ape the pace, dazzle and formulaic quality of television, film, and now the so-called social networks and video games – in a word, books which, to the delight of large interests, sell in a hurry and in large numbers. As with real estate, what makes the most money becomes what's most important.*

And yet some of us keep insisting on writing and reading the "minor" genres, on the related urgency of language both precise and lyrical; we go on living, at least metaphorically, in precious and vulnerable little houses, which may be razed or "refashioned" when the global market's juggernaut reaches them, as surely it must.

With respect to writers and readers of American poetry, for example, these little houses have been and become more and more the sort of little publishing *houses*

les familles natives – celles si brillamment dépeintes par Robert Frost – expulsées, une culture consumériste importée et véhiculant des notions telles qu'une vraie ville ne saurait exister sans un restaurant cinq étoiles, etc. C'est ça le *conservatisme,* cette scission de la communauté et de la tradition ?

Un avertissement concernant l'extinction des populations des hautes collines de la Nouvelle-Angleterre serait moins attrayant qu'une élégie sur les peuples autochtones, disons, du bassin amazonien ; et pourtant les rouleaux compresseurs du Marché et de la Globalisation s'attaquent aux deux.

Où vais-je avec une telle apparente divagation ? Eh bien, la métamorphose sociale à laquelle je faisais allusion pour les territoires de Frost (et au sujet de la forêt tropicale d'Amérique latine) rapporte des fortunes à des entrepreneurs non locaux. De même, si on consulte la liste des best-sellers du *New York Times,* on voit en tête de liste ceux qu'on appelle les « tourneurs de page », des livres qui s'occupent peu des délices du style ou de la complexité narrative, mais cherchent en fait, à singer le rythme, l'éblouissement et la qualité des formules de la télévision, du cinéma, et maintenant des réseaux dits sociaux et des jeux vidéo – en un mot, des livres qui, à la grande joie des grands intérêts, se vendent vite et en grand nombre. Comme avec les biens immobiliers, ce qui rapporte le plus d'argent devient le plus important.

Et pourtant certains d'entre nous persistent à écrire et lire des genres « mineurs », sur la nécessité d'un langage à la fois précis et lyrique ; nous continuons à vivre, du moins métaphoriquement, dans de petites maisons précieuses et vulnérables, qui peuvent être rasées ou « relookées » quand les rouleaux compresseurs du marché mondial les atteindront, ce qui ne peut manquer d'arriver.

Sans vouloir offenser les écrivains et les lecteurs de poésie américaine, par exemple,

that I have stuck with throughout my long career – with one disastrous exception: I once sold a collection of poems to Scribner, whose parent company, Macmillan, had only eight per cent of its assets in publishing as we once knew it; the corporation, or so I was told by my excellent editor there, actually had much more invested in food for pets than in poets.

My book sold well by my measure… but not nearly well enough to avoid rather quick consignment to a shredder; the pages I'd labored on were then turned into paper towel (another of the company's investments). That fine editor got fired, precisely for taking too many books like mine. The executive officers wanted an 18 percent return, and neither I nor my poetic fellows would be contributing much to that.

I've never had such an experience with a small press …and yet, as I have hinted, these presses are heavily dependent on financial support not only from individuals of means but also from the federal government. It's not hard to imagine what may become of them if the dismantlers of state support for the arts prevail.

Of course it behooves these publishers, along with their writers and readers (and organizations like PEN*) to pressure political representatives for support of our less commercially viable arts all over the world. But I suspect, to make an analogy, that just as many more people watched bear baiting in Shakespeare's time than watched his great tragedies, so today the poet, the essayist, the short fictionist and even the* PEN *member all appeal to*

ces petites maisons ont été et deviennent de plus en plus le genre de petites maisons *d'édition* avec lesquelles je me suis engagé tout au long de ma carrière – à une seule mais désastreuse exception : un jour j'ai vendu une collection de poèmes à Scribner, dont une société apparentée, Macmillan, avait seulement 8 % de ses actifs dans l'édition comme nous l'avons appris par la suite. Cette compagnie, à ce que m'en a dit mon excellent éditeur, avait en fait bien plus investi dans la nourriture pour animaux domestiques que dans les poètes.

Selon moi mon livre se vendait bien… mais pas encore suffisamment pour éviter d'être rapidement envoyé à la déchiqueteuse ; les pages sur lesquelles j'avais travaillé furent transformées en serviette en papier (un autre des investissements de la compagnie). Cet éditeur de qualité fut renvoyé précisément pour avoir accepté trop de livres comme le mien. Les dirigeants voulaient un rendement de 18 %, et ni moi ni mes amis poètes ne pouvions contribuer à cette hauteur.

Je n'ai jamais eu d'expérience semblable avec de petites maisons… et pourtant, ces maisons, comme je l'ai déjà évoqué, sont très dépendantes d'une aide financière venant non seulement de moyens individuels mais aussi du gouvernement fédéral. Il n'est pas difficile d'imaginer leur devenir si les partisans du démantèlement de l'aide d'état pour les arts l'emportent.

Bien sûr, il incombe à ces éditeurs, avec l'aide de leurs écrivains et lecteurs (et d'organismes tels que le PEN) de faire pression sur les représentants politiques pour qu'ils soutiennent nos arts commercialement moins viables, dans le monde entier. Mais j'imagine, pour faire une analogie, que de la même manière qu'il y avait à l'époque de Shakespeare plus de gens pour s'intéresser à l'appâtage des ours que de gens pour lire ses grandes tragédies, aujourd'hui le poète, l'es-

constituencies whose political power is paltry when stacked up against The Market or Globalization or – what is for us the same thing – the producers of those page-turners.

Do I sound like a pessimist? I am.

Now it may well be that our future lies in the world of cybernetics: online publishing, electronic books, Google, what have you? I am all but innocent of that world, my own computer, for example, serving me solely as a very high quality typewriter and a machine for sending and receiving e-mail. So I can scarcely offer an opinion one way or another on such a matter.

If that is literature's future, however, I may live long enough to miss the feel of an actual book in my hands, the capacity physically to turn its pages – back as well as forth – and to regard favorite old volumes as they in turn regard me from their shelves. I'll miss the tiny Woodsville Bookstore across the river in New Hampshire, from which I buy all my reading materials, and with whose cheerful and literate proprietor I share tips on new authors; the chain Leviathans – Barnes & Noble, Borders, and so on, along with amazon.com and other Internet retailers – will have forced such a shoestring operation into nonentity.

As I stand and look out from any local promontory, it is all too easy to imagine an immense, garish and costly modern structure standing in the vista, like some grand Random House looming over the crumbling small houses and shops of my actual, my metaphorical, my spiritual village.

sayiste, l'auteur de courtes fictions et même les membres du PEN en appellent à des circonscriptions dont le pouvoir politique est bien misérable face au Marché ou à la Globalisation ou – ce qui pour nous est la même chose – aux producteurs de ces «tourneurs de pages».

Ai-je l'air pessimiste? Je le suis.

Maintenant il est peut-être bien que notre avenir réside dans la cybernétique : édition en ligne, livres numériques, Google, qu'avons-nous là? Je suis totalement ignorant de ce monde, mon propre ordinateur, par exemple, me sert uniquement de machine à écrire de haute qualité et de machine à envoyer et recevoir des e-mails. Aussi je peux à peine émettre une quelconque opinion en la matière.

Si c'est l'avenir de la littérature, toutefois, je vivrai peut-être assez longtemps pour que me manque le fait de sentir un livre papier dans mes mains, de tourner physiquement ses pages – en avant comme en arrière – et de regarder mes vieux volumes préférés comme ils me regardent depuis leurs étagères. Me manquera aussi la minuscule librairie de Woodsville de l'autre côté de la rivière dans le New Hampshire, où j'achète tout ce qu'il faut pour lire, et où, avec le propriétaire cordial et lettré, nous échangeons des conseils sur les nouveaux auteurs. La chaîne Leviathans, Barnes & Noble, Borders, etc., tout comme amazon.com et les autres revendeurs sur internet auront voué au néant ce fonctionnement de proximité.

Alors que je me tiens sur mon promontoire et regarde autour de moi, il est très facile d'imaginer une structure moderne, immense, criarde et coûteuse, se dresser dans le paysage comme un Random House géant pesant sur les petites maisons croulantes et sur les magasins de mon village réel, métaphorique et spirituel.

Sydney Lea

Censure visible et invisible

…ON POURRAIT DORÉNAVANT L'APPELER SIMPLEMENT « CENSURE »

FRANCA TIBERTO
Présidente du PEN CLUB
SUISSE ITALIEN
et RHÉTO-ROMANCHE.

Le débat sur la censure reprend en termes nouveaux des problèmes anciens qui existaient déjà dans les cultures classiques et qu'aucune société ne peut éluder. Est-il suffisant d'appeler « censure » ce qui se passe aujourd'hui dans le monde ?

Afin d'évaluer la portée des formes de censure qui empêchent aujourd'hui la libre circulation des idées considérées comme dangereuses, on peut se référer à des exemples tirés des siècles passés lorsque la censure frappait certains textes religieux dans un climat culturel où cette pratique alimentait des censures croisées, ou encore à des conflits entre les formes les plus dogmatiques dont le but était de définir les fondements de l'orthodoxie. La chasse aux hérétiques a généré des formes de censure et de persécution selon un système que l'on pourrait définir de transparent, car personne n'osait défier les autorités censoriales sauf à choisir de s'opposer ouvertement à ces autorités.

Je ne voudrais pas m'immiscer dans le domaine de l'Église ou de la Religion, pourtant je dois le faire pour citer un cas exemplaire. On sait que peu de copies de la *Cristianismi restitutio* de Miguel Serveto ont été conservées ; la plus grande partie du tirage ayant été brûlée avec son auteur : l'efficacité indiscutable de l'anathème a fait des adeptes. Les dictatures européennes du XXe siècle ont repris et renforcé ces pratiques dirigées contre la liberté en se servant non seulement de bûchers et d'interdictions mais aussi de techniques de persuasion rendues possibles grâce aux nouvelles technologies rapidement adoptées par les nouvelles tyrannies (politiques, religieuses ou, plus fréquemment, politico-religieuses) dans le monde entier. Un autre exemple plus récent ; ce sont les livres brûlés sur la place publique en Turquie. Et nous savons tous à combien de procès est exposé l'éditeur Zaracolou à Istanbul.

Par ailleurs, les démocraties ont dû lutter (et elles ne peuvent le faire qu'avec détermination) contre des dangers plus insidieux, car fondés sur des formes de persuasion occulte et de violence indirecte. Si la propagande d'une tyrannie peut falsifier plus ou moins ouvertement n'importe quelle

nouvelle, la démocratie trouve non seulement un support mais aussi une arme de défense adéquate dans les possibilités d'un débat public et dans la libre circulation des idées, donc dans la gestion politiquement équilibrée des sources d'information que tout monopole médiatique tend à museler : face à une prétendue concurrence, la concentration des sources médiatiques génère en effet, de par sa nature intrinsèque, une censure.

Aujourd'hui, il ne suffit pas de renoncer à l'arsenal dogmatique sur lequel serait fondée la vérité unique et irréfutable et il n'est pas nécessaire non plus, du moins en Europe, de tomber à genoux devant le Chef doté de pouvoirs indiscutables voire miraculeux, au contraire il est nécessaire de défendre l'espace où peuvent s'exprimer des opinions qui diffèrent de ce que par une métaphore menaçante on appelle « le pouvoir fort ».

Il est archiconnu que la littérature, comme d'ailleurs les autres formes d'art, constitue un bon test pour établir dans quelle mesure et avec quelles motivations la censure fonctionne dans une société donnée et si par conséquent l'adaptation de la pensée est plus ou moins dangereuse. Les tabous révèlent toujours quelque chose sur la nature des lois qui les régissent et la même observation est valable pour les silences, étant donné qu'une censure peut se révéler efficace ne serait-ce qu'en pratiquant l'omission. En général, on pourrait affirmer que le devoir le plus important d'une démocratie décidée à s'opposer à la censure devrait être la défense de l'espace du droit.

Ce que la démocratie craint généralement, ce n'est pas que les gestionnaires de l'information manipulent les nouvelles (chose toujours possible et aussi prévisible et donc opposée à la démocratie) mais que l'opinion publique renonce, pour quelque motif que ce soit, à être informée de façon impartiale et par conséquent qu'elle s'éloigne de plus en plus de l'examen critique des événements du jour et se contente des images proposées.

Le danger ne résulte pas tant de la prétendue invisibilité des techniques censoriales que de la volonté de ne pas vouloir voir ce qui est évident. Il n'y a pas d'alternative concrète au travail continuel de vérification et de discussion, de circulation de l'information et de sa libre interprétation autre que l'adoption de la pensée unique, ce qui équivaut à un renoncement à la liberté. La formule du « politiquement correct » a été justement critiquée comme forme trompeuse de soumission à une perspective unique, valable une fois pour toutes, tandis que la porte de sortie de la servitude volontaire réside dans la lutte quotidienne contre le renouvellement éternel des formes de censure justifiées par les idéologues en tous genres. Il n'existe pas de mots capables de vaincre définitivement la censure.

Dans certains pays asiatiques qui peuvent se vanter d'un haut niveau de progrès scientifique et technologique, on assiste depuis quelque temps à une guerre quotidienne sournoise, riche de coups de théâtre, contre diverses formes de censure ou de désinformation orchestrées par les pouvoirs politiques centraux et, dans ces cas-là, les pays démocratiques ont apporté leur contribution en assumant le rôle d'amplificateur des voix que l'on voulait étouffer. Les cas les plus éloquents, ceux qui nous rendent conscients de la portée que peut assumer la lutte contre la censure, proviennent de pays où jamais on ne se serait attendu à de telles situations turbulentes : les explosions de violence y étaient inattendues, car la censure avait rendu leur origine invisible. Comme nous avons pu le constater lors des récentes insurrections populaires en Afrique du Nord où le pouvoir, quand il s'est senti menacé de près, a réussi à imposer un « soi-disant couvre-feu informatique total », il serait inapproprié d'imputer à la science ou à la technologie d'avoir donné un coup de main à la tyrannie, tandis que, au contraire, l'apport des spécialistes de l'informatique et autres techniciens a été décisif dans la lutte contre la censure et donc pour la libre circulation de l'information. Les dangereux hackers ont prouvé qu'ils n'étaient pas moins utiles que les audacieux journalistes qui ont mis au jour l'arrière-plan, officiellement censuré, de la guerre américaine au Vietnam. Et dans ces circonstances on a pu constater encore une fois comment à l'échelle planétaire la diffusion rapide de la contre-information a eu une influence sur les facteurs économiques et politiques au sens large, facteurs qui ont soutenu les gens dans leur lutte pour l'obtention des droits dont ils étaient privés. Dans tous les cas mentionnés ci-dessus, s'opposer à la censure signifiait rompre avec un silence condamnable.

On peut déduire même de ces considérations sommaires qu'une censure sans entraves, qui se soustrait à tout débat public et à tout contrôle, mène à la ruine du système légal et a des conséquences sur tous les droits, civils et religieux. Là où il existe un équilibre entre les différents pouvoirs traditionnellement gérés par une société démocratique ; la défense du droit (d'un droit toujours en élaboration pour suivre les nouvelles technologies et éventuellement contrôler les ingérences de l'exécutif désireux d'étendre ses pouvoirs) reste la meilleure protection contre l'invasion plus ou moins visible de toute forme de censure.

Franca Tiberto
Traduit de l'italien par Elza Jereb

The future of reading

"The Future of Writing" implies "The Future of Reading". We write because we read. Writing is feedback not only to the texts we have read but also to life. We owe good works to interactions – be they our own experiences or other people's. And we write not only what we wish other people to read, but also what we would like to read. Writers are their first readers – starting with the first group of words that come in mind, even before anything is externalized in script.

In 1974, I thought: "There are more and more books to read and people have less and less time to spare time for reading. So in order to have easier access to the time schedule of readers, a literary work should be as short as possible – which may also mean a book of a thousand pages if it can't (and mustn't) be shorter. Short texts may be efficient like guerilla attacks."

Epigrams, nano-stories and aphorisms are efficient in the era of tweeting. It is likely that more and more writers will make use of that medium. The Ten Commandments might have been *"The Ten Tweets"* if Moses had had the technology.

Still, the difference between a snowball and an avalanche is significant. Size may also matter, having a deeper impact.

We read not only texts but also life. A coach reads an ongoing match – according to sports commentators. We try to 'read' people by making sense of their clothes and behaviour. Consequently, we write not only words

TARIK GÜNERSEL
President of TURKISH PEN.

L'avenir de la lecture

« L'avenir de l'écriture » implique « L'avenir de la lecture ». Nous écrivons parce que nous lisons. L'écriture est rétroaction, par rapport aux textes que nous avons lus et par rapport à la vie. Les œuvres de qualité sont le fruit des interactions, celles liées à nos propres expériences ou à celles d'autres personnes. Et nous écrivons non seulement ce que nous souhaitons que d'autres lisent, mais aussi ce que nous aimerions lire nous-mêmes. L'écrivain est son premier lecteur – à commencer par le premier groupe de mots qui vient à l'esprit, avant même que tout cela ne prenne une forme écrite.

En 1974, je me disais : « Il y a de plus en plus de livres à lire et les gens trouvent de moins en moins le temps de lire. Ainsi, afin de s'inscrire plus facilement dans l'emploi du temps des lecteurs, une œuvre littéraire devrait être la plus courte possible, ce qui n'exclut pas le livre de mille pages, s'il ne peut et ne doit être plus court. Les textes courts peuvent être aussi efficaces que des attaques de guérilla. ».

Épigrammes, nano-récits et aphorismes sont efficaces dans l'ère de Twitter. Il est probable que de plus en plus d'auteurs auront recours à ce support. *Les Dix Commandements* auraient pu être « Les Dix Tweets » si Moïse avait eu accès à cette technologie.

Pourtant, la différence entre une boule de neige et une avalanche est importante. La taille peut aussi avoir son importance, en ce sens qu'elle peut avoir un plus grand effet.

Nous lisons non seulement des textes mais aussi la vie. Dans le langage des commentateurs sportifs, un entraîneur « lit » le match en cours. Nous essayons de « lire » les gens

TARIK GÜNERSEL
Président du PEN TURC.

but also actions. We read traces, and we leave traces –of some of which we are not aware.

Computer possibilities have paved the way to pleasures of graphic elements in writing &reading. Hieroglyphs can be proud of their grandchildren: ☺.

It is difficult to read a literary work without considering the author. If we are angry with the author, the work usually suffers from our judgment – maybe unfairly. Now, at this moment of writing, I realize that writers – maybe unconsciously – try to take care of the future of their works through their deeds. It is like making a special effort to be "a good person" once you have become a parent, for the sake of the future of your children, because all concerned will be affected by your "personal" history.

As means of expression are developing, life is becoming more dynamic and chaotic – which may mean more fruitful if adequate coping strategies can be developed. Hence: Enter the good old word 'wisdom'. It may not be more than wishful thinking, but it is good – perhaps even useful – to have a notion like that.

Although Skype is a great leap forward, we still prefer to gather, bringing our bodies into the same spacetime. Fortunately, we are never satisfied with reading what is written on paper or screen, but we are infinitely eager to read the rich personalities we hope to meet – with the never-hidden agenda of perhaps writing into some of them, hopefully leaving a few good traces.

Readings, writings… in an almost infinite variety, for… two billion years to come? Hopefully.

selon leurs vêtements et leurs comportements. Par conséquent, nous n'écrivons pas seulement des mots mais aussi des actions. Nous lisons des traces, et nous laissons des traces, parfois à notre insu.

L'informatique a ouvert la voie aux plaisirs des éléments graphiques dans l'écriture et la lecture. Les hiéroglyphes peuvent être fiers de leurs petits-enfants : ☺.

Il est difficile de lire une œuvre littéraire sans tenir compte de l'auteur. Si nous sommes en colère contre l'auteur, notre jugement de l'œuvre est généralement altéré, peut-être injustement. Je m'aperçois qu'aujourd'hui les écrivains tentent, inconsciemment peut-être, d'assurer la postérité de leur œuvre par leurs actes. C'est comme s'efforcer, une fois qu'on est devenu parent, d'être «une bonne personne» afin de ne pas nuire à l'avenir de ses enfants car son histoire «personnelle» aura des effets sur tous.

À mesure que les moyens d'expression se développent, la vie devient plus dynamique et chaotique – ce qui peut signifier plus fructueuse si les stratégies d'adaptation adéquates sont mises en place. Donc, entrer dans le bon vieux mot «sagesse». Ce n'est peut-être rien de plus qu'un vœu pieux, mais il est bon, peut-être même utile, d'en avoir la notion.

Bien que Skype constitue un grand bon en avant, nous préférons toujours nous rassembler, plaçant notre corps dans un même espace-temps. Heureusement, nous ne sommes jamais satisfaits de lire ce qui est écrit sur papier ou sur écran, mais nous sommes infiniment désireux de lire les riches personnalités, que nous espérons rencontrer – avec l'intention jamais cachée d'écrire, peut-être, dans certains d'entre eux, espérant y laisser quelques traces.

Lectures, écrits… dans une variété presque infinie, pour… deux milliards d'années à venir ? Espérons-le.

Tarık Günersel

Zensur heute: Konzerne und Medienanwälte als Antreiber

WERNER RÜGEMER
Köln, Publizist,

2006 veröffentlichte ich das Buch Der Bankier. Ungebetener Nachruf auf Alfred Freiherr von Oppenheim. *Darin schilderte ich den Aufstieg der Kölner Bank Sal. Oppenheim & Cie. zur größten Privatbank Europas. Es ging um die Kollaboration mit dem Hitler-Regime, um illegale Unternehmensspenden für Regierungsparteien in der Bundesrepublik Deutschland nach 1945, um die Verwaltung großer Vermögen und um aggressive Methoden bei Immobilienprojekten und Firmenverkäufen.*

Die Bank hatte über ihre Anwälte schon aufgrund der Verlagsankündigung versucht, das Erscheinen des Buches zu verhindern. Dann erwirkte sie beim Landgericht Berlin Einstweilige Verfügungen zu 22 Passagen im Buch, jeweils getrennt gegen den Autor, den Verfasser des Vorworts und den Verlag. Insgesamt brachten Bank und Kanzlei bis 2011 über 20 juristische Verfahren ingang- diese Vielzahl soll einschüchtern und berufliche Existenzen vernichten. Z.B. wurde ich zu einem Strafgeld von 1000 Euro verurteilt, weil ich eine der verbotenen Passagen wiederholt haben soll.

Die Hauptaussagen des Buches wurden nicht angegriffen, es ging um Nebensächlichkeiten, z.B. hatte ich geschrieben, dass der ehemalige Oberstadtdirektor der Stadt Köln Geschäftsführer in der Bank wurde: das sei falsch, weil er Geschäftsführer in einer Tochtergesellschaft der Bank wurde. Weil es rechtlich kompliziert ist, Einstweilige Verfügungen

La censure aujourd'hui : le fait des grands groupes et des avocats spécialisés en droit des médias

WERNER RÜGEMER
Journaliste-chroniqueur,
Cologne.

En 2006, j'ai publié le livre *Le Banquier. Nécrologie non autorisée d'Alfred Freiherr von Oppenheim.* J'y ai décrit la progression de la Kölner Bank Sal. Oppenheim & Cie, devenue la plus grande banque privée d'Europe. Il était question de la collaboration avec le régime hitlérien, de dons illégaux en faveur de partis gouvernementaux dans la République fédérale après 1945, de la gestion de grosses fortunes et de méthodes agressives sur des projets immobiliers et des ventes d'entreprises.

Dès l'annonce de la publication, la banque avait essayé, par ses avocats, d'interdire la sortie du livre. Elle avait obtenu ensuite auprès du Tribunal de Grande Instance de Berlin des injonctions sur requête concernant 22 passages du livre, dans des actions distinctes, respectivement, contre l'auteur du livre, celui de la préface et contre la maison d'édition. Au total, la banque et le cabinet d'avocats ont introduit plus de 20 procédures judiciaires – ce nombre avait pour objectif d'intimider et de réduire à néant certains acteurs professionnels. Par exemple, j'ai été condamné à une amende de 1 000 euros, parce que j'aurais reproduit l'un des extraits interdits.

Les principaux passages du livre n'ont pas été touchés : n'étaient en jeu que des questions secondaires. Par exemple, j'avais écrit que l'ancien Directeur général des services de la Mairie (*Oberstadtdirektor*) de la ville de Cologne était un dirigeant de la banque : c'était inexact parce qu'il était directeur d'une filiale de la banque. Comme il est ju-

aufzuheben, erscheint das Buch immer noch in der dritten vorläufig geschwärzten Ausgabe. Die Gerichts- und Anwaltskosten für mich betrugen etwa 50.000 Euro; meine Gewerkschaft verdi übernahm für einige Verfahren die Rechtshilfe, auf einem Solidaritätskonto gingen für mich 7.000 Euro ein, ein Teil der Kosten wurden wegen meines teilweisen Erfolgs vor Gericht zurückerstattet. Alleine hätte ich das nicht durchgestanden.

Einstweilige Anordnungen erfolgen wegen der angeblichen Eilbedürftigkeit. Das Gericht prüft nicht in der Sache. Es genügt die eidesstattliche Versicherung eines Unternehmenschefs. Der Beklagte, in dem Fall also ich, wird vom Gericht nicht gehört, ich konnte keine Dokumente vorlegen. Die Pressekammer des Landgerichts Berlin mit ihren drei Richtern nahm im Jahre 2006 über 1.000 Verfahren an, kann also gar nicht genügend sachliche Klärungen herbeiführen. Die Verhandlungen sind auf eine Viertelstunde angesetzt; meine Anträge auf Anhörung von Zeugen wurden abgelehnt. Die Richter gaben auf Befragen meines Anwalts zu, dass sie das Buch gar nicht gelesen hatten.

Die Bank hatte zunächst das Verbot von 32 Passagen beantragt; das Gericht beriet einseitig den Kläger, 10 Passagen herauszunehmen, weil sie besonders schlecht begründet waren. Ich hatte nur die Möglichkeit, mit finanzieller Vorleistung und Risiko in Widerspruch zu gehen – eine jahrelange Prozedur. Die Gerichte hoben in späteren Verhandlungen aufgrund meiner Unterlagen die Verfügung zu weiteren 10 Passagen auf. Eigentlich müssten die Richter dies an die Staatsanwaltschaft melden, weil der Bankchef hier eine falsche eidesstattliche Versicherung abgegeben hat - eine solche wird mit bis zu 5 Jahren Gefängnis bestraft. Doch die Richter taten nichts. Deshalb stellte ich gegen den Bankchef eine Strafanzeige. Die Ber-

ridiquement compliqué d'obtenir la mainlevée d'une injonction sur requête, le livre paraît, dans sa troisième édition, toujours provisoirement noirci. Les honoraires d'avocats et frais de justice se sont élevés pour moi à environ 50 000 euros ; mon syndicat verdi a pris à sa charge l'assistance judiciaire pour quelques procédures ; 7 000 euros ont été versés pour moi sur un compte de solidarité, une partie des frais m'a été remboursée en raison de succès partiels devant les tribunaux. Seul, je n'aurais pas pu résister.

Les injonctions sur requête sont prises en raison d'une prétendue urgence. Le Tribunal n'examine pas l'affaire au fond. Une attestation sous serment d'un chef d'entreprise suffit. Le défendeur, c'est-à-dire ici moi, n'est pas entendu par le tribunal, je ne pouvais communiquer aucun document. La chambre spécialisée en matière de presse du Tribunal de Grande Instance de Berlin a reçu en 2006 plus de 1 000 procédures : elle n'est donc aucunement en mesure de procéder à une motivation de fond. Il est prévu un quart d'heure pour les débats ; mes demandes d'audition de témoins ont été refusées. Les juges, sollicités par mes avocats, ont reconnu n'avoir même pas lu le livre.

La banque avait, dans un premier temps, sollicité l'interdiction de 32 passages ; le tribunal conseilla non contradictoirement au demandeur de renoncer à 10 passages parce qu'ils étaient particulièrement mal motivés. Je n'avais que la possibilité, en versant une consignation à mes risques, de faire opposition : une procédure d'une année. Les tribunaux ont levé l'interdiction sur 10 autres passages lors de débats qui ont eu lieu plus tard, sur le fondement de mes pièces. En fait, les juges auraient dû faire un signalement au Procureur, parce que le chef de la banque avait fait ici de fausses attestations sous serment – la peine encourue allant jusqu'à cinq ans de prison. Les juges n'ont cependant rien fait. C'est pourquoi j'ai porté plainte au pé-

liner Staatsanwaltschaft stellte jedoch im Jahre 2010 die Ermittlungen ein: die eidesstattliche Versicherung sei schon vor über drei Jahren abgegeben worden, die strittigen Inhalte seien unwichtig und es bestehe kein öffentliches Interesse. Ich berichtete im Internetblog www.nrhz.de über die Strafanzeige; dagegen erließ das Landgericht Berlin auf Antrag des Bankchefs eine Einstweilige Verfügung: Der Bericht sei unzulässig und muss gelöscht werden. Das Widerspruchsverfahren läuft noch.

Die Bank läßt sich von der Berliner Medienkanzlei Schertz Bergmann vertreten. Sie bietet an, die „Persönlichkeitsrechte" von Topmanagern, Politikern, TV-Moderatoren und Sportlern zu schützen. Gegen harmolose Fotos und Berichte erwirkt sie Einstweilige Verfügungen. Kanzleichef Schertz bietet Unternehmen auch Präventionsdienste an: Er sei in der Lage, „unwahre Berichterstattung" bereits „im Keim zu ersticken oder im besten Falle noch im Recherchestadium zu verhindern".[1]

Die juristischen Angriffe richten sich nicht nur gegen mich und den Verlag. Buchhändler wurden unter Androhung rechtlicher Schritte aufgefordert, das Buch nicht zu verkaufen, und für eine solche Aufforderung stellte die Kanzlei eine Rechnung aus. Einstweilige Verfügungen richteten sich auch gegen mehrere Internetblogs, die über den Fall berichteten. Diverse Printmedien verzichteten deshalb von vornherein auf Berichte.

Eine ganze Branche hat sich unter dem Motto Reputationsmanagement etabliert. So fordert Webkiller Autoren und Medien „höflich" auf, Artikel aus dem Internet zu nehmen, denn das Unternehmen XY fühle sich in seinem Ruf geschädigt. Folge man der Aufforderung nicht, könne das Unternehmen eine „Kooperationskanzlei" mit dem weiteren Vorgehen beauftragen. Das Prinzip ist klar: Es geht den Banken, Konzernen und Prominen-

■
1   *Christian Scherz: So wahren Unternehmen ihre Persönlichkeitsrechte, in: Der Pressesprecher 2004, S. 42 f.; der Artikel steht auch auf der website www.schertzbergmann.de/publikationen*

nal contre le chef de la banque. Le parquet de Berlin a cependant classé sans suite en 2010 : l'attestation sous serment avait été donnée il y a plus de trois ans, les passages litigieux n'étaient pas importants et il n'existait pas d'intérêt public aux poursuites. J'ai raconté la plainte pénale sur le blog www.nrhz.de ; Le Tribunal de Grande Instance de Berlin a rendu contre cela une injonction sur requête à la demande du chef de la banque . l'exposé serait illégal et devrait être effacé. La procédure sur opposition est toujours en cours.

La banque est représentée par le cabinet spécialisé en droit des médias Schertz Bergmann. Il se propose de protéger les «droits de la personnalité» de grands patrons, de politiciens, de présentateurs de télévision et de sportifs. Il obtient des injonctions sur requête contre des photos et des articles anodins. Le chef du cabinet Schertz propose également aux entreprises des services de prévention : il serait en mesure déjà «d'étouffer dans l'œuf ou même, dans le meilleur des cas, d'empêcher au stade des recherches» la «diffusion de fausses informations»[1].

Les attaques judiciaires ne sont pas seulement dirigées contre moi, et contre la maison d'édition. Les libraires ont été sommés, sous la menace de recours devant les tribunaux, de ne pas vendre le livre, et pour une telle mise en demeure, le cabinet présentait une facture. Des injonctions sur requête étaient aussi dirigées contre plusieurs blogs Internet, qui informaient sur cette affaire. Pour cette raison, divers médias imprimés ont renoncé d'entrée à publier l'information.

Toute une branche s'est établie sous la rubrique *Reputationsmanagement*. Ainsi, *Webkiller* somme «poliment» les auteurs et les médias de supprimer des articles sur Internet parce que l'entreprise XY se sent atteinte dans sa réputation. Si l'on ne va pas dans le sens de la sommation, l'entreprise pourrait mandater un «cabinet partenaire» pour la suite de la procédure. Le principe est clair :

■
1   Christian Scherz, *Comment les entre-prises protègent leurs droits de la personnalité*, dans *Der Pressesprecher* 2004, pp. 42 et suivantes ; l'article se trouve sur le site web : www.schertzbergmann.de/publikationen

ten nicht um den Wahrheitsgehalt, sondern um ein gefälliges Bild in der Öffentlichkeit. Die juristischen Helfershelfer arbeiten mit hohen Honoraren und ausgebufften Methoden der Einschüchterung. Die Übermacht des Geldes entscheidet, die Justiz kollaboriert. Nebensächlichkeiten werden zu aufwendigen juristischen Verfahren aufgebläht. Jüngste Fälle sind etwa das Vorgehen des Finanzvertriebs Allgemeiner Wirtschaftsdienst (AWD) gegen eine Dokumentation des Norddeutschen Rundfunks (NDR)[2] und des Wasserkonzerns Veolia gegen die Autoren des Films Water Makes Money.[3]

Diese Entwicklung steht in Zusammenhang mit der Einschränkung nicht nur der Meinungs-, sondern auch der Informationsfreiheit. Nicht nur Banken und Unternehmen, sondern auch der Staat baut die Geheimhaltung aus, die Recherchemöglichkeiten in den Medien werden drastisch verringert. Nach US-Vorbild dominiert die kurzfristige Skandalisierung, die Produktion des Vergessens, der nationalistisch überhöhte Spitzensport, der Prominenten-Tratsch.

Solche Praktiken werden von deutschen Konzernen auch in andere Staaten exportiert. So gehören die meisten Printmedien Kroatiens zur deutschen WAZ-Gruppe. Zdenko Duka, Präsident des kroatischen Schriftstellerverbandes, kritisierte die Untätigkeit der Justiz, die Journalisten im Falle von körperlicher Bedrohung und Zensur nicht zu Hilfe kommt: „Unsere Zeitungen sind nur noch eine farbige Verpackung für die Werbung großer Firmen." Als der populäre Moderator Zoran Sprajc einen Beitrag über die Straffreiheit US-amerikanischer Soldaten auf kroatischem Territorium ankündigte, wurde er für eine Woche suspendiert.[4]

2   Großangriff auf die Pressefreiheit, faznet *21.1.2011.*

3   *Interview mit der Autorin Lesli Franke,* junge welt *18.1.2011.*

4   Frankfurter Allgemeine Zeitung *7.8.2008*

il en va, pour les banques, non pas de véracité, mais d'une bonne image dans l'espace public. Les acolytes juridiques travaillent avec des honoraires importants et d'intimidantes méthodes de vieux renards rusés. La superpuissance de l'argent décide, la justice collabore. Des questions annexes sont gonflées en procédures judiciaires coûteuses. Les cas les plus récents sont les procédures de l'agence financière AWD (*Finanzvertrieb Allgemeiner Wirtschaftsdienst*) contre une documentation de la Radio de l'Allemagne du Nord (NDR)[2] et du groupe de distribution d'eau Veolia contre les auteurs du film *Water Makes Money*[3].

Ces développements se situent dans un contexte d'atteinte, non pas seulement à la liberté de pensée, mais aussi à la liberté de l'information. Ce ne sont pas seulement les banques et les entreprises qui consolident la non-divulgation, l'État y participe, les possibilités d'investigations dans les médias sont réduites de manière drastique. Suivant en cela le modèle des États-Unis, la culture du scandale immédiat, la production de l'oubli, le sport d'élite au nationalisme exacerbé, les potins mondains, dominent.

De telles pratiques sont aussi exportées par les grands groupes allemands dans d'autres pays. Ainsi, la plupart des titres de presse croates appartiennent au groupe allemand WAZ. Zdenko Duka, président du syndicat des écrivains croates, a critiqué l'inaction de la justice qui ne vient pas en aide aux journalistes dans le cas de menaces corporelles et de censure : « nos journaux ne sont plus qu'un emballage en couleur pour la publicité des grosses entreprises ». Lorsque le présentateur populaire Zoran Sprajc a annoncé une contribution sur l'impunité de soldats américains sur le territoire croate, il a été suspendu pendant une semaine[4].

2   *Attaque de grande envergure sur la liberté de la presse,* faznet *21 janvier 2011.*

3   *Interview de l'auteur Lesli Franke,* junge welt *18 janvier 2011.*

3   *Frankfurter Allgemeine Zeitung,* 7 août 2008.

Werner Rügemer
Traduit de l'allemand par Paul Barthélémy

CENSORSHIP TODAY:
EXECUTED BY POWERFUL COMPANIES
AND MEDIA LAWYERS

Author Werner Rügemer describes how critical writing is hindered by juridical means and financial pressure. As an example he reports what happened to his book on the German Oppenheim bank, in which he revealed its collaboration with Hitler´s regime, illegal donations for political parties in post-war Germany and actual dubious business methods.

The banking house Oppenheim tried to silence the book with more than 20 lawsuits against author, publisher, booksellers, even bloggers who wrote about the case. They never contested the main statements; the lawsuits concerned petty minor matters.

The bankers and their lawyers used the means of interim order, a legal procedure which goes without taking of evidence or hearing of witnesses. It added to more than 50.000 euro law-costs for the author before he could prove or win his case. Without help by his writers´ union and a solidarity fund he would have gone bankrupt.

This system has been established: Critical authors are silenced by extremely costly lawsuits in which so-called media lawyers and powerful companies cooperate with the help of a branch of the juridical system which relies on the claims of one interested party without allowing the defendant to state his case.

LA CENSURE AUJOURD'HUI :
EXÉCUTÉE PAR DE PUISSANTES ENTREPRISES
ET DES AVOCATS DES MÉDIAS

L'auteur Werner Rügemer décrit comment l'écriture critique est entravée par des moyens juridiques et des pressions financières. À titre d'exemple, il rapporte ce qui est arrivé à son livre sur la banque allemande Oppenheim, dans lequel il révèle la collaboration de celle-ci avec le régime hitlérien, les dons illégaux aux partis politiques allemands de l'après-guerre et des méthodes commerciales véritablement douteuses.

La banque Oppenheim a tenté d'arrêter ce livre en engageant plus de vingt poursuites contre l'auteur, l'éditeur, des libraires et même les blogueurs qui ont écrit sur l'affaire. Elle n'a jamais contesté les principales allégations, les procès qu'elle engageait portaient sur des petits détails.

Les banquiers et leurs avocats ont eu recours à l'ordonnance provisoire, une procédure juridique qui se passe d'exiger des preuves et de convoquer des témoins. Avant même de pouvoir produire des preuves ou gagner sa cause l'auteur en avait pour plus de 50 000 euros. Sans l'aide de son syndicat d'écrivains et d'un fonds de solidarité, il aurait fait faillite.

Ce système a été mis en place : les auteurs qui critiquent sont réduits au silence par des procès extrêmement coûteux dans le cadre desquels de soi-disant avocats des médias et des puissantes entreprises coopèrent et profitent d'une procédure juridique qui s'appuie sur les revendications d'une seule des parties, sans permettre à l'autre de se défendre.

Résumé d'Anna Dünnebier

Begrenzt der Markt die Freiheit des Wortes?

Diskussionen und eine Umfrage im deutschen PEN um die ´Marktzensur`

SABINE KÉBIR
Member des
DEUTSCHEN PEN

Der deutsche PEN folgt im Wesentlichen dem Prinzip des Internationalen PEN, dass sich die einzelnen PEN-Zentren vorrangig um Beeinträchtigungen der Freiheit des Wortes in anderen Ländern kümmern. Das sind vor allem Diktaturen, in denen staatliche Instanzen als Zensoren von literarischen und journalistischen Arbeiten auftreten oder Autoren mit der Justiz verfolgen, sie ins Gefängnis werfen und schlimmstenfalls auch hinrichten.

In den neunziger Jahren meinten immer mehr deutsche Autoren, dass die Freiheit des Wortes nicht nur durch jene brutalen staatlichen Gewaltmittel beeinträchtigt wird, die Diktaturen zur Verfügung stehen. Wieso fanden Autoren aus der DDR, deren Bücher vor 1989 in beiden deutschen Staaten erfolgreich verlegt worden waren, in den neunziger Jahren keine Verleger mehr? Aber bei ehemals erfolgreichen bundesdeutschen Autoren kam ebenfalls Unbehagen auf, weil auch sie immer größere Schwierigkeiten hatten, für gesellschaftskritische, bzw. literarisch anspruchsvolle Arbeiten Verleger zu finden.

Vor diesem Hintergrund veranstaltete der deutsche PEN während seiner Jahresversammlung im Jahr 2000 in Nürnberg ein Podiumsgespräch mit Autoren, Verlagslektoren und Literaturkritikern.

Le marché limite-t-il la liberté de parole?

Des discussions et un sondage au sein du PEN allemand sur la « censure du marché »

SABINE KÉBIR
Membre du PEN
ALLEMAND.

Le PEN allemand suit, pour l'essentiel, le principe du PEN INTERNATIONAL, d'après lequel les centres PEN particuliers s'occupent principalement des atteintes à la liberté de parole dans d'autres pays. Ce sont surtout le fait de dictatures au sein desquelles les instances étatiques apparaissent comme censeurs des travaux littéraires et journalistiques ou poursuivent les auteurs en justice, les jetant en prison et, dans le pire des cas, les exécutant.

Dans les années quatre-vingt dix, de plus en plus d'auteurs allemands étaient d'avis que la liberté de parole n'est pas seulement entravée par tout moyen brutal à la disposition du pouvoir étatique.

Pourquoi des auteurs de la RDA, dont les livres réussissaient à être publiés avant 1989 dans les deux États allemands, n'ont-ils plus trouvé d'éditeur dans les années quatre-vingt dix? Parmi certains auteurs de la République fédérale, qui avaient connu le succès, un malaise se faisait aussi sentir parce qu'ils avaient toujours plus de difficultés à trouver un éditeur pour des travaux contenant une critique de la société ou des œuvres ambitieuses d'un point de vue littéraire.

Dans ce contexte, le PEN allemand a organisé au cours de son assemblée annuelle, en 2000 à Nuremberg, une table ronde avec des auteurs, des lecteurs de maisons d'éditions et des critiques litté-

Der Titel des Podiums Literatur und die Konsequenzen der Marktwirtschaft zielte bereits auf den vermuteten Kern des Problems: offenbar verhindern auch bestimmte neue Marktbedingungen mehr und mehr, dass sich das freie Wort in der Gesellschaft ungehindert Gehör verschaffen kann. Aber welche? Katarina Raabe, Lektorin bei Rowohlt Berlin, berichtete, dass seit einigen Jahren in ihrem Verlag neue ökonomische Prinzipien eingeführt worden waren. Zunächst wurde die bislang übliche Mischkalkulation beseitigt, die es bisher ermöglicht hatte, mit dem Erlös aus erfolgreichen Titeln anspruchsvolle Sparten zu finanzieren, die selbst keine positiven Bilanzen erzeugen konnten wie z. B. ein Lyrikprogramm. Das wichtigste der neuen Prinzipien lautete: Jeder Buchtitel muss sich ökonomisch selber tragen. Das bedeutete, dass eben bestimmte anspruchsvolle Bücher gar nicht oder nur mit großen Schwierigkeiten einen Verlag fanden. Es bedeutete auch, dass die Verlage immer weniger Autorenpflege betrieben, dafür aber die Jagd nach einem vermeintlich sicheren Bestseller grotesk verstärkt wurde. Auch meinten die Verleger, auf einen Großteil ihres Stammpersonals verzichten zu können: auf ihre Hauslektoren, die bislang intensiven Kontakt zu den Autoren gehalten hatten. Die Suche nach dem gewinnträchtigen Buch wurde mehr und mehr Literaturagenten überlassen. Rowohlt Berlin verstand sich nun, so Katarina Raabe damals, als „Publikumsverlag". Sie habe aber „den Eindruck, daß

raires. Le titre de la rencontre *La littérature et les conséquences de l'économie de marché* se concentrait déjà sur le cœur supposé du problème : visiblement, certaines conditions nouvelles du marché empêchent également et toujours davantage que la libre parole puisse atteindre sans entrave un auditoire au sein de la société.

Mais quelles sont-elles ? Katarina Raabe, lectrice chez Rowohlt à Berlin a rapporté que, depuis quelques années, de nouveaux principes économiques avaient été introduits dans sa maison d'édition. Tout d'abord, le calcul de rentabilité mixte, jusqu'alors habituel, a été écarté. Il avait permis de financer, grâce au produit de titres à succès, des branches plus difficiles d'accès qui, elles-mêmes, ne pouvaient pas générer de bilan positif, comme une collection de poésie par exemple. Le plus important des nouveaux principes s'énonçait ainsi : chaque titre de livre doit être lui-même économiquement rentable. Cela signifiait justement que les livres à l'adresse d'un public averti ne trouvaient pas de maison d'édition ou alors avec de grosses difficultés. Cela signifiait aussi que les maisons d'édition prenaient en charge toujours moins d'auteurs, mais en revanche la chasse au prétendu *best-seller* se renforçait de manière grotesque. Les éditeurs défendaient également l'idée selon laquelle ils pouvaient renoncer à une grande partie de leur personnel habituel : de leurs propres lecteurs qui ont longtemps entretenu un contact intensif avec les auteurs. La recherche du livre rentable a été de plus en plus confiée à des agents littéraires.

Rowohlt Berlin se considérait désormais, selon Katarina Raabe, comme une

es weniger um das Publikum als um die Apotheose des Mittelmaßes geht und daß die neue Ikone des Buchmarkts der Unterhaltungsroman ohne besonders exzentrische oder radikale Züge ist." Aus diesem Grunde habe sie und einige andere, die für das Programm von Rowohlt Berlin verantwortlich waren, den Verlag verlassen[1].

Was bei Rowohlt Berlin geschehen war, war typisch für die ganze Buchbranche. Der Literaturkritiker Karl Corino fügte hinzu, dass Verlage heute von Managerteams geleitet würden, die die alleinige Aufgabe hätten, „kurzfristig Gewinn zu maximieren." Wenn das nicht gelänge, würden sie rasch ausgetauscht. „Es werden – schreckliches Wort - mobile Einsatzkommandos gebildet aus freien Lektoren, aus freien Herstellern, die ein bestimmtes Produkt herstellen. Und wenn sie das fertig haben, ex und hopp." Eine langfristigere Betreuung könnten sich Autoren nur noch von Agenten erwarten[2]. Corino prophezeite, dass die großen Buchkonzerne künftig anspruchsvolle Literatur wahrscheinlich überhaupt nicht mehr verlegen würden und dass diese vielmehr auf kleine, engagierte Verlage angewiesen sein würde. Kleine Verlage aber könnten solche Literatur womöglich nur drucken, wenn sie rechtefrei wäre[3] – was im Klartext hieß, dass Autoren anspruchsvoller Werke für ihren Arbeitsaufwand keine Vergütung mehr zu erwarten hätten.

Der Belletristik-Autor Ernst Werner Händler stellte klar, dass die neuen Prinzipien der Verlagsbranche keineswegs

1   *Literatur und die Konsequenzen der Marktwirtschaft.* Ein Podiumsgespräch, geführt auf der PEN – Jahrestagung 2000 in Nürnberg, hrsg. v. PEN – Zentrum Deutschland, Darmstadt 2000, S. 15-17.

2   Ebd., S. 33.

3   Ebd., S. 22.

«maison d'édition grand public». Elle avait toutefois le sentiment «qu'il était moins question du grand public que de l'apothéose d'une mesure médiocre et que la nouvelle icône du marché du livre était le roman de divertissement sans traits particulièrement excentriques ou radicaux». Pour cette raison, elle-même et quelques autres responsables de la ligne éditoriale de Rowohlt Berlin avaient quitté la maison d'édition[1].

Ce qui s'était passé chez Rowohlt Berlin était typique de l'ensemble du monde du livre. Le critique littéraire Karl Corino ajoutait que les maisons d'édition aujourd'hui seraient dirigées par des équipes de managers qui auraient pour seule tâche de «maximiser à court terme les bénéfices». En cas d'échec, ils seraient promptement remplacés. «Des commandos de force mobile – mot horrible – sont formés de lecteurs indépendants, de fabricants indépendants, qui fabriquent un produit précis. Et lorsqu'ils ont terminés, et que ça saute!». Les auteurs ne pourraient escompter une prise en charge à long terme que de la part d'agents[2]. Corino a prophétisé que les grands groupes littéraires n'éditeraient à l'avenir certainement plus du tout de littérature exigeante, mais que, bien plus, celle-ci deviendrait dépendante de petites maisons d'édition engagées. Peut-être même que les petits éditeurs ne pourraient imprimer une telle littérature que libre de droits[3] – ce qui, en clair, signifierait que les auteurs d'œuvres exigeantes n'auraient plus à espérer aucune rémunération pour leur temps de travail.

L'auteur de littérature Ernst Werner Händler mettait en évidence que les nou-

1   *Literatur und die Konsequenzen der Marktwirtschaft* (La littérature et les conséquences de l'économie de marché). Une table ronde du PEN – Assemblée annuelle 2000 à Nuremberg, édité par PEN – Zentrum Deutschland, Darmstadt 2000, pp. 15-17.

2   Ibid., p. 33.

3   Ibid., p. 22.

eine Angleichung an die normalen Prinzipien der Wirtschaft, sondern einen bizarren Extremismus bedeuteten: „Kein Unternehmen der Welt hat in seinem Produktportofolio nur Rennertypen, nur Produkte, die Gewinn einfahren. Das funktioniert nirgendwo auf der Welt. Die Mischkalkulation gibt es nicht etwa nur bei Verlagen, sondern überall. Wer nur noch Produkte anbieten will, die rechnerisch Gewinne machen und deshalb alle Produkte aus dem Sortiment nimmt, die rechnerische Verluste machen, dem kann es ganz schnell passieren, dass er auf einmal gar keine Produkte mehr hat, die noch Gewinne machen.“ Im Literaturbetrieb, meinte Händler, herrsche „eine etwas seltsame Vorstellung über Gewinne vor. Der deutsche Maschinenbau, eine Paradebranche, die Hunderttausende von Arbeitsplätzen bietet und in vielen technischen Bereichen Weltmarktführer hervorgebracht hat, lebt mit einer durchschnittlichen Umsatzrendite von etwa 2 Prozent.“ Zwei Prozent im Buchgeschäft seien aber die „Todeszone“ – so meine der ehemals als links geltende Verleger Klaus Wagenbach[4].

Der Sozialphilosoph Prinz Rudolf zur Lippe bestritt, dass diese Situation des Buchmarktes überhaupt noch etwas mit Marktwirtschaft zu tun habe. „Wo soll denn ein Markt sein zwischen drei Großunternehmen in Deutschland, die um ihren Platz in der Weltbranche kämpfen.“ (Gemeint waren Bertelsmann, Holtzbrinck und Springer). Auf einen Bestsel-

4   Ebd., S. 26f.

veaux principes du monde de l'édition ne signifiaient nullement une adaptation aux règles normales de l'économie mais un extrémisme bizarre : «Aucune entreprise au monde ne possède, dans sa palette de produits, que des modèles à succès, que des produits qui génèrent des bénéfices. Cela ne fonctionne nulle part au monde. Le calcul de rentabilité mixte n'existe pas seulement dans les maisons d'édition, mais partout. Celui qui ne veut plus proposer que des produits qui font des bénéfices et qui, pour cette raison, retire de sa palette d'offre tous ceux qui sur un plan comptable ne font que des pertes, encourt rapidement le risque de se retrouver tout d'un coup sans aucun produit bénéficiaire du tout.». Il régnait, dans le domaine de la littérature, pensait Händler, «une représentation quelque peu curieuse des bénéfices. La construction de machines en Allemagne, une branche vitrine, qui offre des centaines de milliers d'emploi et qui a fourni des leaders mondiaux dans de nombreux domaines techniques, vit avec un ratio moyen de bénéfices de l'ordre de 2%». Mais 2% dans le monde du livre seraient la «zone de la mort» – selon l'éditeur autrefois réputé de gauche Klaus Wagenbach[4].

Le philosophe social Prinz Rudolf zur Lippe a contesté que cette situation du marché du livre ait encore un rapport quelconque avec l'économie de marché. «où devrait-il y avoir un marché en Allemagne entre trois grosses entreprises qui luttent pour leur place au sein du marché mondial?» (il pensait à Bertelsmann, Holtzbrinck et Springer). À force d'attendre un *bestseller*, ils ne se ren-

4   *Ibid.*, p. 26 et suivantes.

ler zu warten fiele denen gar nicht ein, sie würden Bestseller künstlich hochjubeln oder einfach erfolgreiche Bücher aus dem Ausland drucken. Zur Lippe beklagte, dass auf diese Weise ein Land wie Deutschland, dessen Sprache zu den kleinen Sprachen zähle, riskiert, „im Konzert der Kulturländer" keine Rolle mehr zu spielen [5].

Der aus der DDR stammende belletristische Autor Dieter Mucke sah einen Zusammenhang der heutigen Situation auf dem Buchmarkt mit dem Niederwalzen der ostdeutschen Verlagslandschaft im Vereinigungsprozess, in dem auch 30 Millionen Bücher vernichtet worden seien, weil sie angeblich auf dem Markt keine Chancen hatten, darunter auch die vom Verlag Volk und Wissen herausgegebenen klassischen Bücher der Weltliteratur. „Niemand von den westdeutschen Kulturpolitikern oder kaum jemand von den Kollegen hat das wahrgenommen, sondern uns nur Larmoyanz vorgeworfen, und insofern ist es hier vielleicht ein bisschen produktiv, wenn Sie das jetzt zu spüren bekommen, dass da wirklich sehr viel den Bach runterzugehen droht. Es handelt sich nicht nur um irgendwelche merkantilen Denkkurzschlüsse. [...] Hier wird eine ganze Kunstgattung, nämlich die belletristische Literatur, plattgewalzt und weggeschoben und dagegen müsste der PEN glaube ich, auch mit einer größeren polemischen Aggressivität Front machen." [6]

Natürlich gab es auch die Auffassung, dass Autoren anspruchsvoller Literatur

5   Ebd., S. 43.

6   Ebd., S. 40.

draient même plus compte qu'ils célébreraient artificiellement des *best-sellers*, ou bien qu'ils imprimeraient simplement des livres étrangers ayant connus le succès. Zur Lippe s'est plaint que, de cette façon, un pays comme l'Allemagne, dont la langue compterait parmi les petites langues, risque de ne plus jouer aucun rôle « dans le concert des pays culturels. » [5].

L'auteur Dieter Mucke, originaire de la RDA, a vu un rapport entre la situation actuelle sur le marché du livre et l'écrasement du paysage éditorial est-allemand, lors de la réunification, pendant laquelle 30 millions de livres auraient été anéantis au motif qu'ils n'avaient soi-disant aucune chance sur le marché, et parmi eux les ouvrages classiques de littérature mondiale publiés par la maison d'édition Volk und Wissen. « Personne, au sein des hommes et femmes politiques du domaine culturel, ou bien très peu parmi les collègues, ne s'en est aperçu, mais ils nous ont au contraire reprochés d'être larmoyants, et, dans cette mesure, c'est peut-être ici un peu productif si vous commencez maintenant à sentir qu'il y a là une très grande menace que nous partions à la dérive. Il ne s'agit pas ici de quelconques courts-circuits mercantiles de la pensée. [...] Un genre artistique en son entier, à savoir la littérature des Belles lettres, est laminé et écarté, et le PEN devrait, je crois, faire front contre cela, aussi avec une plus grande agressivité polémique. » [6].

Bien sûr, il y avait également la position selon laquelle les auteurs d'une littérature exigeante auraient toujours assumés les plus grands risques et que ceux-ci, justement devaient être également acceptés à

5   *Ibid.*, p. 43.

6   *Ibid.*, p. 40.

schon immer allergrößte Risiken auf sich genommen hätten und diese eben auch künftig in Kauf genommen werden müssten. Nicht zuletzt wurde auch darauf verwiesen, dass man sich auf keinen Fall eine zentral gelenkte Kulturmaschinerie wünschen dürfe, wie sie eben in Diktaturen noch immer wirksam sei.

Weil die Zahl der Autoren zunahm, die die Freiheit des Wortes auch durch die verschärften Marktbedingungen gefährdet sahen, entschloss ich mich 2004 eine Befragung unter PEN-*Autoren zu diesem Problemkomplex durchzuführen. Damals hatte ich keine Funktion im Präsidium. Es war also eine persönliche Initiative, die keine Unterstützung der Strukturen des* PEN *in Anspruch nahm. Die Fragebögen konnten nur 80* PEN-*Mitgliedern (von ca. 700) zugeleitet werden und die Auswertung besitzt auch deshalb nur begrenzte Aussagekraft. Aber als die Ergebnisse auf der Jahresversammlung 2005 in Bochum vorgetragen wurden, lösten sie doch ein großes Echo aus, zumal im direkt nachfolgenden Podiumsgespräch zur Lage der Kinder- und Jugendliteratur gravierende Formen der „Zensur" zur Sprache kamen. Autoren berichteten, dass in den letzten Jahren von Seiten der Verlage gravierende Eingriffe inhaltlicher und sprachlicher Art häufiger geworden seien und ein früher unbekannter Druck aufgebaut worden sei, sich thematisch nur noch Modetendenzen (Hexenromane, Piratenromane, Harry-Potter-Verschnitte u.s.w.) anzuschließen. Seither ist der Begriff der*

l'avenir. Enfin et surtout, il a été fait état du fait qu'on ne saurait en aucun cas souhaiter une machinerie culturelle dirigée de manière centralisée, comme elle l'est dans les systèmes dictatoriaux.

En raison du nombre croissant d'auteurs qui considéraient la liberté de parole mise en danger par les conditions du marché devenues plus difficiles, je décidais en 2004 d'effectuer un sondage parmi des auteurs du PEN sur cette problématique. À l'époque, je n'étais pas membre de la présidence. Il s'agissait donc d'une initiative personnelle, pour laquelle je n'avais pas sollicité le soutien des structures du PEN Les questionnaires ne pouvaient être adressés qu'à 80 membres du PEN (sur environ 700); c'est pourquoi leur interprétation n'a qu'une valeur démonstrative limitée. L'exposé des résultats, lors de la réunion annuelle à Bochum en 2005, a eu cependant une grande résonance, d'autant plus qu'au cours de la table ronde qui a suivi sur la situation de la littérature pour l'enfance et la jeunesse, il était également question de graves formes de «censure». Quelques auteurs ont rapporté que le nombre d'interventions graves des maisons d'édition sur le contenu et le style a considérablement augmenté et qu'une pression, autrefois inconnue, était exercée pour suivre les tendances de la mode quant au choix des sujets (romans sur des sorcières, des pirates, des dédoublages de Harry Potter, etc.). Depuis, la notion de «censure du marché» est devenue un incontournable des discussions au sein du PEN.

Malgré leur signification limitée, je voudrais par la présente rapporter quelques résultats de mon sondage. J'ai pu envoyer

„Marktzensur" aus den Diskussionen im PEN nicht mehr wegzudenken.

Trotz der beschränkten Aussagekraft möchte ich hier einige der Ergebnisse meiner Umfrage wiedergeben. Ich konnte meinen Fragebogen an 80 PEN-Autoren senden und bekam 53 Antworten – und zwar vorwiegend von älteren Autoren, die schon seit langer Zeit publizieren und sich durchaus einen Namen gemacht haben wie z. B. Wolfgang Bittner, Barbara Bronnen, Günter Herburger, Steffen Mensching, Dieter Mucke, Erasmus Schöfer, Wilfried F. Schoeller, Gerhard Schoenberner, Carola Stern, Johano Strasser. Die Möglichkeit, anonym zu antworten nutzen 13 Kollegen. 22 der namentlich Antwortenden stammten aus den alten Bundesländern, 18 aus den neuen.

Auf die Frage, ob es leichter oder schwerer geworden sei, Medien und Verlage eigener Wahl zu finden, bei denen sie keine Kompromisse machen müssten, meinten viele, dass der Druck zum Kompromiss gestiegen sei, worunter auch verstanden wurde, Medien oder Verlage, für die man lange gearbeitet habe, zu verlassen und dorthin zu wechseln, wo man mit weniger Kompromissen arbeiten könne.

Es stellte sich heraus, dass die Probleme für Belletristik-Autoren (36 der insgesamt 42 Autoren) wesentlich größer zu sein scheinen als für Autoren von Sachbüchern (8 von 42). 29 der 36 Belletristik-Autoren sagten, dass es für sie in den letzten Jahren schwerer bis unmöglich geworden sei, Bücher zu publizieren. Von

des questionnaires à 80 auteurs du PEN et j'ai obtenu 53 réponses – surtout d'auteurs plus âgés qui publient déjà depuis longtemps et dont les noms sont plutôt connus comme par exemple Wolfgang Bittner, Barbara Bronnen, Günter Herburger, Steffen Mensching, Dieter Mucke, Erasmus Schöfer, Wilfried F. Schoeller, Gerhard Schoenberner, Carola Stern, Johano Strasser. 13 collègues ont optés pour l'anonymat. 22 des réponses nominales provenaient des anciens États allemands, tandis que 18 émanaient des nouveaux.

À la question de savoir s'il a été plus facile ou plus difficile de trouver des médias et des maisons d'édition de son propre choix, sans devoir faire de compromis, beaucoup soulignaient que la pression pour le compromis avait augmenté, ce qui signifiait aussi quitter des médias ou des maisons avec lesquels on avait travaillé pendant longtemps et se tourner vers ceux qui permettaient un travail avec moins de compromis.

Il s'avérait que les problèmes des auteurs de littérature (36 sur un ensemble de 42 auteurs) se révélaient être notablement plus grands que ceux des auteurs de livres de référence (8 sur les 42). 29 des auteurs de littérature disaient qu'il leur était devenu difficile sinon impossible de publier des livres ces dernières années. Parmi les 8 auteurs de livres de référence, 3 toutefois prétendaient la même chose. Ils donnaient comme explication leur âge ou le fait que les sujets proposés ne seraient plus à l'ordre du jour. D'autres en imputaient la responsabilité à une croissante « concentration dans le domaine éditorial », un « raisonnement en quotas », un « nivelle-

den 8 Sachbuchautoren behaupteten immerhin 3 dasselbe. Als Gründe wurde angegeben, dass sie als ältere Autoren, bzw die von ihnen vorgeschlagene Thematik nicht mehr gefragt seien. Andere sahen die zunehmende „Konzentration im Verlagswesen" verantwortlich, das „Quotendenken", „Verflachung" des Niveaus der Verlagslandschaft, die „Einschränkung der medialen Räume", in denen Belletristik dem Publikum nahe gebracht würde oder ganz allgemein eine „Resignation im öffentlichen Raum".

Stark beklagt wurde die mangelnde Kompetenz der Verlage bei der Bearbeitung und Herausgabe von Büchern. Sie sei „bis ins Unkenntliche gesunken" oder „katastrophal gesunken", klagten Autoren. „Ein kompetentes Lektorat gibt es nur noch selten. Verkaufsargumente spielen eine größere Rolle als Argumente von Lektoren." Oft fände überhaupt keine Lektoratsarbeit mehr statt.

Auf die Frage, ob sie sich schon einmal zensiert gefühlt hätten, antworteten drei Autoren mit einem klaren „Ja." Ein anderer schrieb: „Gelegentlich ja.", ein weiterer: „Verkaufsargumente wirken als Zensur" und schließlich gab einer zu: „Zensur kann man das nicht nennen, eher Rücksicht auf Ideologie, diffuse Angst vor dem Markt."

Immerhin gab es auch Autoren, die keine Zensurerfahrungen hatten. Zwei Autoren schrieben, dass es ihnen gelungen sei, versuchte Zensur abzuwehren.

Befragt, ob sie ihre Verlage oder Medien über Agenturen fänden, antwortete nur ein

ment vers le bas » du niveau de l'édition en général, la « restriction des espaces médiatiques », au sein desquels la littérature serait popularisée auprès du public, ou bien plus généralement une « résignation dans l'espace public ».

La compétence insuffisante des maisons d'édition quant au suivi et quant à la publication des livres faisait l'objet d'une vive critique. Elle aurait « baissé jusqu'au méconnaissable » ou « baissé de manière désastreuse », se sont plaints des auteurs. « Un lectorat compétent ne se trouve plus que rarement. Les arguments de vente jouent un rôle plus important que ceux des lecteurs des maisons d'édition ». Souvent, il n'y aurait plus aucun travail de lectorat.

À la question de savoir s'ils se seraient déjà sentis censurés, trois auteurs ont répondu clairement « oui ». Un autre écrivait : « de temps en temps, oui. », encore un autre : « les arguments de vente ont l'effet d'une censure » et quelqu'un admettait finalement : « On ne peut pas appeler cela une censure, mais plutôt la prise en compte d'une certaine idéologie, d'une peur diffuse du marché ».

Il y avait toutefois également des auteurs qui n'avaient pas connu la censure. Deux auteurs écrivaient qu'ils auraient réussi à empêcher une tentative de censure.

Interrogés sur la question de savoir s'ils trouvaient leurs maisons d'édition ou leurs médias par l'intermédiaire d'agences, un seul auteur répondait « oui ». Un autre était d'avis que les conditions de nombreuses agences étaient « faussées ». Un autre expliquait : « La plupart des agents ne s'y connaissent pas en littérature. Ils sont intéressés par des avances élevées, et

Autor mit „Ja". Ein anderer meinte, dass die Bedingungen der Agenten oft „faul" seien. Ein weiterer führte aus: „Die meisten Agenten haben von Literatur wenig Ahnung. Sie sind an hohen Vorschüssen interessiert, versuchen also, ihre Autoren zu möglichst spektakulären Themen und gängigen Darstellungsweisen zu überreden. Es gibt positive Ausnahmen. Viele Autoren haben ohne die Hilfe von Agenturen keine Chance. Direkt an Verlage geschickte Manuskripte werden oft gar nicht oder erst nach vielen Monaten gelesen."[7]

Nicht nur die Verlagslandschaft wurde von den teilnehmenden Autoren vorwiegend negativ beurteilt. 6 von den 42 befragten Autoren hielten die Qualität der Literaturkritik in Deutschland für stark schwankend, 18 für häufig bar jeden Niveaus.

Obwohl die Repräsentativität der Umfrage anzweifelbar ist, dürfte es doch von Bedeutung sein, dass einige bekannte, gesellschaftlich und literarisch hoch qualifizierter Autoren aus neuen und alten Bundesländern die Situation des freien Worts in Deutschland für bedenklich hält.

■ 7   Die Autoren hatten die Möglichkeit, ihre Antworten zu anonymisieren. Das vorliegende Zitat stammt vom PEN-Präsidenten Johanno Strasser.

tentent donc de convaincre leurs auteurs de traiter de sujets les plus spectaculaires possibles ou de choisir des modes de représentations conventionnels. Il y a pourtant des exceptions positives. De nombreux auteurs n'ont aucune chance sans l'aide des agences. Les manuscrits qui sont envoyés directement aux maisons d'édition ne sont souvent pas lus ou le sont seulement après de nombreux mois »[7].

Ce n'est pas seulement le monde de l'édition qui était majoritairement jugé négativement par les auteurs participants : 6 des 42 auteurs interrogés considéraient la qualité de la critique littéraire en Allemagne comme fortement flottante, 18 la jugeait souvent sans aucun niveau.

Même si la représentativité du sondage n'est pas incontestable, il n'est pas sans importance de réaliser que quelques auteurs connus, socialement et littérairement hautement qualifiés, provenant des anciens et des nouveaux États, jugent la situation de la libre parole en Allemagne préoccupante.

Sabine Kébir
Traduit de l'allemand
par Paul Barthélemy
et Christina Schröer

■ 7   Les auteurs avaient la possibilité de rendre leurs réponses anonymes. La présente citation émane du président du PEN Johanno Strasser.

ANNEXES

Projet : « Liberté d'expression » - Pilotage PEN CLUB FRANÇAIS
Participation : EWC (European Writers' Council), Écrivains pour la Paix du PEN International - Soutien : SOFIA (Société Française des Intérêts des Auteurs de l'Écrit)

1 • Réflexion préalable à la formulation du projet « Défense et illustration de la liberté d'expression » élaborée conjointement par Sylvestre Clancier (PEN Français) et Jean Sarzana (SGDL)

Reconnue comme une liberté fondamentale de l'être humain (1789 en France, 1948 aux Nations Unies, 1950 au Conseil de l'Europe), la liberté d'expression n'a pas la même portée dans tous les pays qui la proclament. Ainsi, elle ne recouvre pas chez nous les incitations à la haine raciale ou au négationnisme (certains écrits de Céline, par exemple). La démarche conduite ici s'opère sous l'égide de la SGDL, avec le soutien du PEN CLUB et de l'Union des Écrivains, associations propres au monde littéraire qui défendent la liberté d'expression au nom des écrivains (Agnès Tricoire, membre de la SGDL, participe par ailleurs aux activités de l'Observatoire de la liberté de Création créé en 2004 par la Ligue des Droits de l'Homme).

Différentes formes de restriction à la liberté d'expression

Il existe plusieurs manières de restreindre la liberté d'expression : directe ou indirecte, ouverte ou dissimulée, propre au monde de l'édition ou extérieure à lui. La première et la plus forte est évidemment l'autocensure. Les restrictions peuvent donc présenter selon les cas un caractère politique (pression politique, morale ou religieuse), et se manifestent le plus souvent le livre une fois publié, ou un caractère « technique » (frein économique, linguistique ou éditorial) et naissent en amont de toute publication, en vue de l'éviter. Les pressions du premier type finissent souvent par apparaître au grand jour, les autres demeurent confidentielles, voire invisibles.

La France n'est pas en Europe le pays où les occasions de dénoncer les atteintes à la liberté d'expression sont les plus fréquentes. En dépit de quelques dérives, les libertés républicaines restent solidement ancrées dans les esprits, qui plus est au pays de Beaumarchais et du droit d'auteur. Dès lors qu'une administration, une structure associative ou un particulier (la famille Mitterrand pour *Le Grand Secret* du Dr Gubler ; Alain Delon et son projet de biographie, etc.) font publiquement obstacle à une publication (interdiction administrative, action en justice), la presse, l'édition et les auteurs s'emparent aussitôt du sujet, et la publicité induite suffit généralement à mettre un terme aux difficultés. Quant au juge, il semble se montrer en matière de liberté d'expression plus rigoureux pour le livre que pour la presse, peut-être pour distinguer la mission d'information dévolue à celle-ci de la fonction de référence reconnue à celui-là.

L'affaire est plus délicate lorsque les pressions sont discrètes et souterraines. La ligne éditoriale, le calendrier des publications, les contraintes de l'actualité, la rentabilité attendue du titre sont autant de raisons de ne pas publier un livre. L'argument économique est évidemment le plus puissant et le moins apparent, puisqu'il dépend des structures gestionnaires. Enfin, si les groupes et les grandes maisons d'édition ont les moyens de supporter les frais d'un procès, voire de plusieurs, il n'en va pas de même des petites maisons, pour qui la perspective d'une procédure est souvent rédhibitoire. C'est probablement la forme la plus sournoise de l'auto-censure.

Il reste que les éditeurs ont une réactivité très forte, surtout en littérature générale, mais aussi en matière de livres d'actualité. Un rapprochement sur ce terrain avec l'édition pourrait, le cas échéant, conduire à des actions communes, en France tout au moins.

2 • Résumé de la démarche

Le PEN CLUB français a engagé avec le soutien de la SOFIA, et la participation des PEN membres du Comité pour la Paix du PEN International établi à Bled en Slovénie et des associations membres de l'EWC établi à Bruxelles, une démarche collective en faveur de la liberté d'expression, trop souvent menacée ou mise en cause sur le territoire même de certains de ses membres (la Turquie par exemple).

Des écrivains et des associations d'écrivains appartenant aux deux fédérations mentionnées ont été sollicités dès 2010 pour adresser au PEN CLUB français un mémoire rappelant comment se pose la question de la liberté d'expression dans leur pays. Afin de faciliter leur tâche, une liste de questions relevant de cette problématique leur a été adressée. Il est à noter qu'au cours de ces contacts matérialisés par l'envoi d'un questionnaire, des membres éminents de l'AICL (Association Internationale de la Critique Littéraire) et de son Comité directeur ont souhaité également être mobilisés sur cette question de la liberté d'expression, ce qui a élargi les participants impliqués dans le projet.

Un premier colloque a été ensuite organisé à Haïfa, en décembre 2010 et d'autres rencontres et tables rondes ont eu lieu, en Slovénie et en Finlande, en 2011. Enfin le présent ouvrage qui réunit et ordonne les articles et études ainsi que les principales conférences et interventions des différentes rencontres a été réalisé et publié sous l'égide du PEN CLUB français.

3 • Lettre adressée aux Centres PEN et aux Associations d'auteurs membres de l'EWC par Sylvestre Clancier (Président du PEN CLUB français, Membre du Comité pour la Paix du PEN International, Président de la Commission des affaires étrangères et européennes de la Société des Gens de Lettres de France, Membre du Conseil d'Administration de l'European Writers' Council)

Paris le 26 avril 2010

Chers amis,

Nous souhaitons recueillir votre réflexion et des informations concernant l'évolution de la liberté d'expression dans votre pays dans le cadre d'un projet que nous menons grâce au soutien de la SOFIA (Société Française des Intérêts des Auteurs de l'Écrit, l'appui du Conseil d'administration de l'EWC (European Writers' Council) dont je suis membre et la participation d'écrivains membres d'associations adhérents à cette fédération ainsi que d'écrivains membres de PEN CLUB européens et méditerranéens appartenant à notre Comité pour la Paix du Pen International.

Je recueille des textes allant d'une à six pages sur cette question. Ils nous permettront de dégager des pistes de réflexion pour l'organisation de colloques, on pourra déjà s'en servir à Haïfa en décembre 2010 et l'an prochain lors d'autres rencontres. Ils permettront également d'envisager par la suite la publication d'un ouvrage de référence.

Pouvez vous dès maintenant m'adresser un texte personnel en vous appuyant sur les questions suivantes :

1. Si on prend en compte deux périodes : 1960-1990 et 1990-2010, quels sont les changements éventuels intervenus concernant la liberté d'expression des écrivains dans votre pays en tenant compte des axes suivants : censures d'ordre politique et institutionnel - censures d'ordre économiques et financières - censures d'ordre religieux - censures sociétales - censures linguistiques ?

2. les médias dans votre pays jouent-ils un rôle concernant la facilitation et la défense de la liberté d'expression ou au contraire ont-il un rôle limitatif et restrictif ?

3. les éditeurs dans votre pays jouent-ils un rôle concernant la facilitation et la défense de la liberté d'expression ou au contraire ont-il un rôle limitatif et restrictif ?

4. Si on doit envisager des phénomènes d'autocensure chez les écrivains, quelle

importance selon vous prennent-ils et à quoi les attribueriez vous? Y a-t-il des sujets tabous? Quelles sont les stratégies de contournement qu'utilisent les écrivains pour déjouer les différentes formes de censures identifiées?

5. Les écrivains qui rédigent des biographies de personnes célèbres (publiques ou médiatiques) rencontrent-ils des obstacles particuliers de la part des communautés, des clans ou des familles qui se considèreraient comme détentrices de la seule vérité sur ces personnes?

6. Autres questions, autres sujets de réflexion sur le même thème, autres exemples?

4 • Déclaration du Conseil d'administration de la Fédération Européenne des Associations d'Auteurs

The Board of European Writers' Council – the Federation of Authors Associations in Europe, gathering more than 50 members in 33 European countries –meeting in Helsinki on 3th of July 2010, wish to express his deep concern about the actual situation of general upset in Italy in the sector of Media, newspapers, publishing and culture, due to by the project of law that is actually prepared for discussion in Italian Parliament, and that provides financial and penal punishments for journalists and authors that choose to freely publish in newspapers, books, TV formats or Internet Media, the news they collected, without submitting their texts to the foreseen restrictions.

If this project of law will be approved, as it seems to be the intention of the Government in short time, without an appropriate and pluralistic debate on the matter, this will seriously affect the Freedom of Information and Freedom of Expression possibilities in Italy.

Already the Vice-President of the European Commission, Mrs. Viviane Reding, has recently remembered to Italian government the high symbolic value of the European Charter on Freedom of the Press.

European Writers' Council wish to underline again the fundamental value of Freedom of Expression and Freedom of Press for all authors, writers, journalists, and for all the citizens in Europe.

5 • Statement of the Writers for Peace Committee of International PEN Concerning the Tragic Events of May 31, 2010

The Writers for Peace Committee follows the Lugano Declaration in condemning individual terrorism as well as State terrorism; we declare that those who resort to violence, even for a good cause, "annull the missions to which they are dedicated and lose all claims to legitimacy" (quoted from the Statement of the 50th Congress of International PEN in Lugano, Switzerland, May 1987).

We declare that:

1. Nothing justifies the violence and murders that the army of the State of Israel have perpetrated against the people on the ships that brought humanitarian aid to Gaza. The use of firearms was entirely out of proportion and unsuitable as a response to the resistance put up by the people on board. We strongly condemn these murders and regret the deaths.

2. We protest against the grave violation of the right to freedom of expression of the journalists on board.

3. We demand that the government of the State of Israel agree that an international committee investigate and throw light on the events and establish responsibility.

4. To prevent the recurrence of such events, we demand that the State of Israel and the Palestinian Authority accept the international monitoring of all ships so that the blockade can be lifted.

5. We ask that the two States, that of Israel which is already in existence, and that of the people of Palestine which has yet to be established as soon as possible, recognise one another. We believe that the only way to achieve the peaceful coexistence of the two States is through dialogue.

6. It is the role of the international community through its institutions to make this political dialogue possible. It must draw on the resources of the respective cultures, particularly the literary ones, of the two peoples whose writers never cease to bear witness, and who are committed to the accomplishment of peace.

June 14, 2010 -
Dr. Edvard Kovač, President of the Writers
for Peace Committee of International PEN

6 • Declaration de l'Union des Écrivains de Biélorussie et correspondance avec l'European Writers' Council

Secretariat Of the Union of Belarusian Writers.
To Myriam Diocaretz, Secretary-General, EWC The European Writers' Council
On Thu, November 24, 2011 12:39.

Dear colleagues!

The Union of Belarusian Writers wants to inform you that on 24 November 2011 the head of the Human Rights Centre Viasna", vice-president of FIDH and the UBW member Ales Bialiatski was found guilty under Part 2 of Art. 243 of the Criminal Code (concealment of income on a large scale). He also must pay 721 million rubles and 36 million rubles of state tax and damage.

Bialiatski was detained on 4 August by Belarusian authorities. According to the Department of financial investigation of Committee on governmental control, Ales Bialiatski has to pay around 150 million rubles or 29 thousand US dollars at National Bank exchange rate, from the money transferred to his account in Lithuanian bank. The colleagues of Bialiatski say that this funds were directed to help the victims of Belarusian regime.

In 2003, license of Viasna" was cancelled, therefore the human rights defenders had to look for different ways to continue their activity. In October 2011 the international committee on the nomination of Ales Bialiatski for the Nobel Peace Prize was founded.

Among 29 members of the committee there are the head and founder of Moscow Helsinki Group, Liudmila; Alekseeva, member of the Bundestag Marie-Louise Beck, former head of the OSCE mission in Minsk Hans-Georg Wieck, chairman of the BNR Ivonka; Survilla, as well as human rights activists from Norway, USA, Sweden and Amnesty International.

The Union of Belarusian Writers considers the official charge to be politically-motivated decision and prosecution for civic activities; call for the international support and expanding the information about Ales Bialaitski's case among the members of your organization.

Myriam Diocaretz, Secretary-General EWC The European Writers' Council
EWC is the European federation of national and trans-national authors' associations in 32 countries of Europe
To Secretariat Of the Union of Belarusian Writers
On 24 November 2011 16:07

Dear colleagues,

I have read your message with much concern. I am writing to inform you that I wrote to our EWC Board and the President of the Swedish Writers Union,
forwarding your message and suggesting the following:

1-That your message be sent also to PEN through the President of the French PEN, who is in our Board.

2-I suggested a message from the Swedish Writers Union to all the Members of Parliament who are in the Belarus Committee, and to all the Members of Parliament in the Human Rights Committee.

EWC endorses this action. We think that the above will be the most immediate effective actions. Please keep us informed of any new developments or actions.

Kind regards.

Yuliya Tsimafeyeva, the Union of Belarusian Writers manager
To Myriam Diocaretz, Secretary-General, EWC The European Writers' Council
On Thu, November 24, 2011

Dear Myriam,
Thank you very much for your help and support. That is very important for us. Thank you very much for your information and all the things you do for us!
But I have got one more request to you.
On December 10 2011 the Union of Belarusian Writers is going to held one of the biggest writers' forums in Belarus – the 16th UBW Congress. About 400 authors and translators, the UBW members, will be present at this important meeting that is held once in 5 years, to hear the reports, discuss the problems and elect new officials.
It would be a great honor for the UBW Congress delegates to get a greeting from such an important writers' organization in Europe as EWC that really supports us. If it is possible we could read it out loud at the beginning of the Congress for all the members of our union.
I Thank you in advance! Kind regards.

De Sylvestre CLANCIER, Président du PEN CLUB français -
Poètes, Essayistes, Nouvellistes (l'un des Centres du PEN CLUB International, Organisation mondiale d'écrivains)
À Monsieur Yona YAHAV, Maire de Haïfa

Monsieur le Maire et Cher Yona YAHAV,
Je tiens à vous remercier de l'accueil que vous m'avez réservé comme à tous les invités de cette magnifique Conférence Internationale des Ecrivains pour la Paix « Mots au-delà des frontières » qui fut vraiment une rencontre très réussie et fondatrice d'autres rencontres à venir en Méditerranée.
L'hommage rendu dans mon discours introductif à la mémoire de l'écrivain Abdelkébir Khatibi, ancien président du PEN CLUB Marocain, qui fut avec moi-même l'initiateur de ce type de Conférence euro-méditerranéenne dont la première eut lieu à Arles, en France, en octobre 2008, grâce au soutien de Messieurs Vauzelle et Guérini, que vous connaissez bien, ainsi que les interventions, lors des tables rondes, des écrivains des treize pays participants, ont été hautement appréciés.
J'ai été moi-même particulièrement heureux d'être avec Bluma Finkelstein et Sami Michael à l'initiative de cette belle rencontre que nous avons élaborée ensemble grâce à la participation des écrivains pour la Paix du PEN International et du Président de son Comité, Monsieur Edvard Kovač, ainsi qu'à l'aide précieuse que vous-même, la Municipalité de Haïfa et sa compagnie Ethos pour les Arts et la Culture en la personne de son directeur général, Monsieur David Leffler ont apportée et au soutien de la SOFIA et de l'EWC.
Nous avons été tous très émus et choqués par le terrible incendie qui a ravagé le Mont Carmel et la région pendant plus de cinq jours faisant 41 morts et de nombreux blessés et en même temps rassérénés par le soutien international que le pays a reçu à cette occasion. Nous y faisons référence dans le communiqué final rédigé en commun par les participants à l'issue de notre rencontre.
Sachant que de telles manifestations ne peuvent trouver tout leur sens que dans la continuité, nous avons encouragé vivement, nos amis écrivains du sud de la France, ainsi que nos amis écrivains de Haïfa à créer un nouveau centre PEN que l'on pourrait baptiser PEN Méditerranée (puisque Haïfa et Marseille sont jumelées) et qui oeuvrerait en partenariat avec le PEN CLUB Français et les autres PEN concernés à la perpétuation de ces rencontres.
Dans l'attente de vous revoir, je vous renouvelle mes plus vifs et plus sincères remerciements je vous prie de bien vouloir agréer, Monsieur le Maire et Cher Yona Yahav, l'expression de ma haute considération.

7 • Words Beyond Borders
Writers for Peace International Conference
Haifa, Israel, December 1-4, 2010

The International Conference of Writers for Peace took place in Haifa with 40 writers from 13 countries in attendance.

The objective of the conference was to discuss issues concerning peace and freedom of expression. It brought together people from many parts of the world to meet each other and become friends, if they weren't already.
The choice of time and place, coinciding with the Holiday of Holidays Festival – which celebrates Ed Al-Adha, Hannukah, and Christmas – underlines the intention to carry on a free and frank discussion of issues specific to the region.
Many themes were discussed in this spirit, such as Language of Writing, Literature Facing the Challenges of our Time – Environment and Peace, Liberty of Conscience and Freedom of Expression, Writers in Periods of Conflict, Human Rights. Writers from different places, with profoundly different opinions told their personal stories, but they were all united in understanding the necessity and urgency of searching for a peaceful solution to the problems of Israelis and Palestinians.
The reduced participation of Arab and Palestinian writers, despite the insistent invitations, remains an open issue. But such participation in future meetings is very necessary.
Writers and intellectuals should continue to pursue dialogue with each other even in complex situations, making full use of freedom of expression and in complete independence of political authorities.

The main issues of the Haifa Conference can be summarised in the following three points:
1) Freedom of conscience is only a first step but no guarantee of freedom.
2) It remains to be seen whether Israeli and Palestinian writers will fight for freedom of expression to make peace or whether they will tolerate the various kinds of censorship.
3) If peace is to become a basic human right, it needs to be constructed through education, attention, dialogue, and artistic creation.

Similarly, during these last few days we have seen countries such as Turkey, Egypt, Jordan, Cyprus, and Greece sending assistance and support to Haifa to extinguish the fire that has ravaged the region and caused 41 deaths. Such solidarity reveals that there can always be a will to work together in emergency situations. If people are able to come together under such tragic conditions, they can also cooperate in order to make peace.

Bluma Finkelstein, Israel
Sylvestre Clancier, France
Edvard Kovač, Slovenia

Achevé d'imprimer en avril 2012
sur les presses de la Nouvelle Imprimerie Laballery
58500 Clamecy
Dépôt légal : avril 2012
Numéro d'impression : 203361

Imprimé en France

La Nouvelle Imprimerie Laballery est titulaire de la marque Imprim'Vert®